Ewald Plachutta
Kochschule
Noch mehr einfach gute Rezepte

Christian Brandstätter Verlag

Ewald Plachutta

Kochschule

Noch mehr einfach gute Rezepte

Unter Mitarbeit von Manfred Flickinger

und Peter Kirischitz

Mit 725 Farbabbildungen von Constantin Fischer

Christian Brandstätter Verlag

Bibliografische Information der Deutschen Nationalbibliothek
Die Deutsche Nationalbibliothek verzeichnet diese Publikation in der Deutschen Nationalbibliografie; detaillierte bibliografische Daten sind im Internet über http://dnb.d-nb.de abrufbar.

2. Auflage

Konzept: Ewald Plachutta
Redaktion: Ewald Plachutta, Manfred Flickinger und Peter Kirischitz
Redaktionelle Gesamtbetreuung und Fachlektorat: Else Rieger
Fotografie und Reprografie: FotoFactory, Constantin Fischer, Salzburg
Coverfotos und Fotos auf S. 9, 10, 447: Cathrine Stukhard
Make-up und Styling: Friederike Hemedinger
Graphische Gestaltung: Emanuel Mauthe, Verlagsbüro Wien
Korrektorat: Inge Fasan
Druck und Bindung: Mohn Media, Gütersloh

ISBN: 978-3-85033-226-2

Christian Brandstätter Verlag
GmbH & Co KG
A-1080 Wien, Wickenburggasse 26
Telefon (+43-1) 512 15 43-0
Telefax (+43-1) 512 15 43-231
E-Mail: info@cbv.at
www.cbv.at

Inhalt

Einleitung

Küchenausstattung 14
Backtechnik 23
Backformen 24
Die wichtigsten Zutaten 28
Tipps und Tricks 40
Backen mit System 44
Lagerung von Backwaren 46
Die wichtigsten Handgriffe 48

Pikant

Käse- und Partygebäck	62
Belegte, gefüllte und überbackene Brote	92
Brot und Gebäck	108
Quiche	124
Pizza	130
Soufflés	142
Gratins und Aufläufe	146
Lasagne	150
Pikante Palatschinken & Co.	156
Pikante Strudel	160
Im Ofen gebackene Kartoffeln	168
Fisch und Fleisch in Teig backen	174

Alle Rezepte sind, soweit nicht anders angegeben, für 4 Personen berechnet.

EL Esslöffel
KL Kaffeelöffel
Pkg Packung
TL Teelöffel
MS Messerspitze

Durchschnittswerte zur Orientierung beim Salzabmessen
1 gestrichener EL Salz = 12 g Salz
1 gestrichener KL Salz = 3–4 g Salz

Süß

Grundrezepte für Massen	196
Grundrezepte für Teige	204
Füllungen für Kaffeegebäck etc.	222
Füllcremen	224
Glasuren	230
Torten	236
Rouladen	262
Schnitten	268
Kuchen und Gugelhupf	274
Becherkuchen/Schnellrezepte	286
Germteiggebäck	292
Brandteiggebäck	310
Blätterteiggebäck	316
Plundergebäck	324
Hippen	326
Kleinbäckerei	328
Bastelstube	350
Soufflés	382
Aufläufe	388
Strudel	400
Palatschinken	408
Schmarren	412
In Fett gebackene Mehlspeisen	416
Saucen	424

Zum Nachschlagen

Schablonen und Vorlagen	430
Rezeptregister	434
Glossar	440
Biografien	445
Danksagung	446

Vorwort

Dieses Buch hat eine Mission – so haben wir 2007 im Vorwort der ersten Plachutta-Kochschule geschrieben. Unser Ziel: alltagstaugliche Küche so zu vermitteln, dass sie für Küchen-Neulinge leicht verständlich ist und gleichzeitig Fortgeschrittenen wertvolle Tipps und viel Neues bieten kann.

Dahinter steht ein Konzept. »Kochen lernen mit System« baut auf Grundrezepten und Grundzubereitungsarten auf. Wer sie beherrscht, kann sich durch die thematisch zugeordneten und auch für EinsteigerInnen leicht nachzukochenden Rezepte innerhalb kurzer Zeit ein beachtliches Repertoire aneignen.
Die Rubrik »Darauf kommt's an« bietet dafür zu allen Bereichen die wichtigsten Informationen auf einen Blick und die umfassend bebilderten Rezepte sind in leicht nachvollziehbare, übersichtliche Schritt-für-Schritt-Anleitungen gegliedert.

Dass dieses Konzept funktioniert, zeigt das überwältigende Interesse, das die Plachutta-Kochschule schnell zum Standardwerk unter den deutschsprachigen Kochschulen werden ließ. Für uns ist dieser Erfolg nicht nur Bestätigung des Plachutta-Konzepts, sondern wir nehmen ihn auch als Auftrag. Als Auftrag zu einer Fortsetzung der Plachutta-Kochschule.

Denn von der Fülle an Köstlichkeiten, die wir Ihnen nahe bringen wollen, konnte vieles aus Platzgründen nicht in Kochschule I aufgenommen werden. So wurde die Plachutta-Kochschule zweiteilig konzipiert. Lag der Schwerpunkt des ersten Bandes auf Gekochtem, Gebratenem und Gedünstetem, so präsentiert Ihnen Kochschule II Gebackenes, vom trendigen Fingerfood für Ihre Party bis zu einem reichen Angebot köstlicher Torten, Rouladen, Schnitten und raffinierter Bäckereien aller Art.

Sie wollen Gäste mit einem saftigen Braten in knuspriger Teighülle verwöhnen? Sie suchen ein authentisches Rezept für einen selbst ausgezogenen Apfelstrudel, das auch wirklich gelingt? Sie stehen am Beginn Ihrer Küchenkarriere und fragen sich, wie Lasagne am besten zubereitet wird? Kochschule II beantwortet Ihre Fragen und bietet raffinierte Abwandlungen und neue Gerichte ebenso wie wohlbekannte Klassiker – alles in klarer, leicht nachvollziehbarer Art dargestellt.

Die bewährte Methodik wurde dabei beibehalten. Sie finden in vertrauter Weise bei vielen Rezepten Vorschläge, um das einmal Erprobte mit wenig Aufwand variantenreich abzuwandeln. Hinweise, welche Beilagen besonders gut zu den Speisen passen, sowie Tipps und Tricks, die auch für fortgeschrittene Köche und Köchinnen wichtige Hintergrundinformationen bieten, ergänzen die Rezepte.

Und wie schon in Kochschule I enthält die »Bastelstube« Anleitungen für alle, die sich gern mit besonderem Engagement dem kunstvollen Verzieren und Gestalten von Gebäcken und Süßspeisen widmen, vom persönlichen Gruß auf der Geburtstagstorte bis zum selbstgemachten Lebkuchenhaus.

Und weil Systematik in der Küche lange vor dem Kochen und Backen beginnt, gibt es selbstverständlich auch in Kochschule II einen Einleitungsteil mit Sachinformationen. Hier finden Sie Beschreibungen der wichtigsten Handgriffe, Erläuterungen zu den meist verwendeten Zutaten sowie viele hilfreiche Tipps und Tricks. Und im Anhang erklärt in bewährter Weise ein ausführliches Glossar die verwendeten Küchenfachbegriffe.
So setzen wir unsere Mission fort.
Mit einer zweiten Kochschule, die zum gemütlichen Herumschmökern ebenso einlädt wie zum Schritt-für-Schritt-Nachkochen der Rezepte und dabei Küchenneulingen und erfahrenen HobbyköchInnen gleichermaßen ein verlässlicher Begleiter auf ihren Wegen in der Welt des Kochens und Backens sein wird.

Einleitung

Küchenausstattung

Die »Backabteilung« ist Bestandteil jeder Haushaltsküche. Da sich die Anforderungen an die für Kochen und Backen notwendigen Geräte teilweise überschneiden, liegt es in Ihrem Ermessen, die Ausstattung Ihren persönlichen Bedürfnissen und Vorlieben anzupassen. Wichtig in jedem Fall: Funktionalität und Qualität gehen vor Design.

Arbeitsfläche

Für die zeitgemäße Küche stehen Arbeitsflächen aus unterschiedlichsten Materialien zur Verfügung. Wer langfristig denkt, wähle hochqualitative Materialien. Das früher allgegenwärtige Nudelbrett hat ausgedient.

- Granit eignet sich wegen seiner kühlen, glatten Beschaffenheit besonders gut. Diese Eigenschaft wird beim Bearbeiten von Blätter- oder Plunderteig, beim Ausrollen von Teigen und Marzipan, zum Abkühlen von Krokant und für das Tablieren von Kuvertüre und Glasuren besonders geschätzt.
- Corian ist glatt, pflegeleicht und hygienisch.
- Marmor verwenden Profis zur Bearbeitung von Butterteigen, Marzipan, Glasuren und Krokant. Im Haushalt ist, falls man nicht über eine Granitarbeitsfläche verfügt, ein Marmorbrett in der Größe von ca. 30 × 60 cm empfehlenswert.

Jeder Küche ihre Roboter

Küchenmaschine

Die Anschaffung einer solchen Maschine ist sinnvoll, wenn regelmäßig und in größeren Quantitäten gebacken bzw. gekocht wird. Wählen Sie Markengeräte im oberen Preissegment und achten Sie dabei auf die Leistungsangabe (Watt) vergleichbarer Geräte.

Zusätze wie Rührkessel, Knet- und Rührwerkzeuge zählen zur Grundausstattung; Obst- und Gemüseschneider, Faschiermaschine, Mixbecher sind in der Grundausstattung fallweise, aber nicht immer inkludiert. Vereinzelt werden Geräte mit Zusätzen wie Eismaschine, Kornmühle, Pastaroller, Pastateiler, Dosenöffner, Zitrusentsafter etc. angeboten.

Beim Rühren und Kneten ist die Wahl der geeigneten Zusätze wichtig, um Beschädigungen am Getriebe durch Überlastung vorzubeugen.

- Rührbesen wählen Sie zum Schlagen von Eischnee, Obers und leichten Massen.
- Der »Bischof« eignet sich für Abtriebe, schwere Massen sowie kurzgeknetete Teige (Mürbteig und Streusel) und weiche Teige (gerührter Germteig).
- Knethaken (Spiralkneter) sind für Teige bestimmt.

Elektro-Handrührer

Dieses Gerät ist unentbehrlich zum Schlagen kleinerer Mengen Eischnee und Obers, Rühren von Butterabtrieb, Massen und Cremen. Vorsicht, oftmaliger Gebrauch für feste Teige überfordert das Gerät.

Stabmixer

Stabmixer verwenden Sie für Frucht- und Beerensaucen.

Mixer mit Mixaufsatz

Das ideale Gerät zum feinen Pürieren und Emulgieren größerer Mengen von Frucht- und Beerensaucen, Mixgetränken etc.

Kleinschneider

Wer auf Profiniveau agieren will, benötigt einen Kleinschneider (Cutter). Er eignet sich unter anderem zum Hacken (Zerkleinern) von Nüssen etc. und zur Herstellung feinster Fisch- oder Fleischfarcen.

Nuss- bzw. Mohnreibe

Nüsse und Mohn sind bereits gemahlen im Handel erhältlich. Für anspruchsvolles Backen sind jedoch beide Geräte zu empfehlen.

VORWERK
Varoma
Turbo
Thermomix
...RIST

Weitere Utensilien

Schneidebretter

Wählen Sie Schneidebretter aus Kunststoff mit Antirutschvorrichtung. Die Mindestgröße sollte etwa 25 × 40 cm betragen.
Um einer Übertragung von unerwünschten Gerüchen und Aromen vorzubeugen, halten Sie zum Schneiden von Backzutaten und Früchten stets ein gesondertes, farblich unterschiedliches Brett bereit.

Töpfe und Kessel

Als Grundausstattung sind stapelbare Edelstahl-Topfsets mit Deckeln, die Sieb und Schneekessel inkludieren, die beste Lösung.

Pfannen

Am Pfannenboden anhaftende Palatschinken können die Freude am Backen schnell verderben; die Lösung heißt »Teflonpfannen« in verschiedenen Größen. Zum Frittieren benötigen Sie Pfannen aus Edelstahl oder Titan.

Rührschüsseln

Wählen Sie ein Set von mindestens 4 stapelbaren Schüsseln aus Edelstahl in unterschiedlichen Größen. Edelstahl lässt sich besser reinigen als Kunststoff, ist garantiert bruchsicher und überträgt Kälte besser.

1 Kochtopf und Kasserolle
2 Suppen- und Saucensieb
3 Durchschlagsieb
4 Schneekessel mit Stabilisationsring

Messgeräte

1 Küchenwaage mit Schüssel; elektrische Waagen wiegen besonders genau.
1 Uhr mit Minuteneinstellung und akustischem Signal, in der Regel bereits im Backrohr inkludiert
1 Messbecher aus transparentem Kunststoff
1 Messglas mit cl-Einteilung zum Messen von Obstbränden und Likören
1 Back- bzw. Bratthermometer (bis 250 °C) zum Messen der Temperatur von Gebäck, Fleisch und Frittierfett
1 Lineal aus Kunststoff mit 50 cm Länge, zum Messen und zum Fixieren des Messers beim Zuschneiden ausgerollter Teige

1 Elektrische Waage mit Digitalanzeige
2 Messbecher aus transparentem Kunststoff
3 Back- bzw. Bratthermometer
4 Lineal aus Kunststoff
5 Messbecher aus Metall
6 Zuckerthermometer

Messer

Da jeder Haushalt über ein Grundsortiment verfügt, sind für die »Backabteilung« lediglich zusätzliche Spezialmesser notwendig:

1 Kuchenmesser – die gleichmäßig breite, fein gezahnte Klinge garantiert ein exaktes, waagrechtes Durchtrennen von gebackenen Massen.

1 Tortenmesser – die spitze Klinge mit feiner Zahnung ermöglicht das glatte Schneiden von gebackenen Tortenmassen.

Paletten

Paletten sind Streich- und Hebeinstrumente. Benötigt werden:

1 Palette – die biegsame, breite, ungeschliffene Klinge ist speziell dafür geeignet, Cremen, Massen, Füllungen und Glasuren glatt zu verstreichen.

1 Winkelpalette (Stufenpalette) – erleichtert das Aufstreichen von Massen auf ein Backblech; ideal zum Abheben von Backwaren.

Scheren

1 Schere aus rostfreiem Edelstahl, ca. 20 cm lang, zum Schneiden von Backpapier als Blechbelag, für Tortenreifen, Stanitzelpapier etc. sowie zum Einschneiden von Teigstücken wie beispielsweise Pinzen

Siebe

1 Streudose oder Rüttelsieb zum Bestauben mit Staubzucker oder Kakao

1 Passiersieb mit Holz- oder Metallrahmen und rostfreier Bespannung zum Sieben von Mehl sowie zum Passieren von gekochten Erdäpfeln oder Kompottfrüchten

2 Siebe mit Stielen aus Edelstahl und unterschiedlich feiner Bespannung und Größe zum Seihen und Sieben

1 Durchschlagsieb zum Waschen von Beeren und Früchten

Schöpfer

1 großer und 1 kleiner Schöpfer

1 flacher Lochschöpfer

1 Siebschöpfer (Gitterlöffel zum Herausheben von Frittiertem)

Reiben

Microplane Reiben sind sehr scharfe und stabile Spezialreiben, die besonders gut geeignet zum Reiben von Gewürzen wie Muskatnuss oder Zimtrinde sind, aber auch zum Reiben der Schalen von Zitrusfrüchten (Zesten).

Gröbere Reiben sind für Käse-, Kokosnuss- und Schokoladeraspeln sowie für Äpfel und Rohkostgemüse geeignet.

Rührgeräte

1–2 Schneebesen aus Edelstahl mit dichter, möglichst dünner Bespannung aus Edelstahl

2–3 Kochlöffel in unterschiedlicher Größe aus hitzebeständigem Kunststoff

1 Sprudler aus Holz oder Kunststoff

1 Spritztülle, glatt
2 Sternausstecher
3 Herzausstecher
4 Schaumrollenröhrchen
5 Ausstechersatz, gezackt
6 Kugelausstecher (Parisienne-Ausstecher)
7 Zestenreißer
8 Spritztülle, gezackt
9 Apfelentkerner
10 Ausstechersatz, glatt

Rollgeräte

- Rollholz (Nudelholz) aus Holz, Kunststoff oder Edelstahl. Edelstahlroller können zur besseren Bearbeitung von Blätter- oder Mürbteig gekühlt werden. Rollgeräte mit Silikonbelag verkleben nicht mit Teig und Marzipan und brauchen nicht mit Mehl gestaubt werden.

Folien und Backtrennpapier

- Alufolie eignet sich unter anderem zum Abdecken von Gebäcken, wenn eine weitere Bräunung unerwünscht ist.
- Overheadfolien und Folienstreifen sind unersetzlich zum Auskleiden von Formen, zum Beispiel für Torten mit Geleeglasur, Topfen-, Frucht- oder Joghurtobersfüllungen bzw. zum Aufspritzen und problemlosen Ablösen von Ornamenten und Arabesken aus Kuvertüre oder Spritzglasur.
- Backpapier ist silikonbeschichtet und erspart das Einfetten von Blechen. Es eignet sich ideal zum Backen von Massen und Teigen, um Tortenringe einzuschlagen oder Kuchenformen auszukleiden.
- Tortenunterlagen aus Pappe oder Metall benötigt man zum Unterlegen beim Einstreichen, Füllen und Lagern von Torten.

Handschutz

- Küchentücher (Hangerl)
- Küchenhandschuhe

1 Rollholz aus Kunststoff
2 Rillenwalze zum Kerben von Marzipan
3 Rollholz mit Silikonbelag
4 Rollholz aus Edelstahl
5 Roll- bzw. Nudelholz

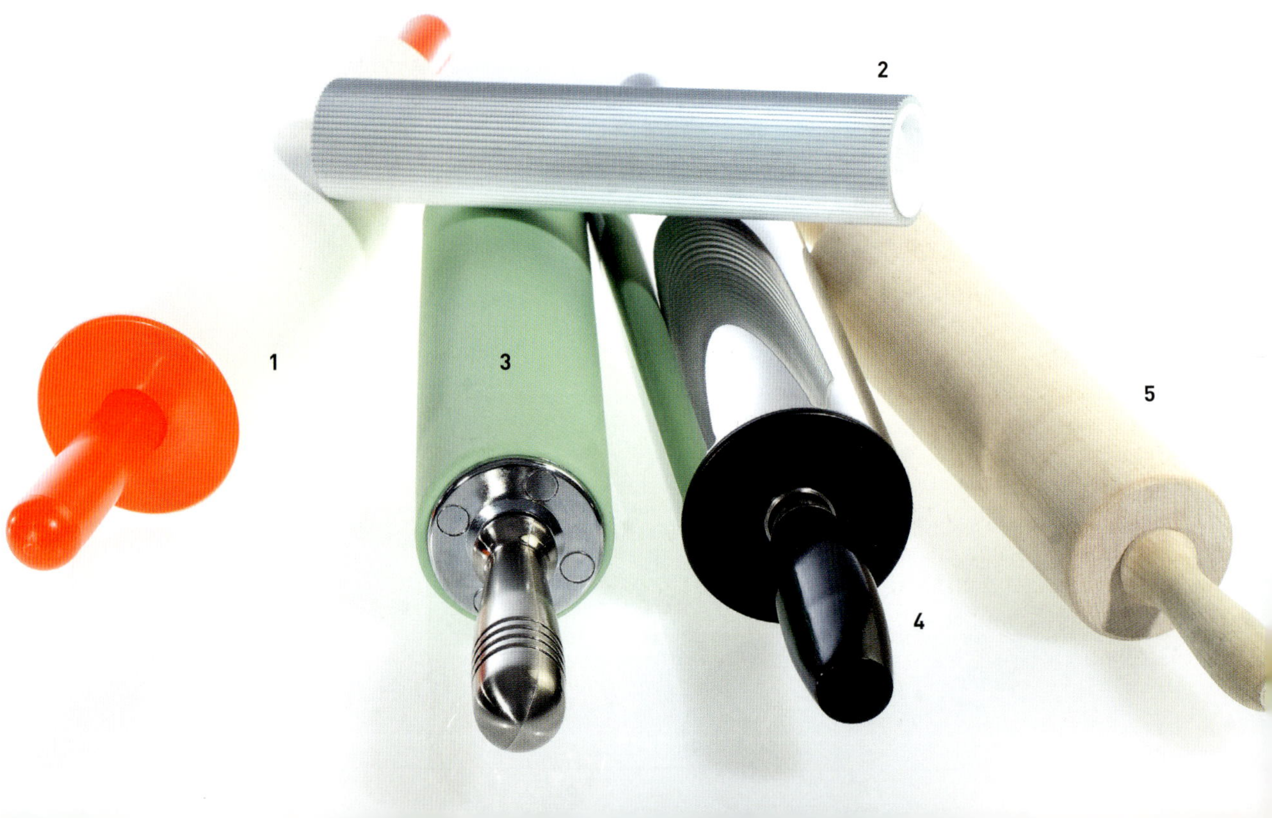

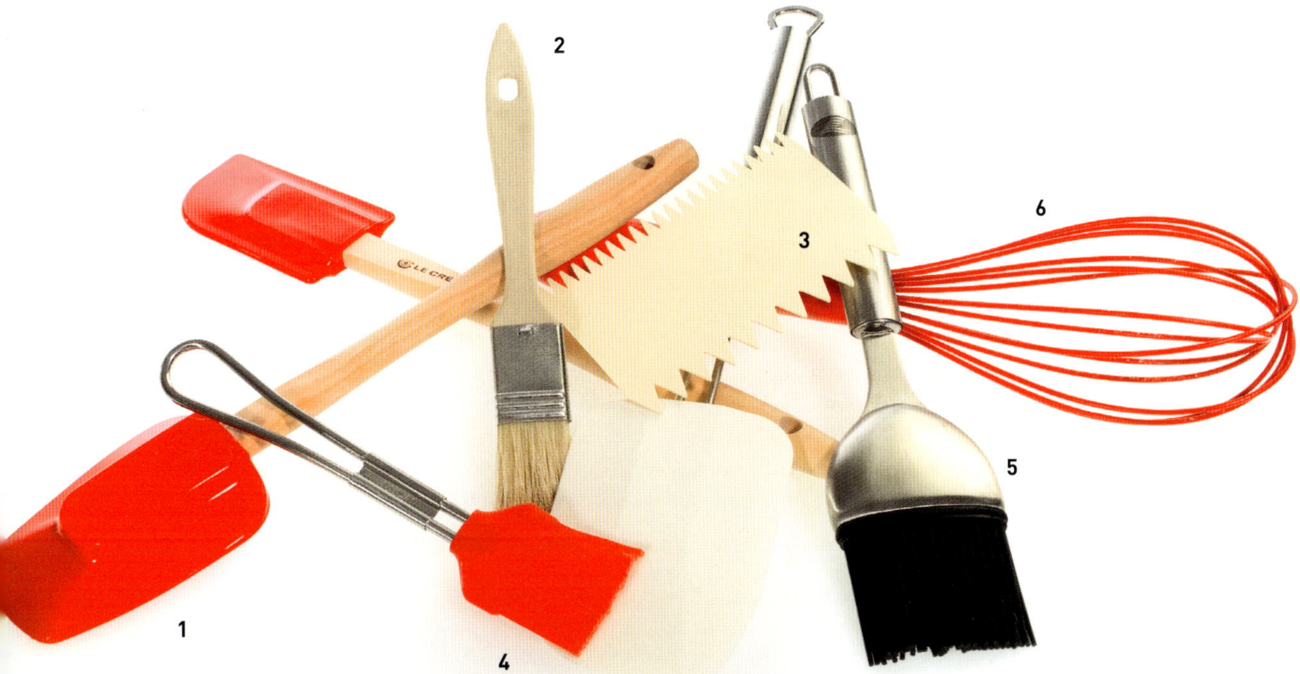

Die kleinen Helfer

Je 1 Pinsel zum Streichen von Fett, Ei, Milch oder Wasser
1 Kugelausstecher (Parisienne-Ausstecher)
1 Sparschäler
1 Apfelentkerner
1 Kirschenentkerner
1 glatter und 1 gezackter Ausstecher-Satz
1 Linzer Ausstecher
2 Dressiersäcke (oder Einwegsäcke)
3 glatte und 3 gezackte Spritztüllen in unterschiedlichen Größen aus Kunststoff oder Metall
2 Teigkarten in unterschiedlicher Größe
2 Teigspachteln aus hitzebeständigem Kunststoff
1 Garnierkamm mit Sägekerbung
1 Zitruspresse
1 Trichter
1 Dosenöffner
1 Holzspieß für die Garprobe
1 Glasier- und Kuchengitter
1 Teigrad, je nach Wunsch in gewellter oder glatter Ausführung. Geräte aus Edelstahl sind zu bevorzugen.

1 Teigspachtel aus hitzebeständigem Kunststoff (bis 270 °C verwendbar)
2 Pinsel mit Naturborsten
3 Garnierkamm mit Sägekerbung
4 Pinsel aus hitzebeständigem Kunststoff (bis 270 °C verwendbar)
5 Pinsel aus hitzebeständigem Kunststoff (bis 270 °C verwendbar)
6 Schneebesen aus Kunststoff

Zubehör für Fortgeschrittene

1 Zuckerthermometer zum Messen von Zuckergraden
1 Multi-Teigteiler mit breitenverstellbarer Ziehharmonikafunktion
1 Pizzateiler
1 Tortenteiler für die gleichmäßige Einteilung von Tortenstücken
1 Gitterschneider für gitterartigen Teigbelag von Torten, Pies etc.
1 Rillenwalze zum Kerben von Marzipan
Schaumrollenröhrchen, je nach Bedarf in unterschiedlichen Größen
1 Stanitzelholz
1 Kastanienpresse
1 Kornmühle
1 Zestenreißer
1–2 Silikonmatten zum Backen von Hippen, Wind- und Kleinbäckereien
Schablonen für Hippen

Gitterschneider

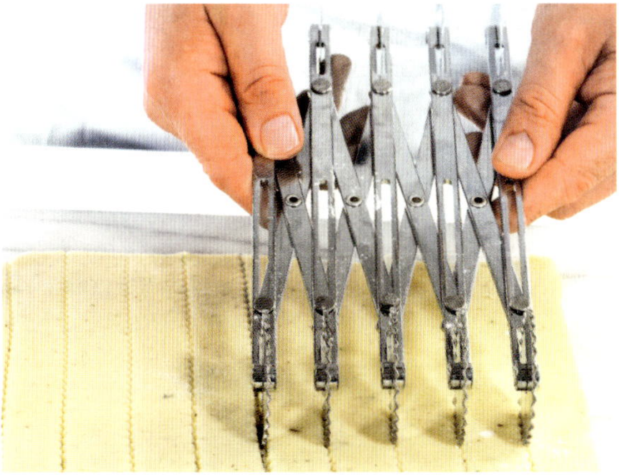

Multi-Teigteiler

Hippenschablonen auf Silikonmatte

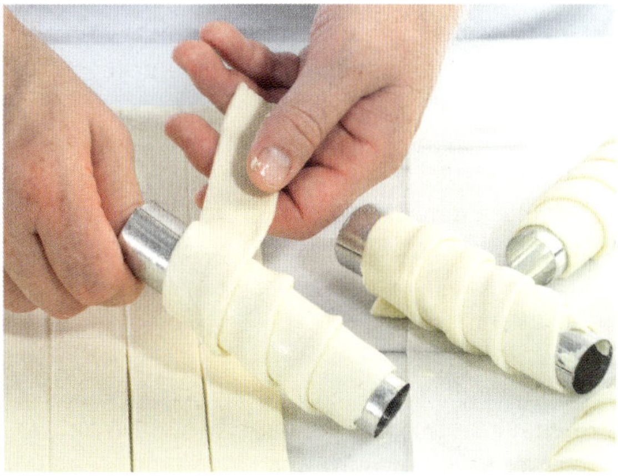

Schaumrollenröhrchen

Backtechnik

Wissenswertes über das Backrohr

- Elektrisch beheizte Backrohre verfügen in der Regel über Ober- und Unterhitze, Umluft und eine zuschaltbare Grillschlange zum Überbacken. Prüfen Sie, ob das jeweilige Rezept statische oder zirkulierende Heißluft (Umluft) vorsieht.

- Welche der meist 4 Einschubleisten zu wählen ist, hängt vor allem von der Höhe der Backform bzw. des Backgutes und der Art des Backprozesses ab. So werden untere Einschubleisten zum Backen von Kuchen, Tortenmassen, Kleingebäck, Aufläufen, Pizzas etc. oder in Teig gehüllten Fleisch- oder Fischgerichten genutzt. Die Leisten im oberen Bereich eignen sich zum Überbacken (Gratinieren).

- Kein Backrohr bäckt wie das andere, daher sind Temperaturangaben in Rezepten lediglich Anhaltspunkte. Beobachten Sie das Backverhalten Ihres Rohres und notieren Sie alle Abweichungen, die Sie bemerken, in Ihrer Rezeptkartei.

- Bedenken Sie, dass Backformen je nach Material verschieden gut Wärme leiten und unterschiedliche Backzeiten und Bräunungseffekte aufweisen.

- Heizen Sie das Backrohr vor. Beim Einschieben des Backgutes muss, wenn nicht anders angegeben, die erforderliche Temperatur bereits erreicht sein.

- Stellen Sie Formen mit Massen und Teigen auf den Rost, damit das Gebäck auch von unten ausreichend mit Hitze versorgt wird. Kleingebäck, Pizza, Obstflecke und Ähnliches backen Sie auf einem Blech.

- Beobachten Sie das Backverhalten durch das Sichtfenster; decken Sie das Backgut bei zu starker Bräunung mit Alufolie ab.

Die wichtigsten Backmethoden

Backen mit statischer Hitze
Statische Wärmezufuhr bedeutet Backen mit gesondert zuschaltbarer Ober- bzw. Unterhitze, wobei bei manchen Herden die Zirkulation nicht zur Gänze abschaltbar ist. Gebacken wird auf einer Ebene, das Backgut bleibt dabei besonders saftig. Ideal für zugempfindliches Backgut wie Soufflés, Salzburger Nockerl usw.

Backen mit Umluft
Zirkulierende Heißluft ermöglicht das gleichzeitige Backen in mehreren Etagen bei gleichmäßiger und forcierter Bräunung. Nachteil: Die Gebäcke trocknen leichter aus. Verglichen mit statischer Hitze (Strahlungshitze) ist Umlufthitze bei gleicher Temperaturwahl um ca. 20 % heißer.

Eingehängtes Backrohr
Die Backrohrtüre wird nicht ganz geschlossen und rastet in dieser Stellung entweder ein oder wird mit einem hitzebeständigen Gegenstand fixiert. Dient meist dazu, die Hitze abzusenken oder Backgut bei mäßiger Hitze zu trocknen (zum Beispiel Windbäckerei).

Backen mit Dampfzuführung
Dampfzuführung dient der Beschwadung des Gebäcks und ist zum Beispiel beim Brotbacken, beim Fertigbacken von halb gebackenen oder tiefgekühlten Gebäcken, bei Blätter- und Plunderteig von Bedeutung. »Kombi-Dampfgarer« sind für diese Zwecke ideal: Wie bei einem Backrohr mit Umluftwahl kann in mehreren Etagen gleichzeitig gedämpft, gebacken oder gebraten werden. Eine Bedampfungseinrichtung sorgt für den gewünschten Effekt.
Wer nicht über ein solches Gerät verfügt, stelle ein Gefäß mit Wasser bei oder sprühe Wasser während des Backvorgangs mittels Wasserzerstäuber in das Backrohr. Weiters ist es empfehlenswert, das Backgut vor dem Backen mit Wasser zu bestreichen (Brotbacken).

Backformen

Backformen müssen vielfältigen Anforderungen entsprechen, gut Wärme leiten, gleichmäßig bräunen, sich leicht vom Gebäck lösen lassen und einfach zu reinigen sein.

Beschichtete Backformen
Teflonbeschichtete Backformen sind für den Haushalt besonders empfehlenswert, eignen sich für alle Backrohre und haben den Vorteil, dass das Gebäck leicht ablösbar ist. Trotz Beschichtung ist zartes Befetten der Form vorteilhaft.
Wichtig: nicht mit Scheuerschwämmen und kratzenden Mitteln bearbeiten, Gebäcke nicht in der Form schneiden. Verkrustete Formen in warmem Wasser einweichen.

Backformen aus Weißblech
Weißblechformen sind preisgünstig, jedoch nicht säurebeständig. Für alle Backöfen geeignet, besonders für Gasbackrohre. Da sie Wärme reflektieren, benötigen sie jedoch mehr Hitze und längere Backzeiten. Bei elektrisch beheiztem Backrohr zur besseren Bräunung eine tiefere Einschubleiste wählen.
Nicht in der Geschirrspülmaschine waschen und wegen der Rostgefahr stets gut abtrocknen. Fertiges Backgut wegen der Geschmacksübertragungsgefahr (Metall) sofort aus der Form nehmen.

Backformen aus Schwarzblech
In diese Formen ist ein schwarzer Kunststofflack eingebrannt. Sie eignen sich besonders für Elektrobacköfen, verfügen über sehr gute Wärmeleitung, bräunen gleichmäßig und ermöglichen kürzere Backzeiten. Unproblematisch in der Pflege.

Backformen aus Email
Meist kommen emaillierte Bratenpfannen, die für Obstkuchen (Gâteau) verwendet werden, zum Einsatz. Unproblematisch in der Anwendung, müssen jedoch gut gefettet bzw. fallweise mit Semmelbröseln oder Mehl ausgestreut werden. Vor der Reinigung mit warmem Wasser weichen. Spülmaschinenfest. Nachteil: Emailglasur kann absplittern. Als Profiform nicht geeignet.

Backformen aus Keramik, Gusseisen, hitzebeständigem Glas und Steingut
Für alle Backrohre geeignet. Nachteil: lange Backzeiten, da das Material sich langsam erwärmt. Gusseisenformen nehmen Hitze besonders gut auf und leiten sie gleichmäßig und langanhaltend an das Back- oder Bratgut weiter. Ein Nachteil ist ihr hohes Gewicht. Porzellan-, Gusseisen- und Glasformen vertragen keine Temperaturunterschiede. Heiße Formen nicht auf kalte Unterlagen stellen, da sie zerbrechen können.

Silikonformen
Geeignet zum Backen bis 270 °C sowie zum Tiefkühlen bis -40 °C (Parfaits) und zum Sulzen (Gelees, Cremen, Mousses). Benötigen die längste Backdauer und sind instabil in der Handhabung. Vorteile: leichte Lösbarkeit des Backguts aus der Form, spülmaschinenfest.

Silikonbackmatten
Wegen der leichten Lösbarkeit hervorragend geeignet für Kleingebäcke wie Hippen, Dekor aus Spritzglasur und Windmasse, Obstchips etc.

1 Springform
2 Gugelhupfform
3 Silikonform für Savarins
4 Teflonform für Madeleines
5 Edelstahlform für Savarins
6 Porzellanform für Tartelettes
7 Dariolformen
8 Kunststoffringe für Cremetörtchen
9 Feuerfeste Porzellanform für Quiche

Welche Form für welchen Zweck

Backblech
Gehört zur Standardausrüstung. Ausführungen: flach oder mit erhöhtem Rand. Geeignet für Blechkuchen, Rouladen, Kleinbäckerei, Wähen, Blechpizza oder als Untersatz für kleine Formen oder Tortenringe.

Einschubblech (Randblech)
Wird zwischen 2 und 7 cm Höhe angeboten, dient als Form für Schnitten und Blechkuchen.

Dariolform
Konische Portionsform aus Aluminium (nicht säurebeständig) oder Edelstahl (teure Einmalanschaffung). Geeignet für Portionsaufläufe, Parfaits, süße und pikante Cremen oder Mousses.

Souffléform/Gratinform
Für Soufflés oder Aufläufe in verschiedenen Größen, meist aus feuerfestem Porzellan. Auch zum Füllen mit Cremen und Mousses geeignet.

Springform
Rundform mit Größen bis 30 cm. Ist für den Haushalt in beschichteter Ausführung gegenüber Tortenreifen ohne Boden zu bevorzugen. Wird auch als Kranzkuchenform (Ringform) angeboten. Der einlegbare Boden und der Klappverschluss garantieren ein problemloses Lösen des Gebäcks. Springformen müssen vor dem Befüllen ausgefettet und ausgestaubt werden.

Tortenreifen (Tortenring)
Die 4,5 bis 6 cm hohen Reifen aus Edelstahl ohne Boden werden von Profis bevorzugt. Gebräuchlich ist ein Durchmesser von 24 cm. Als Bodenersatz dient Backpapier, das mit spezieller Faltung straff an der Form angebracht wird (siehe S. 56). Ideal zum Füllen und Umstellen von Torten bzw. Ausstechen von Teig- oder Biskuitböden.

Kapselrahmen
Ähnlich einem Einschubblech (Randblech) zum Backen von Schnitten und rechteckigen Kuchen. Rahmen mit Verstelleinrichtung können in die gewünschte Größe verschoben und fixiert werden.

Kastenform
Die Breite ist meist einheitlich, die Länge variiert. Ideal ist eine Länge von 30 cm. Im Fachhandel werden auch Formen mit verstellbaren Längen angeboten. Geeignet für Kuchenmassen, aber auch für süße oder pikante Gelees, Parfaits und Terrinen.

Gugelhupfform
In unterschiedlichsten Größen und Ausführungen erhältlich. Durch den offenen »Kamin« in der Mitte der Form wird das Gebäck sowohl von außen als auch von innen mit Hitze versorgt.

Obstkuchenform
Flache Rundform in unterschiedlicher Größe und Höhe, mit glattem oder gewelltem Rand. Der oft teilweise erhöhte Boden sorgt dafür, dass nach dem Stürzen der gebackenen Masse Früchte und Beeren samt Gelee aufgenommen werden können. Besonders praktisch sind Formen mit herausnehmbarem Boden.

Rehrückenform
Die einem Rehrücken nachgebildete Halbrundform mit länglichen und seitlichen Rillen ist die charakteristische Form für den »Rehrücken« genannten schokoladeglasierten und mit Mandelstiften gespickten Schokoladekuchen. Geeignet für jegliche Kuchen und Gelees.

Kuppelform (Ulmer Form)
Die meist aus Aluminium erzeugte Form dient zum Backen von Massen in Kuppel- bzw. Bombenform. Geeignet auch für Stürzcremen, Sulzen, Mousses.

Quiche- oder Pieform
Runde, leicht konische, niedrige Backform aus Metall oder feuerfestem Porzellan mit glattem oder gewelltem Rand.

Tartelettenform
Tartelettenförmchen gibt es mit 8, 10 und 12 cm Durchmesser. Diese Portionsformen werden meist mit Mürb- oder Pastetenteig ausgelegt, gebacken und anschließend mit Früchten, Beeren oder Gemüse, Fleischragout, Cremen oder Mousses gefüllt.

Ringform (Savarinform)
Ringformen gibt es in unterschiedlichen Größen, am gebräuchlichsten als Portionsform. Sie finden für Germgebäck (Savarins) oder auch zum Füllen mit Cremen und Mousses usw. Verwendung.

Die wichtigsten Zutaten

Aranzini (Orangeat)

Kandierte Orangenschalenstreifen/-stücke

Aromastoffe

Aromastoffe eigenen sich zum Untermischen in Cremen, Glasuren, Massen und Teige. Zum Tränken von gebackenen Massen und Gebäcken vermischt man sie mit Läuterzucker (siehe S. 52).

- **Arrak**
  Eine aus Palmzuckersaft (Melasse) und vergorener Reismaische gewonnene Spirituose. Fallweise werden vor dem Brennen auch Dattel- oder Hirseextrakte beigemischt. Geeignet zum Aromatisieren von Glasuren und Cremen.

- **Cointreau**
  Feiner französischer Orangenlikör, alternativ zu Grand Marnier verwendbar.

- **Crème fraîche**
  Aus Kuhmilch, muss mindestens 30 % Fett in der Trockenmasse aufweisen. Crème fraîche ist eine Variante von Sauerrahm, flockt aber im Gegensatz zu diesem bei Zugabe in heiße Speisen wie Saucen und Cremesuppen nicht aus. Der Crème fraîche ähnlich ist Crème double; diese hat jedoch einen höheren Fettgehalt und ist ein Süßrahmprodukt.

- **Grand Marnier**
  Likör auf Basis von Cognac und Bitterorangen. Dient zur Aromatisierung von Cremen, Mousses, Fruchtragouts und Halbgefrorenem.

- **Kaffee**
  Für Cremen, Mousses, Massen, Füllungen und Glasuren wird starker Espresso verwendet. Wenn zusätzliche Flüssigkeitszugabe unerwünscht ist, wird Löskaffee verwendet.

- **Irish Cream**
  Likör aus Sahne, Whisky, Kristallzucker und Kakao. Für feine Cremen und Parfaits geeignet.

- **Rosenwasser**
  Wird für Weihnachtsgebäck und Glasuren sowie zur Marzipanherstellung verwendet.

- **Rum (Inländerrum)**
  »Inländerrum« ist ein österreichisches Erzeugnis und mit Zuckerrohrbranntwein nicht vergleichbar. Wird für Früchtestrudel, Füllungen und Süßspeisen eingesetzt, vor allem wenn Walnüsse und Mohn verwendet werden.

- **Waldmeister**
  Wird von April bis Anfang Mai gesammelt. Dient frisch verarbeitet oder als Essenz bzw. Likör zum Aromatisieren erlesener Cremen, Füllungen, von Halbgefrorenem, Eis, Maibowle usw.

Backfrüchte-Mischung

Kandierter, gewürfelter, eingefärbter Speisekürbis. Um ein Absinken in Massen und Teigen zu verhindern, vor dem Einrühren mit Mehl vermischen und überschüssiges Mehl anschließend abschütteln.

Belegfrüchte

Ganze oder geteilte, kandierte oder in Zuckersirup eingelegte Ananasscheiben, Kirschen, Weichseln, Kastanien usw.

Backoblaten

Geschmacksneutral, werden rund oder eckig in unterschiedlichen Größen angeboten. Absorbieren Feuchtigkeit und werden zum Beispiel zum Trennen von Marmelade und Masse eingesetzt oder als mitgebackene Unterlage von Gebäcken, insbesondere für Lebkuchen, verwendet.

Backpulver

Bewirkt unter Einfluss von Feuchtigkeit und Hitze das Aufgehen und die Lockerung von Teigen und Massen. Backpulver soll zur besseren Verteilung gemeinsam mit dem abgewogenen Mehl versiebt werden.

Eier

Eier trocken, kühl und von anderen Lebensmitteln getrennt mit der spitzen Seite nach unten lagern, am besten in der Originalverpackung oder im Eierfach. Eierschalen wegen Salmonellengefahr sofort entsorgen, Hände heiß und desinfizierend waschen.
Frischetest: Nach dem Aufschlagen bildet das Eiweiß einen dichten Hof um den Dotter. Die Farbe der Eierschale ist von der Hühnerrasse abhängig; ausgeprägte Farbintensität der Dotter ist kein Gütezeichen, sondern kann durch Futterzusätze gesteuert werden.
Die EU-weit einheitliche Kennzeichnung auf Ei und Verpackung informiert über Herkunft, Haltungsform, Güteklasse, Größe und Haltbarkeit der Eier. Zu verwenden sind Eier der Güteklasse A.

Die Gewichtsklassen:

XL	sehr große Eier	73 und mehr Gramm
L	große Eier	63 bis 72 Gramm
M	mittelgroße Eier	53 bis 62 Gramm
S	kleine Eier	unter 53 Gramm

(In der Regel werden mittelgroße Eier als Grundlage für Kochrezepte herangezogen.)

Eiweiß

Unentbehrliches Triebmittel für Aufläufe, Soufflés, Windbäckerei und Massen. Wichtig ist, Eiweiß und Dotter sauber zu trennen und beim Aufschlagen von Eischnee kalte, fettfreie und trockene Geräte zu verwenden. Optimale Resultate erreicht man, wenn Eiweiß und Kristallzucker gemeinsam aufgeschlagen werden (siehe S. 50).

Bei Süßspeisen, die keinem Hitzeprozess (backen, kochen) unterzogen werden (zum Beispiel Tiramisu), ist die Verwendung von pasteurisiertem Hühnervollei, Dotter oder Eiweiß zu empfehlen. Diese werden in 1-l-Tetrapackungen angeboten und können im Kühlschrank ungeöffnet 4 Wochen, geöffnet 5 Tage gelagert werden.

Fett

Fett zum Ausbacken erst unmittelbar vor dem Einlegen des Backgutes auf die gewünschte Temperatur bringen. Zu lange Zeit zu hoch gehaltene Temperaturen (über 170 °C) mindern die Backfähigkeit.

- **Butter**
  Unverzichtbar zur Zubereitung von Teigen, Massen und Cremen; wird mit wenigen Ausnahmen zimmertemperiert verarbeitet.

- **Butterschmalz (geklärte Butter)**
  Im Handel als Fertigprodukt erhältlich; selbst geklärte Butter schmeckt jedoch wesentlich besser. Butterschmalz ist hitzebeständig und deshalb als Ausbackfett für Krapfen und gespritztes Brandteiggebäck bestens geeignet. Kann durch feines Seihen zwei- bis dreimal verwendet werden.

- **Kokosfett**
  Das extrem harte Fett entwickelt außerordentlich starke Backkraft. Besonders geeignet zum Ausbacken in tiefem Fett (Krapfen etc.).

- **Margarine**
  Wird auf rein pflanzlicher Basis hergestellt und verfügt über ähnliche Eigenschaften wie Butter, ist jedoch geschmacklich nicht vergleichbar. Ziehmargarine eignet sich auf Grund des höheren Schmelzpunktes bevorzugt zur Blätter- und Plunderteigerzeugung, ist jedoch im Einzelhandel nicht erhältlich (Tipp: in Konditoreien fragen).

1
2
3
4
6
7
10
11

1 Kristallzucker
2 Muskatnuss
3 Gewürznelken
4 Zimtstangen
5 Anis
6 Backfrüchtemischung
7 kandierte Kirschen
8 Aranzini
9 Sternanis
10 Kümmel
11 Vanilleschoten
12 Kardamom

- **Pflanzenöl**
  Geeignet sind geschmacksneutrale, hochwertige und möglichst cholesterinfreie Pflanzenöle.

Gelatine

Gelatine ist ein geschmackloses Geliermittel auf tierischer Basis und wird gemahlen oder in Blattform angeboten. Zu beachten ist die Grammierung bei Blattgelatine. Diese ist bei handelsüblicher Ware für den Haushalt 1,67 g pro Blatt, bei Profipackungen ca. 2,5 g pro Blatt. Beide verfügen jedoch über die gleiche Gelierfähigkeit.

Geleepulver (Tortengelee)

Geleepulver lösen Sie in Wasser oder Fruchtsaft auf, um Früchte, Frucht- oder Beerenkuchen (Schnitten) und Tortenoberflächen zu überziehen bzw. abzuglänzen.

Germ

In Verbindung mit Kristallzucker, Wärme, Feuchtigkeit und Sauerstoff bewirkt Germ eine biologische Teiglockerung mit typischem Geruch und Geschmack. Frische Germ ist hellgrau, geschmeidig, ohne Risse. Tiefgefroren ca. 3 Monate verwendbar. Germ darf nicht direkt mit Salz und Fett in Verbindung gebracht werden. Milch oder Wasser zum Anrühren soll ca. 35 °C aufweisen.
Trockengerm ist lange lagerfähig und muss nicht angesetzt werden, verfügt jedoch nicht über die gleiche Triebkraft wie frische Germ.

Gewürze

- **Anis**
  Wird meist ungemahlen für Brot, Kuchen und Kleinbäckerei verwendet.

- **Fenchelsamen**
  Typisches Brotgewürz mit anisähnlichem Geschmack.

- **Kümmel**
  Wird für Partygebäck und Brot ungemahlen eingesetzt.

- **Lebkuchengewürz**
  Fertig gemischte, empfehlenswerte Handelsware aus Zimt, Nelken, Muskatnuss, Muskatblüte, Kardamom, Piment, Sternanis und Ingwer.

- **Muskatnuss und Muskatblüte (Macis)**
  Beide Gewürze werden zur Aromatisierung von Weihnachtsbäckerei und Gewürzkuchen eingesetzt.

- **Gewürznelken**
  Im Ganzen für Kompotte, Punsch und Kaltschalen, gemahlen für Lebkuchen und Weihnachtsgebäck beliebt.

- **Safran**
  Achtung: wegen seines intensiven Aromas nur in kleinsten Mengen verwenden. Ist auch wegen der durch ihn bewirkten intensiven Gelbfärbung von Kuchenmassen beliebt.

- **Salz**
  Die Salzzugabe bei Teigen beträgt 10 g auf 1 kg Mehl, bei Germteig und Kaffeegebäck 10–15 g, bei salzigen Teigen (zum Beispiel Blätterteig, Brotteig) 20–25 g. Bei Massen reicht eine kleine Prise, um einen runden, harmonischen Geschmack zu erzielen. Bei Fisch in Salzkruste kommt Meersalz zum Einsatz.

- **Sternanis**
  Geeignet für Kompotte und Konfitüren, gemahlen für Lebkuchen und Weihnachtsgebäck.

- **Vanille**
  In der Regel wird Bourbon-Vanille aus Réunion und Madagaskar angeboten. Die dunklen, feinen Pigmente aus gespaltenen (halbierten), ausgeschabten Vanilleschoten, das so genannte Mark,

sind in Speisen ein Beweis für die Verwendung von echter Vanille. Vanilleschoten sollten in gut verschlossenen Gläsern kühl und trocken aufbewahrt werden (Vanillezucker siehe S. 52).

- **Vanillin**
  Der Aromastoff der Vanilleschote lässt sich synthetisch herstellen. Vanillin hat einen ähnlichen Geruch wie Vanilleschoten. Viele Begleitsubstanzen fehlen jedoch, daher kann synthetisch hergestelltes Vanillin das Original nur imitieren, nicht ersetzen.

- **Vanillinzucker**
  Eine Mischung des synthetisch produzierten Vanillins mit Kristallzucker.

- **Zimt**
  Die getrockneten Röllchen aus der Rinde des Zimtbaumes werden für Glühwein und Kompotte, aber auch als Dekormittel verwendet. Gemahlen ist Zimt für Weihnachtsgebäck, Cremen, Aufläufe und für die Eiserzeugung von Bedeutung.

Glukosesirup

Aus Traubenzucker, Stärke und Wasser gewonnener zähflüssiger Zuckersirup, der verhindert, dass Zucker kristallisiert.
Glukosesirup wird zur Verarbeitung von Modelliermarzipan, für Glasuren usw. verwendet. Auf 500 g Kristallzucker werden 30 g Glukosesirup beigemengt. Glukosesirup ist im Einzelhandel nicht erhältlich, Anfragen bei Konditoreien können hilfreich sein.

Gummiarabikum

Wird hauptsächlich aus Rinden verschiedener Akazien gewonnen und unter anderem zum Abglänzen von Lebkuchen verwendet.

Hirschhornsalz (Ammonium)

Dient als Trieb- und Lockerungsmittel, vor allem bei Flachgebäcken wie Lebkuchen. Erhältlich in Apotheken und Drogerien; Lagerung in luftdicht verschlossenen Behältern.

Kandierte Früchte und Fruchtschalen

Zum Belegen oder Dekorieren werden ganze oder zerteilte kandierte Früchte, Fruchtschalen, Rosen- oder Veilchenblüten verwendet. Kandierte Orangen- oder Zitronenschalen und gefärbter kandierter Speisekürbis sind Einlage für Kuchen, Bischofsbrot usw.

Krokant (Grillage)

Mischung aus gerösteten Haselnüssen oder Mandeln mit karamellisiertem Kristallzucker (Herstellung siehe S. 49).

Marzipanrohmasse

Im Handel erhältlich, besteht aus gemeinsam melangierten Mandeln, Kristallzucker, etwas Bittermandeln und Rosenwasser. Marzipanrohmasse ist Basis für Modelliermarzipan und, zum Beispiel bei Makronen, auch Backzutat.
Für Konfektfüllungen sollte Rohmarzipanmasse möglichst nicht durch weitere Zuckerzugabe »gestreckt« werden; hingegen kann man durch Beigabe von Ingwer, Grand Marnier, Irish Cream, Fruchtpasten etc. raffinierte Geschmacksvariationen erzielen.
Zum Eindecken von Torten, Schnitten oder als Modelliermarzipan wird Rohmarzipanmasse meistens mit Lebensmittelfarbe eingefärbt. Mit Staubzucker im Verhältnis eins zu eins und, sofern verfügbar, mit etwas Glukosesirup oder Läuterzucker verknetet (siehe links und S. 52) lässt sich Marzipan bestens für diese Zwecke bearbeiten (siehe S. 354 und 367).

1 Pistazienkerne
2 Mandeln, geschält
3 Sesam
4 Mandeln, gehobelt
5 Kokosraspeln (Kokosette)
6 Haselnüsse
7 Walnüsse
8 Kürbiskerne
9 Sonnenblumenkerne
10 Mandeln, gestiftelt
11 Pinienkerne (Pignoli)

4
3
5
6
7
11
10

Mehl

Für Massen und Teige wird in der Regel glattes Weizenmehl – Type 480 und 700 – verwendet.
Für gekochte Mehlspeisen etwa aus Knödelmasse, Kartoffelteig etc. eignet sich griffiges Mehl.
Für Lebkuchenteig und dunkles Brot verwendet man Roggenmehl, oftmals in Mischung mit Weizenmehl. Roggenmehl weist ein anderes Backverhalten als Weizenmehl auf, da die Eiweißqualität geringer und weniger »Kleber« vorhanden ist.
Für reine Roggenbrote benötigt man daher viel Triebmittel (Sauerteig). Aus diesem Grund wird meist eine Mischung aus Weizen- und Roggenmehl bevorzugt.

Mohn

Gemahlen oder ungemahlen im Angebot. Zum Mahlen eignet sich eine Mohnmühle oder ein Kleinschneider. Mohn wird leicht ranzig und ist nur bedingt lagerfähig. Zur längerfristigen Lagerung am besten tiefkühlen. Frisch gemahlener Mohn verleiht dem Gebäck besseres Aroma. Ungemahlener Mohn dient zum Bestreuen von Backwaren.

Nougat

Für Füllungen, Cremen oder als Beigabe in Glasuren; entsteht durch Zerreiben gerösteter, fein geriebener Haselnüsse oder Mandeln mit geschmolzenem Kristallzucker und anschließende Vermischung mit Milch- oder dunkler Kuvertüre bzw. Kakaobutter.

Nüsse und Kerne

Werden wegen des hohen Fettanteils leicht ranzig. Daher ausgelöst möglichst frisch verarbeiten oder sehr kalt oder gefrostet lagern.

- **Kokosraspeln (Kokosette)**
  Fein geraspeltes Kokosnussfruchtfleisch mit wenig Feuchtigkeitsgehalt, wird v. a. für Konfekt, Klein- und Weihnachtsgebäck verwendet.

- **Haselnüsse**
  Werden je nach Verwendungszweck ausgelöst mit Schale, geschält im Ganzen, gehackt oder gerieben verarbeitet. Bestandteil von Grillage und Nougat.

- **Pinienkerne (Pignoli)**
  Werden als Backzutat im Ganzen verarbeitet oder als edle Einlage in feinen Farcen für Pasteten und Fische in Blätterteig verwendet.

- **Pistazienkerne**
  Kommen geschält überwiegend für Cremen, Speiseeis, Füllungen sowie als Einlage für Pastetenfarcen und als Dekormittel zum Einsatz.

- **Mandeln**
  Mandeln werden ungeschält, geschält, gestiftelt, gehobelt oder gemahlen angeboten. Sie werden wie Nüsse verwendet und sind das Basisprodukt von Marzipan.

- **Walnüsse**
  Ungeschält bewahren Walnüsse ihr Aroma am besten. Ausgelöste Walnüsse werden im Ganzen, als »Bruch« oder gerieben angeboten. Dienen als Dekormittel, als Bestandteil von Füllungen und Cremen oder werden anstelle von Mehl eingesetzt. Frisch geriebene Walnüsse bewirken die beste Geschmacksbildung.

Pottasche

Veraltete Bezeichnung für Kaliumcarbonat, ein Triebmittel zum Lockern von Lebkuchenteigen. Pottasche ist geschmacksbildend und hält den Teig länger frisch. Erhältlich in Apotheken und Drogerien.

Rosinen, Sultaninen, Korinthen

Getrocknete Weintrauben unterschiedlicher Farbe und Größe: Rosinen sind dunkel und mit oder ohne Kerne erhältlich. Sultaninen sind hell und kernlos, Korinthen werden ungeschwefelt gehandelt. Alle Sorten sollte man vor der Verwendung in warmem Wasser waschen und gründlich abtrocknen.
Für besseres Aroma kann man Rosinen (mindestens einen Tag) vor der Verwendung in Rum einlegen. Im Kühlschrank sind sie dann einige Wochen lagerfähig. Vor der Weiterverarbeitung gut abtropfen lassen.
Um ein Absinken in Massen und Teigen zu verhindern, leicht mit Mehl vermischen und dieses abschütteln.

Schlagobers

Schlagobers sollte stets sehr kalt und in kalten Gefäßen geschlagen werden. Durch zu langes Schlagen wird Schlagobers buttrig und wenig bekömmlich. Geschlagenes Obers verwendet man für Cremen, Füllungen oder als Beigabe zu Aufläufen und Gebäcken. Durch in kochendes Schlagobers eingerührte Kuvertüre entstehen Canache-Glasuren und Füllcremen wie zum Beispiel Pariser Creme.

Sauerrahm

Wird aus Süßrahm gewonnen und in Österreich mit 15 % Fettgehalt angeboten.

Stärke

Stärke wird aus Weizen, Reis, Mais oder Kartoffeln gewonnen. Sie muss immer mit kalter Flüssigkeit angerührt und unter Rühren mit einem Schneebesen kurz in kochende Flüssigkeit, meist Milch, eingemengt werden; dient zum Beispiel zur Puddingerzeugung.

Topfen

Meist wird Topfen mit 10 % bzw. 20 % Fettanteil und cremig passiert angeboten. Je nach Verwendungszweck ist der Fettanteil in der Trockenmasse zu beachten.
Topfen sehr kühl und verschlossen lagern, rasch verbrauchen. Zu lang gelagerter Topfen entwickelt einen unangenehmen, bitteren Geschmack.

Schokolade

Schokolade ist nicht gleich Schokolade. Abgesehen von der Güte sind die unterschiedlichen Anwendungen von Bedeutung.

- Kuvertüre
  Kuvertüre ist die edelste Form von Schokolade. Sie enthält wenig Kristallzucker und einen hohen Anteil an Kakaobutter, welcher ausgezeichnete Fließfähigkeit und hervorragenden Schmelz bewirkt.
  Der Schmelzpunkt liegt bei ca. 35 °C. Angeboten wird dunkle, zartbittere, Vollmilch- und weiße Kuvertüre. Von besonders guter Qualität ist Kuvertüre mit einem Gehalt von über 70 % Kakaomasse. Kuvertüre darf als Fett nur Kakaobutter enthalten. Die Mengenverhältnisse der einzelnen Zutaten sind meist auf der Verpackung angegeben. Die Zahlen 70/30/40 bedeuten beispielsweise 70 Teile Kakaomasse, 30 Teile Kristallzucker und in der Kakaomasse 40 Teile Kakaobutter.
  Wenn erlesener Schokoladegeschmack bei Cremen, Mousses oder Backwaren gewünscht ist, sollte man stets Kuvertüre anstelle handelsüblicher Kochschokolade verwenden.
  Kuvertüre wird zum Glasieren (Überziehen) von feinen Backwaren wie Torten, Schnitten etc. und Tunken von Pralinen bzw. Kleingebäck verwendet. Sie ist im Handel problemlos erhältlich. Details über die Verarbeitung von Kuvertüre finden Sie im Kapitel »Glasuren« (S. 230 ff.).

- **Weiße Kuvertüre**
  Weiße Kuvertüre besteht aus Kakaobutter, Trockenmilch und Kristallzucker. Außer Kakaobutter enthält sie keine Kakaobestandteile und ist keine Schokolade im eigentlichen Sinn. Sie wird wie dunkle Kuvertüre verarbeitet und angewandt. Popularität erhielt sie als Basisprodukt von weißem Schokolademousse mit all seinen Ableitungen.

- **Kochschokolade**
  Kochschokolade ist auch unter der Bezeichnung Haushaltsschokolade im Handel erhältlich. Sie verfügt über einen Kakaoanteil von über 40 % und wird hauptsächlich als Backbestandteil bei Schokolademassen verwendet. Um Kochschokolade geschmeidiger zu machen, fügt man der geschmolzenen Schokolade etwas Kokosfett bei. Generell ist sie wie Kuvertüre verwendbar, wenngleich auf niedrigerem Qualitätsniveau.

- **Glasurmasse (Fertigglasuren)**
  Glasurmassen werden im Wasserbad erwärmt. Die Verarbeitungstemperatur beträgt ca. 35 °C. Doch Achtung: Fertige Glasurmassen zu verwenden mag zeitsparend und einfach sein, sie sind jedoch feinen Glasuren auf Kuvertürebasis in keiner Weise gleichzusetzen. Bei Glasurmasse wird anstelle von Kakaobutter Pflanzenfett verwendet, was vor allem am Gaumen ein spürbar schmieriges Geschmacksempfinden auslöst.

Zucker und Honig

Je nach Verwendungszweck empfehlen sich unterschiedliche Körnungen.

- **Staubzucker**
  Feinst gemahlener Zucker, zum Bestreuen und zum Abflämmen geeignet.

- **Streuzucker**
  Schmilzt bei Wärme nicht und ist deshalb zum Anzuckern von warmen Süßspeisen ideal.

- **Backzucker**
  Besonders feinkörnig, löst sich leicht in Teigen bzw. Massen auf.

- **Feinkristallzucker**
  Fein gemahlener Kristallzucker, sehr gut löslich.

- **Kristallzucker**
  Wird in verschiedenen Korngrößen, von fein bis grob, angeboten.

- **Hagelzucker**
  Backfester, kugeliger, grobkörniger Zucker zum Bestreuen von Germ- und Kleingebäck.

- **Gelierzucker**
  Mit Pektin und Zitronensäure versetzter Kristallzucker, der zum Gelieren und Eindicken von Konfitüren, Fruchtragouts, Chutneys und Desserts benötigt wird.

- **Invertzucker**
  Besteht zu gleichen Teilen aus Trauben- und Fruchtzucker. Wird als Frischhaltemittel in Gebäcken verwendet.

- **Honig**
  Verfügt über einen Invertzuckergehalt von etwa 70 % und ist daher geeignet, Gebäcke frisch und weich zu erhalten. Das einzige Lebensmittel, das praktisch kein Ablaufdatum hat. Kristallisierten Honig verflüssigen Sie durch leichtes Erwärmen.

- **Läuterzucker**
  Der einfach herzustellende Flüssigzucker wird zum Süßen von Fruchtsalaten, Mixgetränken, zum Tränken von Tortenböden und zum Verdünnen von Glasuren verwendet.
  Herstellung siehe S. 52.

Tipps und Tricks

Aufbacken von tiefgekühlten Backwaren
Gefrostete Gebäcke wie Semmeln, Kornspitze, Weckerl etc. backen Sie in tiefgekühltem Zustand im auf ca. 190 °C vorgeheizten Backrohr mit Umluftzuschaltung je nach Größe ca. 7 Minuten auf.

Backformen befüllen
Füllen Sie Backformen nicht bis zum Rand, damit beim Backen Raum zum Aufgehen bleibt und die Masse nicht überläuft.
Portionsformen befüllen Sie mittels Dressiersack ohne Tülle. Schlagen Sie die gefüllten Formen zart auf eine mit einem Küchentuch belegte Arbeitsfläche auf, damit sich die Masse glatt verteilt.

Blindbacken (siehe auch S. 124/125)
Mürbteige (Auslegeteige) sollen vor dem Befüllen vorgebacken werden (Quiche etc.). Damit der Teig keine Blasen wirft, befüllen Sie die mit Teig und Backtrennpapier ausgelegte Form mit getrockneten Erbsen oder Linsen. Im Backrohr bei 220 °C Ober-/Unterhitze 15 Minuten backen. Papier und Linsen aus der Form heben, Teig 5 Minuten nachbacken (ebenfalls 220 °C Ober-/Unterhitze). Erbsen (Linsen) können zur weiteren Verwendung aufgehoben werden.

Eiweiß vom Dotter trennen
Beim Trennen (siehe S. 50) von Dotter und Eiweiß geben Sie jedes getrennte Eiweiß zuerst in einen kleinen Behälter (Tasse). Nur wenn garantiert keine Dotterspuren vorhanden sind, fügen Sie das Eiweiß den bereits getrennten Eiweißen bei (Dotteranteile beeinträchtigen die Fähigkeit von Eiweiß, zu Schnee geschlagen zu werden).

Eischnee schlagen
Etwas Salz und ein Spritzer kaltes Wasser lassen den Schnee idealcremig und steif werden. Voraussetzung sind kalte, fettfreie Geräte bzw. Kessel aus rostfreiem Stahl.

Feinkörniger Zucker (Backzucker)
Zum Backen besser als normaler Kristallzucker geeignet; lässt sich leichter einarbeiten und verbindet sich ideal mit anderen Zutaten.

Formen ausstreuen
Zum Ausstreuen verwendet man je nach Art der Gebäcke und Aufläufe gehobelte Mandeln, Mehl, Semmelbrösel oder Kristallzucker. Nicht haftende Mandelblättchen etc. abschütteln und für weitere Verwendung gesondert lagern, da sie mit Butter in Berührung gekommen sind.

Garprobe von Kuchen- oder Tortenmassen
Methode 1: Stechen Sie gegen Ende der Backdauer einen Holzspieß in die Mitte bzw. an der höchsten Stelle ins Zentrum des Gebäcks. Ziehen Sie ihn vorsichtig heraus. Haftet dem Spieß keine klebrige, rohe Masse an, ist das Gebäck fertig gebacken. Ansonsten backen Sie einige Minuten nach.
Methode 2: Führen Sie gegen Ende der Backdauer ein Backthermometer in die Mitte bzw. an der höchsten Stelle ins Zentrum des Gebäcks ein. Das Gebäck ist dann fertig gebacken, wenn folgende Temperaturen erreicht sind: leichte Massen 78–80 °C, schwere Massen 80–85 °C.

Gebäcke und Kekse goldbraun backen
Je nach Art des Gebäcks bestreichen Sie es vor dem Backen mit verrührtem Dotter, Kondensmilch oder einem Gemisch aus beidem.

Glasur schneiden
Wenn Sie die Messerklinge in heißes Wasser tauchen und langsam, mit ziehenden Bewegungen schneiden, springt Glasur beim Schneiden nicht.

Kekse und Lebkuchen lagern
Ideal sind gut verschließbare Blechdosen. Bei Sortenvielfalt trennen Sie mit Pergamentpapier oder lagern verschiedene Kekssorten in gesonderten Gefäßen. Lebkuchen fügen Sie ein Apfelstück bei. Gekühlte oder tiefgekühlte Gebäckstücke sind länger haltbar und angenehmer (saftiger) im Geschmack. Vor dem Verzehr temperieren.

Kuchen- und Portionsformen fetten
Kühlen Sie Formen vor und streichen Sie sie mit weicher, nicht flüssiger Butter exakt aus. Je nach Angabe im Rezept füllen Sie anschließend entweder Semmelbrösel, Kristallzucker oder Mehl in die Form. Portionsformen bedecken Sie mit der Handfläche und schütteln kräftig.
In größeren Formen verteilen Sie das Eingestreute durch Kippen oder Schwingen der Form. Abschließend entleeren Sie die Form. Im Idealfall kühlen

Sie die ausgestreute Form und füllen nachher die Masse ein.

Kuchen- oder Tortenmassen backen
Öffnen Sie während der ersten 20 Minuten nicht das Backrohr, damit die Masse nicht »zusammenfällt«.

Kuchen- oder Tortenmassen sind zu dunkel gebacken
Versehentlich zu dunkel gebackene Massen schaben Sie nach dem Erkalten mit einer langen Messerklinge vorsichtig ab. Um die Optik zu verbessern, streichen Sie das Gebäck mit passierter Marillenmarmelade ein und überziehen es mit geschmacklich harmonierender Glasur oder hüllen es in dünn ausgerolltes Marzipan.

Kuchen stürzen
Stürzen Sie gebackene Kuchen, sofern im Rezept nicht anders angegeben, noch warm aus der Form. Sollte sich das Gebäck nicht aus der Form lösen, belegen Sie die gestürzte Form mit einem kalten, nassen Küchentuch.

Mehl sieben
Mehl sieben Sie mit einem Rüttel- oder Passiersieb zum möglichst klumpenfreien Einrühren in

Massen. Backpulver bzw. Kakao versieben Sie gemeinsam mit dem Mehl und mischen diese Zutaten sorgfältig durch. Wichtig: Klumpen lösen sich beim Backen nicht auf!

Schokoladeglasur
Wenn das Glasieren einer Torte nicht glatt genug gelungen ist, erhitzen Sie die Glasur vorsichtig mit einem Fön und streichen nochmals mit einer Palette nach.

Schokoraspeln
Zum Reiben von Schokolade legen Sie die Schokolade vorher kurz ins Tiefkühlfach.

Teig ausrollen
Bestauben Sie Rollholz (Nudelholz) und Arbeitsfläche mit Mehl. Teig klebt beim Ausrollen nicht, wenn Sie ihn mit Frischhaltefolie bedecken oder wenn Sie einen Roller mit Silikonbelag verwenden. In Sonderfällen (sehr kleine Teigmengen, Marzipan) rollen Sie ohne zu bestauben zwischen 2 Folien aus.
Besonders gleichmäßig wird der Teig, wenn Sie seitlich 2 Leisten aus Holz, Kunststoff oder Metall in gewünschter Stärke auflegen.

Torten unterlegen
Der Fachhandel bietet Scheiben aus Karton oder Edelstahl zum Unterlegen von gebackenen Tortenmassen an; ersatzweise verwenden Sie den Boden einer Springform.

Torten und Schnitten schneiden
Um Torten und Schnitten zu schneiden, tauchen Sie die Messerklinge kurz in ein tiefes Gefäß mit warmem Wasser. Besonders gut lassen sich kurz tiefgekühlte Torten und Schnitten schneiden.

Trockenfrüchte schneiden
Frosten Sie die Früchte an, dann bleiben sie nicht an der Messerklinge kleben.

Zwetschkenkuchen mit knuspriger Kruste
Bestreichen Sie die Zwetschken kurz vor dem Ende der Backdauer mit flüssiger Butter, bestreuen Sie sie anschließend mit braunem Kristallzucker und backen Sie den Kuchen mit forcierter Oberhitze knusprig nach.

Backen mit System

Die gut organisierte Abfolge aller erforderlichen Arbeitsschritte garantiert Übersicht und Backen ohne Stress, konsequentes und rationelles Vorgehen bildet dabei die Grundlage zum Erfolg.

Darauf kommt's an

- Erstellen Sie einen ungefähren Zeitplan für Vor- und Zubereitung, Backvorgang sowie gegebenenfalls Dekorarbeiten.
- Reinigen Sie die Arbeitsflächen nach jedem Arbeitsvorgang.
- Säubern Sie benütztes Geschirr zwischendurch oder verstauen Sie es in der Geschirrspülmaschine.
- Seien Sie vorsichtig beim Bestauben von Arbeitsflächen: Mehl wird schnell vom Küchenboden in Wohnbereiche getragen.

So organisieren Sie Ihren Arbeitsplatz

- Stellen Sie alle Geräte, Backformen, Werkzeuge und Zutaten bereit, die Sie für die geplanten Arbeitsvorgänge benötigen.
- Legen Sie ein Küchentuch, Handschutz und ein feuchtes Schwammtuch in Griffweite.
- Zum Abtrocknen der Hände verwenden Sie Küchenrolle.
- Zur Ablage benützter Werkzeuge stellen Sie einen passenden Behälter bereit.
- Für Schalen und Abfälle stellen Sie eine Schüssel in Griffweite.

Vorbereitung

- Der Arbeitsfluss für Rechtshänder erfolgt von links nach rechts.
- Beginnen Sie mit Vorbereitungstätigkeiten wie zum Beispiel Formen fetten, Früchte schälen, Nüsse reiben usw.
- Nehmen Sie Produkte wie Butter und Eier, die raumtemperiert verarbeitet werden müssen, rechtzeitig aus dem Kühlschrank.
- Verwenden Sie aus Gründen des Aromaschutzes separierte Schneidebretter zum Bearbeiten von verschiedenen Zutatengruppen.
- Wiegen Sie alle Zutaten exakt ab und stellen Sie sie in passende Behälter abgefüllt in der Reihenfolge der Verwendung auf.

Zubereitung

- Beginnen Sie die Zubereitung in der im Rezept vorgegebenen Reihenfolge.
- Sofern im Rezept nichts anderes angegeben ist, schalten Sie das Backrohr ca. 10–15 Minuten vor Backbeginn mit der gewünschten Backtemperatur ein.
- Zuletzt organisieren Sie den Arbeitsplatz für abschließende Füll-, Glasier- und Dekorarbeiten.

Abschließende Reinigung

- Reinigen Sie nach Beendigung der Arbeitsvorgänge die Arbeitsbereiche, den Boden und das benützte Geschirr.

Lagerung von Backwaren

Die Lagerung von Backwaren aller Art ist eine Wissenschaft für sich. Wer sie beherrscht, dem eröffnen sich viele Möglichkeiten, stets sein Lieblings-Sortiment an Backwaren verfügbar zu haben und Überkapazitäten auf längere Zeit frisch zu halten.

- Blätterteig-Salzgebäck und gefülltes Käsegebäck möglichst frisch servieren.
- Glasierte Torten oder Schnitten kühl und verschlossen in Schachteln aus Karton lagern.
- Käsemürbteig-Gebäck lässt sich auf Vorrat produzieren. Verschlossen in Blechdosen lagern.
- Lebkuchen am besten vor dem Verpacken einige Tage bei etwa 20 °C und einer Luftfeuchtigkeit von ca. 70–80 % lagern (bei zu trockener Luft einen Raumbefeuchter einsetzen). Anschließend in verschlossenen Blech- oder Kunststoffdosen lagern. Ein beigelegtes Apfelstück lässt Lebkuchen schneller mürben.
- Mürbteigbäckereien in Blechdosen verschlossen lagern, so mürben sie optimal nach.
- Teegebäck kann in Dosen oder anderen Behältern luftdicht verschlossen tiefgekühlt werden. Achtung: knusprige Sorten nicht mit feuchtem, saftigem Gebäck gemeinsam lagern.
- Tiefkühlen ist eine der zweckmäßigsten Methoden, Backwaren frisch zu halten. Auch rohe, bereits geformte Teiglinge können gefrostet und bei Bedarf frisch gebacken werden.
  Wichtig: Backwaren entweder sofort in Frischhaltefolie hüllen oder, wenn sie mit Creme beschichtet sind, erst frosten, dann in Folie hüllen. Nicht zum Tiefkühlen geeignet sind Torten, Schnitten oder Kleinbäckereien, die glasiert oder mit Marzipan eingedeckt sind.
- Blätter- und Plunderteig kann ausgeformt oder roh, in Frischhaltefolie gehüllt, gefrostet werden.
- Ausgeformtes, tiefgekühltes Plunderteiggebäck muss zuerst auftauen, dann aufgehen und kann anschließend gebacken werden.
- Fruchtstrudel können sowohl roh gefrostet und nach dem Auftauen gebacken werden als auch gebacken gefrostet und nach dem Auftauen kurz aufgebacken werden.
- Butter- oder Oberscremetorten, -schnitten und -rouladen können gefüllt, aber ohne Glasur und Dekor gefrostet werden. Auftauen bei Raumtemperatur oder langsam im Kühlschrank.
- Germteiggebäck (Striezel, Osterpinzen, Briochegebäck) in gebackenem Zustand frosten, bei Raumtemperatur auftauen, eventuell kurz aufbacken.
- Frisch gebackene Kuchen oder Tortenmassen sofort nach dem Erkalten in Frischhaltefolie hüllen und frosten, bei Raumtemperatur auftauen. Feuchtes Gebäck kurz im Backrohr antrocknen.
- Frisch gebackene Krapfen eignen sich hervorragend zum Frosten. Bei Raumtemperatur auftauen bzw. im Backrohr kurz erwärmen.
- Aufläufe wie zum Beispiel Mohr im Hemd können in gebackenem, abgekühltem Zustand sehr gut tiefgekühlt werden. Anschließend bei Raumtemperatur auftauen und im Mikrowellenherd mit Frischhaltefolie bedeckt langsam erhitzen.

BISCUITS
Fourrés au Chocolat

Die wichtigsten Handgriffe

Haselnüsse rösten und schälen

1. Backrohr auf 220 °C Umluft vorheizen, Haselnusskerne locker auf einem Backblech verteilen, rösten, bis die braunen Schalen aufplatzen.

2. Schale der abgekühlten Nüsse auf einem großmaschigen Sieb mit kreisenden Handbewegungen abreiben.

Mandeln schälen

1. Mandeln in kochendem Wasser kurz überbrühen.

2. Wasser abgießen, Mandeln mit Daumen und Zeigefinger aus der Schale drücken.

Schokolade schmelzen

1. Schokolade klein schneiden.

2. Im Wasserbad nicht über 45 °C schmelzen.

Gelatine schmelzen und mit Obers vermischen

1. Gelatineblätter nacheinander in kaltes Wasser legen und weichen.

2. Herausheben, abpressen. Mit etwas Flüssigkeit im Wasserbad schmelzen.

3. Wenn die Gelatine abgekühlt ist, etwas Obers einrühren.

4. Danach restliches Obers vorsichtig unterheben.

Grillage (Krokant)

1. 250 g Kristallzucker in einer Kasserolle schmelzen, unter Rühren hell karamellisieren.

2. 250 g geröstete Nüsse oder Mandeln unterrühren.

3. Sofort auf ein geöltes Blech oder eine Marmorplatte gießen.

4. Auskühlen lassen und fein reiben.

Eier trennen

1. Gekühltes Ei an einem Schüsselrand aufschlagen, Hälften mit den Daumen vorsichtig auseinanderbrechen.

2. Eiweiß in eine fettfreie kalte Schüssel abfließen lassen, Dotter vorsichtig mehrmals von einer Schalenhälfte in die andere gleiten lassen.

3. Verbleibendes Eiweiß mit dem Zeigefinger vom Dotter trennen.

Eischnee schlagen

1. Für cremig-steifen Schnee Eiweiß mit der angegebenen Menge Kristallzucker in einem kalten, fettfreien Kessel mit einem Schneebesen kreisförmig oder mit Rührmaschine und Schlagbesen aufschlagen.

2. Für schnittfesten Schnee Kristallzucker unter ständigem Schlagen nach und nach einfließen lassen.

Dotter schlagen

1. Dotter mit Kristallzucker, Vanillezucker, Zitronenschale und Salz verrühren.

2. Mit Rührmaschine zu schaumiger Konsistenz schlagen.

Schlagobers schlagen

Gut gekühltes Schlagobers in einem kalten Rührkessel mit einem Schneebesen oder Rührgerät cremig-steif schlagen.
Achtung: Zu steif geschlagenes Obers schmeckt buttrig und bildet Klumpen.

Butter vorbereiten (handwarm erwärmen)

1. Butter aus dem Kühlschrank nehmen, in Würfel schneiden. In passendem Gefäß leicht anwärmen (ca. ¼ sollte flüssig sein).

2. Flüssige und feste Butter mit einem Schneebesen verrühren.

3. Butter rühren, bis sie cremige Konsistenz erhält. Eventuell noch etwas nachwärmen.

Butter-Dotter-Abtrieb

1. Handwarme Butter mit gesiebtem Staubzucker schaumig rühren.

2. Verrührte Dotter nach und nach beigeben.

Vanillemark gewinnen

1. Vanilleschote mit der Spitze eines Messers der Länge nach halbieren.

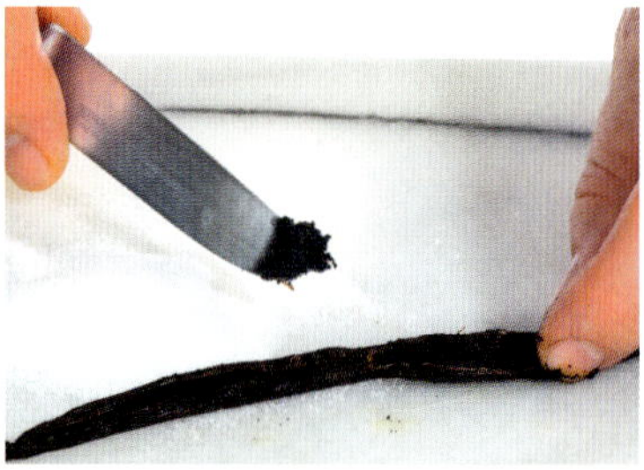

2. Mark mit dem Messerrücken aus der Schote streifen.

3. Mit Feinkristallzucker vermengen und mit einer Palette verreiben.

Vanille-Staubzucker

1. 4 Vanilleschoten halbieren, Mark auskratzen, mit ½ kg gesiebtem Staubzucker vermengen.

2. Staubzucker und Vanilleschoten in einem verschlossenen Gefäß 1 Woche aromatisieren lassen, Vanilleschoten entfernen.

Läuterzucker herstellen

1. 0,1 l Wasser mit 100 g Kristallzucker vermischen und unter Rühren aufkochen, bis sich der Kristallzucker aufgelöst hat.

2. Während des Kochens einen Pinsel in kaltes Wasser tauchen, Zuckerreste vom Rand des Kochgeschirrs waschen.

3. Einmal aufkochen, vom Herd nehmen, mit einem Siebschöpfer Unreinheiten abschöpfen, auskühlen lassen.

Tunken

1. Gebäck mit Hilfe einer Tunkgabel durch temperierte Kuvertüre (siehe S. 231) ziehen.

2. Kuvertüre ablaufen lassen, Gebäck am Kesselrand abstreifen und auf Backpapier setzen.

Zitronen- und Orangenschale reiben

1. Schale von unbehandelten und gewaschenen Zitrusfrüchten mit einem feinen Reißer abreiben. Achtung: Das Weiße unter der Schale schmeckt bitter.

2. Geriebene Schale und Feinkristallzucker mit einer Palette verreiben. So kann sich das Aroma der Fruchtschale besser entfalten.

Streusel herstellen

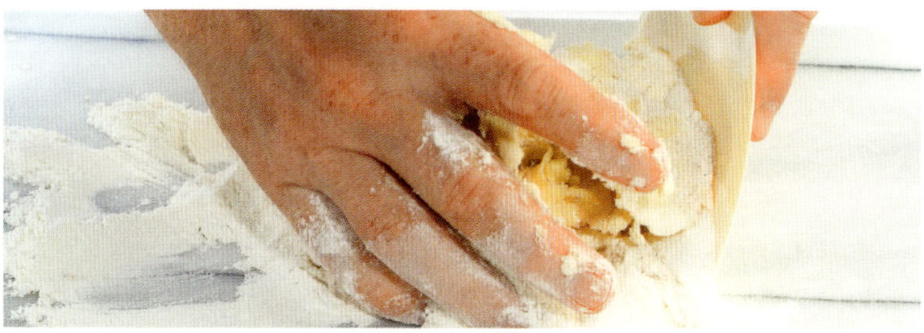

1. 150 g Mehl mit 100 g kalter, in Würfel geschnittener Butter, 100 g Feinkristallzucker, 1 MS Zimt, 1 TL Vanillezucker und etwas Salz verkneten.

2. Teig zwischen den Fingern abbröseln.

TIPP

Für gleichmäßige Streusel Teig durch ein grobes Sieb oder einen Röstireißer drücken. Mit etwas Mehl bestauben, kühlen.

Stanitzel füllen

1. Geschmolzene Kuvertüre mit einigen Tropfen Wasser, Rum oder Weinbrand eindicken, Stanitzel halbvoll füllen.

2. Stanitzel auf der Oberseite durch Zusammenfalten verschließen.

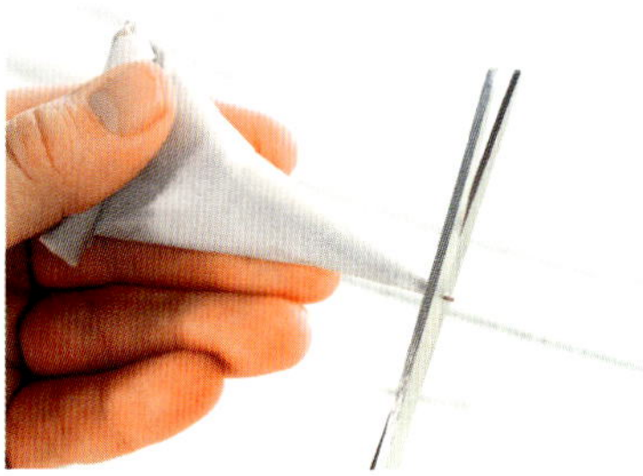

3. Spitze mit einer Schere entsprechend der gewünschten Spritzstärke abschneiden.

Dampfl (Vorteig) zubereiten

1. Milch auf 30 °C erwärmen. Germ mit der Hälfte der für den Teig vorgesehenen Milch mit einem Schneebesen auflösen.

2. Mit etwas Mehl zu einem dickbreiigen, klumpenfreien Teig anrühren.

3. Mit Mehl stark zustauben, zudecken und an einem warmen Ort (30 °C) aufgehen lassen.

4. Das Dampfl ist fertig (reif), wenn das Volumen sich fast verdoppelt hat und die Mehloberfläche grobe Risse aufweist. Sofort mit den restlichen Teigzutaten verkneten.

Teig ausrollen

1. Arbeitsfläche und Teig mit Mehl bestauben.

2. Mit gleichmäßigem Druck rechteckig ausrollen.

3. Idealerweise mit Hilfe von 2 seitlich aufgelegten Holzleisten auf die gewünschte Stärke ausrollen.

Formen mit Mürbteig auslegen

1. Ausgerollten Teig auf ein Rollholz aufrollen, über der Form abrollen.

2. Vorsichtig mit den Händen in die Form drücken.

3. Überstehenden Rand mit einem Messer abschneiden.

Kipferl rollen (formen)

1. Ausgerollten Teig in 18 cm hohe und 12 cm breite Dreiecke schneiden.

2. Entlang der kurzen Seite der Dreiecke Fülle auftragen.

3. Teig über die Fülle legen und eng zur Dreiecksspitze aufrollen.

Formen und Bleche vorbereiten

Formen mit Backpapier auskleiden

1. Kastenform abmessen, Backpapier zuschneiden, von den Ecken zur Mitte einschneiden.

2. Form leicht mit Öl ausstreichen, damit das Papier an ihr haftet, wodurch das Befüllen erleichtert wird.

3. Papier einlegen und in die Ecken drücken. Überschüssiges Papier wegschneiden.

Tortenreifen in Papier einschlagen

1. Backpapier ca. 35 × 35 cm zuschneiden. Tortenreifen Ø 24 cm daraufstellen.

2. Papier mit den Zeigefingern eng an den Tortenreifen falten. Eine Hand hält den Tortenreifen gegen das bereits gefaltete Papier.

3. Schluss des Papiers fest gegen den Tortenreifen eindrehen.

Weiß- und Schwarzblech, Email-, Glas-, Keramik-, Gussformen

1. Formen mit einem Pinsel sorgfältig mit weicher Butter ausstreichen.

2. Mit Mehl oder Semmelbröseln ausstauben; überschüssiges Mehl bzw. Brösel ausschütteln.

1. Formen mit einem Pinsel mit weicher Butter ausstreichen.

2. Mit gehobelten Mandeln oder Mehl ausstreuen, überschüssige Mandeln bzw. Mehl ausschütteln.

3. Für Gugelhupf kann man in jede Rille einer mit Mehl ausgestaubten Form eine Mandel einlegen.

Dariol- und Souffléformen

1. Formen mit einem Pinsel sorgfältig mit weicher Butter ausstreichen.
2. Anschließend 3 EL Kristallzucker einfüllen, Form mit der Handfläche abdecken und kräftig schütteln.
3. Kristallzucker in die nächste Form schütten und den Vorgang wiederholen, bis alle Formen ausgestreut sind.
4. Formen stürzen, damit der überschüssige Kristallzucker abfließt; kalt stellen. Für pikante Soufflés verwendet man Semmelbrösel zum Ausstreuen der Formen.

Beschichtete Formen

Formen nicht oder nur zart mit Öl oder flüssiger Butter ausstreichen.

Backblech

Je nach Bedarf mit Öl, weicher oder flüssiger Butter bestreichen, mit Mehl oder Semmelbröseln bestauben und abschütteln. Für Blätterteigbäckerei muss das Blech nicht oder nur zart geölt werden.

Blech mit Silikonmatten belegen

Optimale Anwendung: die mit Gebäck bzw. Teig belegte Matte auf das erhitzte Blech ziehen.

Blech mit Backtrennpapier belegen

Gebäck oder Masse bzw. Teig auf dem mit Backtrennpapier belegten Blech verteilen. Achtung: Das Backresultat ist zum Beispiel bei Strudel- oder Blätterteigbäckerei mit feuchten Füllen an der Unterseite nicht optimal.

Arbeiten mit dem Dressiersack

Dressiersack vorbereiten

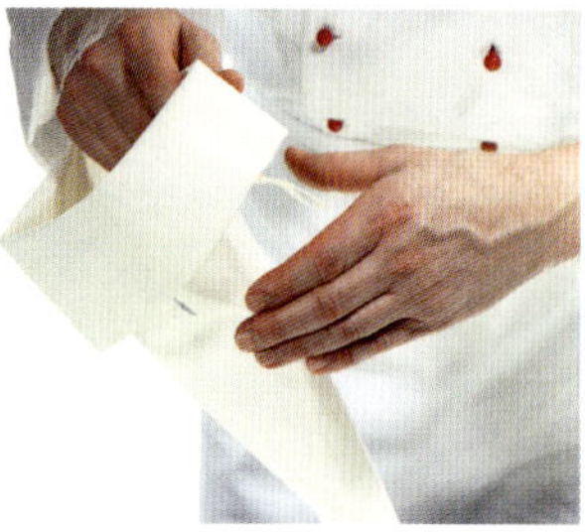

1. Dressiersack an der Füllseite umstülpen, Tülle einsetzen.

2. Handhaltung beachten! Für flüssige Befüllung Ende des Dressiersackes nach oben gerichtet mit dem kleinen Finger fixieren.

3. Dressiersack halbvoll befüllen und bis zum Füllgut eindrehen. Rechtshänder halten den Dressiersack oben mit der rechten Hand, Linkshänder mit der linken.

Die richtige Handhabung

1. Die obere Hand drückt und führt.
2. Die untere Hand hält den Dressiersack unten, unterstützt das Führen, drückt aber nicht.
3. Tüllenspitze beim Dressieren immer ca. 1 cm über der Arbeitsfläche halten.
4. Am Ende der dressierten Form aufhören zu drücken; Dressiersack wegziehen.

Verschiedene Formen aufdressieren

1. Dressiersack mit der Spitze leicht schräg nach vorne halten und quer in Achterform bewegen.
2. Dressiersack mit der Spitze leicht schräg nach vorne halten und in Spiralenform bewegen.
3. Dressiersack senkrecht halten und in Bogenform bewegen.
4. Dressiersack mit der Spitze leicht schräg nach vorne halten, 2 zusammenlaufende Spitzen dressieren. Dabei den Dressiersack von oben (2 cm über der Arbeitsfläche) nach unten (direkt auf die Arbeitsfläche) bewegen.
5. Dressiersack senkrecht halten und, ohne ihn zu bewegen, eine Halbkugel dressieren.
6. Dressiersack senkrecht halten und eng kreisförmig bewegen (Rosette).

Pikantes

Käse- und Partygebäck

Wer Gäste mit selbsterzeugten Knabbereien verwöhnen will, kann mit einfachen Rezepten sehr Schmackhaftes und Originelles herstellen. Und wenn's besonders schnell gehen soll, kann man auf fertigen Blätter- und Strudelteig zurückgreifen.

Käsetaler

ZUTATEN

für ca. 50 Stück

150 g Emmentaler
50 g Parmesan
1 Ei
200 g Butter
200 g Mehl, glatt
2 g Salz
Mehl zum Bestauben
Mohn, Paprikapulver, Kümmel, Käse, gerieben, oder Mandeln zum Bestreuen und Belegen

VORBEREITUNG

1. Emmentaler und Parmesan reiben, vermischen.
2. Backblech mit Backtrennpapier belegen.
3. Ei zum Bestreichen versprudeln.

SO WIRD'S GEMACHT

1. Handwarme Butter grob zerkleinern, mit Mehl, Emmentaler, Parmesan und Salz rasch zu einem Teig verkneten. Im Kühlschrank ½ Stunde rasten lassen.
2. Arbeitsfläche mit Mehl bestauben, Teig mit bestaubtem Rollholz 5 mm dick ausrollen, beliebige Formen ausstechen.
3. Kekse auf das Backblech legen, mit Frischhaltefolie bedecken, ½ Stunde rasten lassen, mit Ei bestreichen.
4. Mit Mohn, Paprika, Kümmel oder Käse bestreuen oder mit Mandeln belegen.
5. Im vorgeheizten Backrohr backen.

Backen: unterste Schiene, 200 °C Ober-/Unterhitze
Backdauer: ca. 18 Minuten

Cracker

ZUTATEN

⅛ l Sauerrahm
½ TL Salz
Pfeffer, gemahlen
1 EL Oregano
150 g Butter
450 g Mehl, glatt
Mehl zum Bestauben
Salz zum Bestreuen

VORBEREITUNG

Backblech mit Backtrennpapier belegen.

SO WIRD'S GEMACHT

1. Sauerrahm mit Salz, Pfeffer und Oregano verrühren.
2. Butter zerkleinern, mit Mehl verkneten; Sauerrahm nach und nach einarbeiten, bis der Teig gut gebunden ist.
3. Teig in Klarsichtfolie einhüllen, 2 Stunden im Kühlschrank rasten lassen.
4. Arbeitsfläche und Rollholz bemehlen, Teig 2 mm dick ausrollen, mit Salz bestreuen und mit dem Rollholz nochmals darüberrollen.
5. Mit einem gezackten Teigrad kleine Quadrate schneiden oder runde Formen ausstechen.
6. Auf das Backblech legen, mit einer Gabel vorsichtig einstechen (stupfen), im vorgeheizten Rohr backen.

Backen: unterste Schiene, 190 °C Ober-/Unterhitze
Backdauer: ca. 20 Minuten

Partygebäck aus Topfenteig

Topfenteig (Grundrezept)

ZUTATEN

200 g Butter
200 g Mehl, glatt
200 g Topfen, 20 %, passiert
5 g Salz
Mehl zum Bestauben

SO WIRD'S GEMACHT

1. Kalte Butter in grobe Würfel schneiden und mit den restlichen Zutaten in einer Rührschüssel oder auf bemehlter Arbeitsfläche kurz verkneten.
2. Mit Frischhaltefolie bedecken, kühl rasten lassen. Weitere Zubereitung je nach Rezept.

Topfen-Grammel-Tascherl

ZUTATEN

für ca. 24 Tascherl

60 g Zwiebeln
1 Knoblauchzehe
150 g Grammeln
1 Ei
Öl zum Einfetten
2 EL Öl oder Schmalz
100 g Hüttenkäse (Cottage cheese)
Salz
Pfeffer
Mehl zum Bestauben
600 g Topfenteig (siehe oben)

VORBEREITUNG

1. Zwiebeln schälen, fein schneiden.
2. Knoblauch schälen, pressen.
3. Grammeln fein hacken.
4. Ei zum Bestreichen verschlagen.
5. Backblech zart mit Öl bestreichen.

SO WIRD'S GEMACHT

1. Öl (Schmalz) erhitzen, Zwiebeln beigeben, licht rösten. Grammeln und Knoblauch hinzufügen, verrühren, erkalten lassen.
2. Mit Käse vermischen, mit Salz und Pfeffer würzen.
3. Arbeitsfläche und Rollholz mit Mehl bestauben, Teig rechteckig 2 mm dick ausrollen.
4. Scheiben mit einem Durchmesser von ca. 10 cm ausstechen oder Teig in Rechtecke schneiden.
5. Teigränder mit Ei bestreichen, Fülle in der Mitte aufhäufen.
6. Teig über der Fülle zusammenklappen, Ränder leicht anpressen, mit Ei bestreichen, mit Salz bestreuen.
7. Tascherl auf das Backblech legen, ½ Stunde rasten lassen. Im vorgeheizten Backrohr backen.

Backen: unterste Schiene, 190 °C Umluft
Backdauer: ca. 20 Minuten

VARIATIONEN

150 g Pressschinken oder Räucherlachs fein hacken oder im Kleinschneider pürieren. 60 g Zwiebeln fein schneiden. Schinken (Räucherlachs) und Zwiebeln mit 100 g passiertem Topfen vermischen, mit Salz und Pfeffer würzen. Für Schinkenfülle 1 EL geschnittenen Schnittlauch, für Lachsfülle 1 EL gehackte Dillspitzen einrühren.

Partygebäck aus Strudelteig

Verwenden Sie für Knabbergebäck fertigen, tiefgekühlten Strudelteig. Er ist trocken und lässt sich für diese Zwecke besser verarbeiten als selbstgezogener Strudelteig.

Strudelteig-Körbchen

ZUTATEN

1 Pkg Strudelteig, tiefgekühlt
nach Bedarf Fett zum Ausbacken bzw. Öl zum Ausstreichen

VORBEREITUNG

Strudelteig in Quadrate mit 12 cm Seitenlänge schneiden.

VARIANTE 1: FRITTIERTE KÖRBCHEN

1. Teigquadrate in heißes Fett einlegen.
2. Mit einem gut befetteten kleinen Schöpfer während des Backens eine Mulde drücken und so lange halten, bis die Form stabil bleibt.
3. Strudelkörbchen mit einem Gitterlöffel aus dem Fett heben, auf Küchenkrepp gut abtropfen.

Backen: 170 °C
Backdauer: 3–4 Minuten

VARIANTE 2: IM ROHR GEBACKENE KÖRBCHEN

1. Kleine konische Metallförmchen (Dariolförmchen) innen zart mit Öl bestreichen, je ein Teigquadrat einlegen.
2. Im vorgeheizten Rohr goldgelb backen, sofort aus der Form heben.

Backen: unterste Schiene, 190 °C Umluft
Backdauer: 6–8 Minuten

VERWENDUNG

zum Füllen mit Gemüse-, Fleisch- oder Blattsalaten, Pürees, für kalte Fleisch-, Fisch- oder Gemüsecremen (Mousses)

Strudelteig-Reifen

ZUTATEN

1 Pkg Strudelteig, tiefgekühlt
Butter zum Bestreichen
Öl zum Einfetten

SO WIRD'S GEMACHT

1. Strudelteig in 2 cm breite Streifen schneiden, die Länge sollte mindestens ausreichen, um zweimal den Ausstecher zu umrunden. Gut mit flüssiger Butter bestreichen.
2. Metallausstecher in gewünschter Größe gut mit Öl einfetten, Teig locker um den Ausstecher wickeln.
3. Im vorgeheizten Rohr backen, anschließend vorsichtig vom Ausstecher lösen.

Backen: 2. Schiene von unten, 180 °C Umluft
Backdauer: ca. 5–7 Minuten

VERWENDUNG

- Gibt Cremen (Mousses) knusprige Umhüllung und eine tortenartige Form.
- Lässt sich je nach Füllung mit Rohkostgemüse, Räucherfisch etc. belegen und garnieren.

Strudelteig-Hippen

ZUTATEN

100 g Bergkäse oder Emmentaler
Prise Salz
Öl zum Bestreichen
1 Pkg Strudelteig, tiefgekühlt
Sesam, Mohn, Kümmel oder Paprikapulver

VORBEREITUNG

1. Käse fein reiben, flach auf Backtrennpapier auslegen, etwas übertrocknen lassen, mit Salz vermischen.
2. Backblech zart mit Öl bestreichen.

SO WIRD'S GEMACHT

1. Strudelteig auf dem Backblech ausbreiten, zart mit kaltem Wasser bestreichen.
2. Mit Käse-Salz-Mischung und anschließend mit Sesam, Mohn, Kümmel oder Paprikapulver bestreuen.
3. Im vorgeheizten Rohr backen. Überkühlen und in Stücke brechen.

Backen: unterste Schiene, 200 °C Ober-/Unterhitze
Backdauer: ca. 5 Minuten

Partygebäck aus Blätterteig

Darauf kommt's an

- Lassen Sie das ungebackene, ausgeformte Blätterteiggebäck vor dem Backen ½ Stunde rasten, damit es sich nicht verformt.
- Zum Backen von Blätterteig (Butterteig) muss das Backblech nicht oder nur zart gefettet werden.

Blätterteig-Käsestangerl

ZUTATEN

für ca. 25 Stangerl

200 g Emmentaler oder Berg-käse
1 TL Paprikapulver
300 g Blätterteig (S. 204/05 oder tiefgekühlt)
Mehl zum Bestauben
1 Ei, versprudelt, zum Bestreichen
Kümmel, Sesam, Kürbiskerne, gehackt, oder Leinsamen zum Bestreuen

VORBEREITUNG

1. Käse reiben und mit Paprika vermischen.
2. Blech mit Backtrennpapier belegen.
3. Backrohr rechtzeitig vorheizen.

SO WIRD'S GEMACHT

1. Arbeitsfläche und Blätterteig mit Mehl bestauben, Teig rechteckig 3 mm dick ausrollen.
2. Blätterteig mit Ei bestreichen.
3. Hälfte des Teigblattes mit der Paprika-Käse-Mischung bestreuen.
4. Andere Teighälfte darüberklappen und noch einmal ausrollen.
5. Mit Ei bestreichen und nach Wunsch mit Kümmel, Sesam etc. bestreuen.
6. Teig in 2 cm breite Streifen schneiden.
7. Streifen an den Enden festhalten und zweimal gegeneinander drehen.
8. Auf das Backblech setzen, ½ Stunde rasten lassen, backen.

Backen: unterste Schiene, 200 °C Ober-/Unterhitze
Backdauer: ca. 15 Minuten

TIPP

Reiben Sie den Käse auf Backtrennpapier und lassen Sie ihn über Nacht trocknen, dann behält er beim Backen besser seine Struktur.

Blätterteigkipferl

ZUTATEN

für 24 kleine Kipferl

1 Ei
Öl zum Bestreichen
300 g Blätterteig (S. 204/05 oder tiefgekühlt)
Mehl zum Bestauben

VORBEREITUNG

1. Ei verschlagen.
2. Backblech zart mit Öl bestreichen.
3. Backrohr rechtzeitig vorheizen.

SO WIRD'S GEMACHT

1. Blätterteig zu einem Rechteck von 48 × 32 cm ausrollen.
2. Mit einem Teigrad in 8 cm breite Streifen, dann in gleichschenkelige Dreiecke schneiden.
3. Beliebige Fülle (siehe S. 74) in die Mitte der breiten Seite setzen und den Teig zur Spitze aufrollen.
4. Kipferl formen, mit verschlagenem Ei bestreichen, auf das Blech legen und ca. ½ Stunde rasten lassen.
5. Backblech mit einigen Wassertropfen bespritzen, Kipferl backen.

Backen: 2. Schiene von unten, 200 °C Umluft
Backdauer: 15 Minuten

Die besten Füllen für Blätterteigkipferl

Spinat-Schafkäse-Fülle

200 g frischen, blanchierten oder tiefgekühlten und aufgetauten Spinat gut ausdrücken, fein hacken, mit Salz und Pfeffer würzen, mit 20 g geschmolzener Butter und 2 EL Crème fraîche oder Ricotta vermischen. 70 g Schafkäse (Feta) in kleine Würfel schneiden, daruntermischen.

Topfen-Paprika-Fülle

60 g Zwiebeln fein schneiden. 1 mittlere Tomate schälen, entkernen und in kleine Würfel schneiden, 1 rote Paprikaschote halbieren, Samen und Stiel entfernen, in sehr kleine Würfel schneiden. 2 EL Olivenöl erhitzen, Zwiebel beigeben, goldgelb rösten.
1 gepresste Knoblauchzehe hinzufügen, durchrühren, Paprika zugeben, kurz weiterrösten. Tomatenwürfel unterrühren, dicklich einkochen, abkühlen, mit 200 g passiertem Topfen vermischen, mit Salz und Pfeffer würzen.

Sardellen-Topfen-Fülle

250 g passierten Topfen mit 40 g handwarmer Butter, 1 Ei, 1 gepressten Knoblauchzehe, 8 gehackten Sardellenfilets und 2 EL gehackter Petersilie vermischen.

Schinkenfülle

200 g Schinkenwürfel mit 3 EL Crème fraîche, 1 Ei, 1 EL gehackter Petersilie und etwas Salz vermischen.

Blätterteigröllchen

ZUTATEN

für 20 Röllchen auf kleinen Formen für Schaumrollen, 7 cm

1 Ei
nach Bedarf Öl zum Bestreichen
Butter zum Einfetten
Mehl zum Bestauben
400 g Blätterteig (S. 204/05 oder tiefgekühlt)

TIPP

Tauchen Sie die Enden zur Füllcreme passend in fein geschnittenen Schnittlauch, gehackte rote Zwiebeln, gehackte Kräuter oder Sesam.

VORBEREITUNG

1. Ei mit etwas Wasser versprudeln.
2. Backblech zart mit Öl bestreichen oder mit Backtrennpapier belegen.
3. Schaumrollenförmchen mit weicher Butter befetten.
4. Blätterteig auf bemehlter Arbeitsfläche ca. 30 × 22 cm groß und etwa 2 mm dick ausrollen.

SO WIRD'S GEMACHT

1. Teig in 1 cm breite und 30 cm lange Streifen schneiden.
2. Teigstreifen zart mit kaltem Wasser bestreichen.
3. Leicht überlappend spiralenartig um die Schaumrollenförmchen wickeln; ½ Stunde kühl rasten lassen.
4. Mit Ei bestreichen.
5. Röllchen mit dem Teigabschluss nach unten auf das Backblech setzen, backen, noch heiß vorsichtig von den Formen abziehen, überkühlen.
6. Beliebige Creme (siehe S. 90/91) mit Hilfe eines Spritzsacks mit glatter Tülle in die Blätterteigröllchen einspritzen.

Backen: 2. Schiene von unten, 200 °C Umluft
Backdauer: 15 Minuten

Gefüllte Blätterteigschnecken

ZUTATEN

für 15 Stück

300 g Mozzarella
2 Tomaten
1 Ei
Mehl, griffig, zum Bestauben
500 g Blätterteig (S. 204/05 oder tiefgekühlt)
120 g Rohschinken, dünn geschnitten
Olivenöl zum Einfetten

VORBEREITUNG

1. Mozzarella in dünne Scheiben schneiden.
2. Tomaten 10 Sekunden in kochendem Wasser überkochen, schälen, vierteln, Kerne entfernen, anschließend in kleine Würfel schneiden.
3. Ei verschlagen.

SO WIRD'S GEMACHT

1. Arbeitsfläche und Rollholz mit Mehl bestauben, Blätterteig zu einem ca. 5 mm dicken Rechteck von 20 × 60 cm ausrollen.
2. Teig mit Ei bestreichen, mit Schinken und Mozzarella so belegen, dass oben und unten ein Rand von etwa 2 cm frei bleibt.
3. Mit Tomatenwürfeln bestreuen, einrollen, Enden leicht andrücken.
4. Teigrolle in 2 cm dicke Scheiben schneiden, auf ein leicht geöltes Backblech setzen.
5. Teigstücke mit den Handballen leicht flachdrücken, ½ Stunde rasten lassen.
6. Backblech mit einigen Wassertropfen bespritzen, Schnecken im vorgeheizten Rohr backen.

Backen: 2. Schiene von unten, 200 °C Umluft
Backdauer: ca. 15 Minuten

Blätterteigpizzaletten

ZUTATEN

für 1 Backblech

330 g Blätterteig (S. 204/05 oder tiefgekühlt)
200 g Tomatenwürfel
160 g Mozzarellawürfel
140 g Schinkenstreifen
60 g Salamistreifen
15 Oliven, schwarz, entkernt, halbiert
8 Sardellenfilets
Oregano zum Bestreuen
60 g Parmesan, gerieben

VORBEREITUNG

1. Backtrennpapier auf Blechgröße zuschneiden.
2. Backrohr und Backblech vorheizen.

SO WIRD'S GEMACHT

1. Blätterteig auf Blechgröße ausrollen, auf das Backtrennpapier heben, 10 Minuten rasten lassen.
2. Mit Tomaten- und Mozzarellawürfeln bestreuen, Schinken- und Salamistreifen sowie Oliven und Sardellen gleichmäßig darauf verteilen, mit Oregano und Parmesan bestreuen.
3. Das mit Teig belegte Papier auf das erhitzte Backblech ziehen; backen.
4. Einige Minuten überkühlen, vom Blech heben, in ca. 4 × 4 cm große Stücke schneiden.

Backen: unterste Schiene, 250 °C Umluft
Backdauer: ca. 18 Minuten

Olivenpralinen

ZUTATEN

für 12 Stück

12 Oliven, groß, schwarz, entkernt
12 Scheiben Frühstücks- oder Pancettaspeck, dünn geschnitten
nach Bedarf 1 EL Olivenöl zum Einfetten
Mehl zum Bestauben
200 g Blätterteig (S. 204/05 oder tiefgekühlt)
1 Dotter zum Bestreichen

VORBEREITUNG

1. Jede Olive einzeln mit einer Speckscheibe umwickeln.
2. Backblech zart mit Olivenöl bestreichen oder mit Backtrennpapier belegen.

SO WIRD'S GEMACHT

1. Arbeitsfläche und Rollholz mit Mehl bestauben, Blätterteig 2 mm dünn ausrollen.
2. Teig in 12 Quadrate schneiden, Oliven kugelförmig damit umhüllen, überschüssigen Teig entfernen.
3. »Pralinen« mit der Teignaht nach unten auf ein Tablett setzen, mit Dotter bestreichen und 20 Minuten im Kühlschrank rasten lassen.
4. Auf das Blech setzen und im vorgeheizten Rohr backen.
5. In Konfektkapseln setzen und heiß servieren.

Backen: unterste Schiene, 180 °C Umluft
Backdauer: 10–12 Minuten

Blini

Es kann, muss aber nicht immer Kaviar sein. Die kleinen Buchweizen-Pfannkuchen eignen sich, mit Cremen und Belag garniert, in jedem Fall hervorragend als Partygebäck.

Buchweizenblini

ZUTATEN

150 g Buchweizenmehl
100 g Weizenmehl, glatt
20 g Butter
5 g Germ
¼ l Milch
1 Ei
2 Dotter
2 Eiweiß
Prise Salz
Öl oder Butterschmalz zum Backen

SO WIRD'S GEMACHT

1. Beide Mehlsorten vermischen.
2. Butter schmelzen, Germ in lauwarmer Milch auflösen, beides zum Mehl gießen und mit einem Schneebesen glatt verrühren.
3. Ei und Dotter einrühren.
4. Eiweiß und Salz zu cremig-steifem Schnee schlagen, unter den Teig mengen.
5. Zugedeckt bei Raumtemperatur ½ Stunde rasten lassen.
6. Fett in einer flachen Pfanne erhitzen.
7. Mit einem Löffel Teig in Form von ca. 5 cm großen Plätzchen in die Pfanne geben.
8. Beidseitig knusprig braun (ca. 4–5 Minuten) backen.

ANRICHTEN

Geben Sie jeweils 1 KL Sauerrahm auf die Blini und garnieren Sie sie mit Kaviar, Keta-Kaviar oder Saiblings- bzw. Forellenkaviar oder mit Scheibchen von Räucherlachs, Stör oder Matjesfilet mit gehackten Zwiebeln und Dillspitzen.

Erdäpfelblini

ZUTATEN

160 g Erdäpfel, geschält
2 Eier
20 g Butter
Salz
Muskatnuss, gerieben
Öl oder Butterschmalz zum Backen

SO WIRD'S GEMACHT

1. Erdäpfel vierteln und kochen.
2. Ausdampfen lassen, noch heiß passieren.
3. Heiße Erdäpfelmasse mit Eiern und Butter verrühren, mit Salz und Muskatnuss würzen.
4. Fett in einer flachen Pfanne erhitzen.
5. Erdäpfelblini backen und anrichten wie Buchweizenblini (siehe oben).

Pikante Röllchen

Frühlingsrollen

ZUTATEN

30 g Glasnudeln
100 g Chinakohl
2 EL Mehl, glatt
5 EL Sesamöl
200 g Faschiertes, vom Schwein, oder Hühnerbrust, fein geschnitten
2 Knoblauchzehen, gehackt
80 g Sojasprossen
3 EL Sesamöl
3 EL Sojasauce (Ketjap Manis)
Ingwer, gerieben
1 Chilischote, entkernt, gehackt, oder Chilipulver
Salz
Korianderblätter, gehackt
8–10 Frühlingsrollen-Teigblätter
Pflanzenöl zum Frittieren

VORBEREITUNG

1. Glasnudeln in siedendem Salzwasser knackig kochen, abseihen, abfrischen, in ca. 5 cm lange Stücke schneiden.
2. Chinakohl halbieren, Strunk entfernen, in feine Streifen schneiden, waschen, trocknen.
3. Mehl mit etwas kaltem Wasser zu einem dicken Brei verrühren.

SO WIRD'S GEMACHT

1. Sesamöl in Wok oder Pfanne stark erhitzen, Fleisch unter Rühren rösten, Knoblauch beigeben, aus der Pfanne heben.
2. Im verbleibenden Öl Chinakohl und Sojakeime knackig rösten, mit Sojasauce ablöschen.
3. Alle Zutaten und Gewürze vermengen, überkühlen.
4. Teigblätter nebeneinander ausbreiten. Ränder mit einem Pinsel dünn mit Mehlbrei bestreichen.
5. Jeweils in der Mitte 2–3 EL Fülle platzieren.
6. 2 Ecken über die Fülle ziehen und dann von einer der verbleibenden Ecken ausgehend straff einrollen.
7. In tiefem, auf 180 °C erhitztem Öl ca. 3 Minuten knusprig hellbraun frittieren, aus dem Öl heben, mit Küchenkrepp abtupfen.

Frittierte Krautrollen

ZUTATEN

für 20 Rollen

200 g Selchfleisch, gekocht
250 g Sauerkraut
60 g Zwiebeln, klein geschnitten
3 EL Öl
1 EL Kristallzucker
0,1 l Weißwein
2 Knoblauchzehen, gepresst
Salz
Pfeffer, gemahlen
Kümmel, gemahlen
1 Lorbeerblatt
10 Wacholderbeeren
20 Frühlingsrollen-Teigblätter
1 Eiweiß zum Bestreichen oder Mehlbrei (s. Frühlingsrollen, linke Seite)

VORBEREITUNG

1. Selchfleisch in ca. 1 cm große Würfel schneiden.
2. Sauerkraut mit kaltem Wasser kurz abspülen.

SO WIRD'S GEMACHT

1. Für die Fülle Öl erhitzen, Zwiebeln darin glasig anlaufen lassen.
2. Kristallzucker einstreuen, hellgelb schmelzen, mit Weißwein ablöschen.
3. Sauerkraut und Gewürze beigeben, mit etwas Wasser untergießen, ca. 20 Minuten zugedeckt dünsten, bei Bedarf Wasser nachgießen.

4. Selchfleischwürfel zugeben, weitere 10 Minuten dünsten, auskühlen lassen. Sauerkrautfülle auf einem Sieb gut abtropfen, etwas abpressen.

5. Teigblätter nebeneinander ausbreiten. Ränder mit einem Pinsel dünn mit Eiweiß (Mehlbrei) bestreichen.

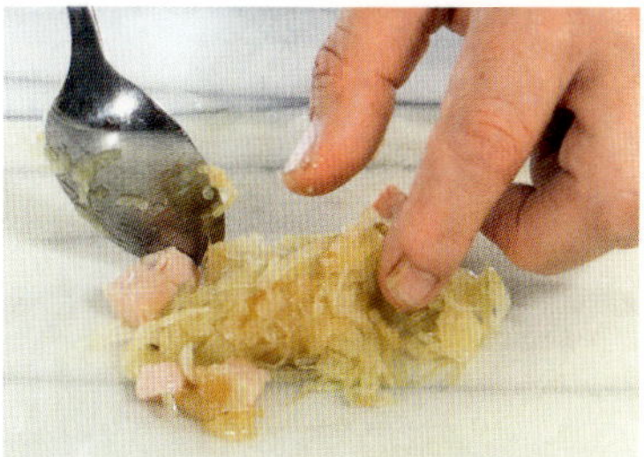

6. Jeweils in die Mitte 2–3 EL Selchfleisch-Kraut-Fülle platzieren.

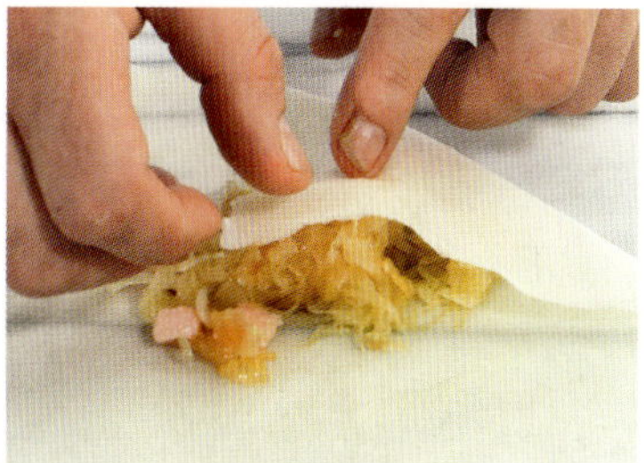

7. 2 gegenüberliegende Ecken über die Fülle ziehen.

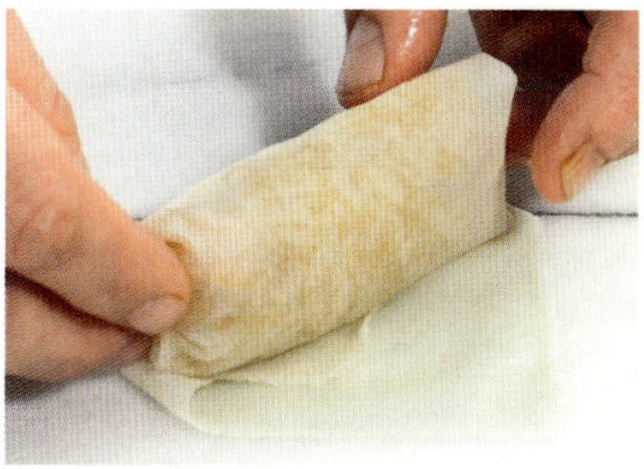

8. Von einer der verbleibenden Ecken ausgehend straff einrollen.

9. In auf 180 °C erhitztem Öl ca. 3 Minuten knusprig hellbraun frittieren. Aus dem Öl heben, mit Küchenkrepp abtupfen.

Kones (Stanitzel)

ZUTATEN

für 10 Stanitzel

5 Frühlingsrollen-Teigblätter
20 g Butter, flüssig

SO WIRD'S GEMACHT

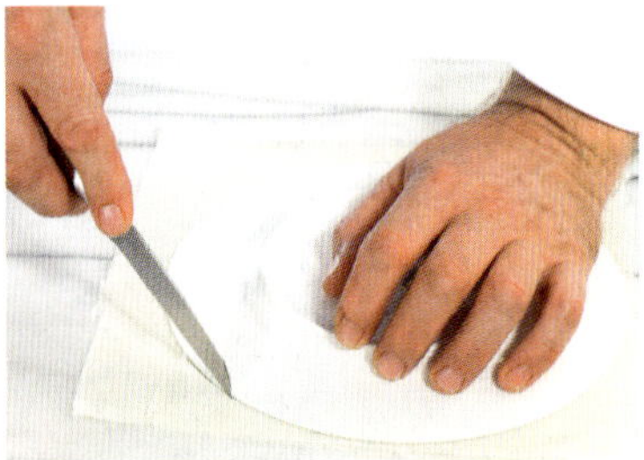

1. Frühlingsrollen-Teig zu größtmöglichen runden Scheiben zuschneiden.

2. Teigscheiben in der Mitte halbieren, mit Butter bestreichen, zu Stanitzeln drehen.

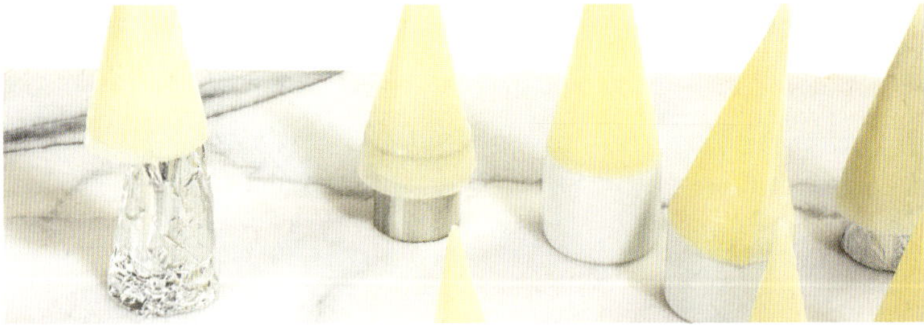

3. Zum Stabilisieren entweder einen Ausstecher in der entsprechenden Größe, eine kleine Dariolform oder kegelartig geformte Alufolie in die Höhlung einführen.

4. Mit der Spitze nach oben ca. ½ Stunde antrocknen lassen, danach mit flüssiger Butter bestreichen.

5. Stabilisierungsvorrichtungen entfernen. Mit der Öffnung nach unten auf ein Backblech setzen, backen.

Backen: unterste Schiene, 200 °C Ober-/Unterhitze
Backdauer: ca. 12 Minuten

TIPP

Füllen Sie Stanitzel mit leichten Cremen (siehe S. 90/91) und belegen Sie sie mit geschmacklich der Creme angepassten, klein geschnittenen Zutaten wie Räucherlachs, Schinken, Rohkost usw.

Noch mehr Partygebäck

Im Folgenden präsentieren wir Ihnen Ideen für Partygebäck jenseits der bekannten Klassiker, mit dem Sie Ihre Gäste überraschen und verwöhnen können.

Polenta-Ecken

ZUTATEN

für ca. 20 Stück

2 Tomaten
10 Oliven, schwarz, entkernt
10 Basilikumblätter
Butter zum Bestreichen
0,6 l Rindsuppe, mild
150 g Polenta
Salz
Pfeffer, gemahlen
80 g Parmesan, gerieben
Muskatnuss, gerieben
2 EL Olivenöl
2 EL Zwiebeln, gehackt

VORBEREITUNG

1. Tomaten waschen, vierteln, Kerne ausschneiden, Fruchtfleisch in sehr kleine Würfel schneiden.
2. Oliven in kleine Würfel schneiden.
3. Basilikum in feine Streifen schneiden.
4. Ein Blech mit Frischhaltefolie belegen, ein weiteres Blech mit Butter bestreichen.

SO WIRD'S GEMACHT

1. Rindsuppe in einer Kasserolle aufkochen, Polenta unter kräftigem Rühren einrieseln lassen.

2. Mit Salz und Pfeffer würzen, 4–5 Minuten unter stetigem Rühren zu einem dicken Brei kochen, Parmesan und Muskatnuss einrühren.

3. Polenta-Masse auf dem mit Folie belegten Blech etwa 2 cm dick verstreichen; ca. 3 Stunden kühlen.

4. Polenta vom Blech nehmen; in 10 cm breite Streifen, dann in längliche Dreiecke schneiden; auf das gebutterte Backblech setzen und backen.

5. Olivenöl, Zwiebeln, Tomaten, Oliven und Basilikum vermischen, abschmecken und auf den Polenta-Ecken platzieren.

Backen: oberste Schiene, 230 °C Ober-/Unterhitze
Backdauer: ca. 5 Minuten

TIPP

Polenta-Ecken können kalt, lauwarm oder auch heiß serviert werden.

VARIATIONEN

Als Belag eignen sich auch Rote-Zwiebel-Fülle (siehe S. 172) und Blauschimmelkäse.

Pikante Biskuitroulade

ZUTATEN

für ca. 20 Scheiben

2 Eier
1 TL Öl
Prise Salz
25 g Stärkemehl
25 g Mehl, glatt

VORBEREITUNG

1. Backblech mit Backtrennpapier belegen.
2. Eier trennen, Dotter mit Öl verrühren.

SO WIRD'S GEMACHT

1. Eiweiß mit Salz zu festem Schnee schlagen, Stärkemehl einrühren.
2. Zuerst die Öl-Dotter-Mischung, danach das Mehl unter den Schnee heben.
3. Ca. 6 mm hoch auf das Backtrennpapier streichen.
4. Auf mittlerer Schiene im vorgeheizten Backrohr backen.
5. Auf ein Backpapier stürzen, Trennpapier abziehen.
6. Biskuit locker zu einer Roulade rollen, 20 Sekunden warten, danach wieder aufrollen.
7. Creme nach Wahl (siehe S. 90/91) auf die Innenseite des gebackenen Biskuits streichen.
8. Einrollen, straff in Alufolie einhüllen, mehrere Stunden kühlen, dünn aufschneiden.

Backen: 240 °C Ober-/Unterhitze
Backdauer: 8 Minuten

VARIATIONEN

- Biskuit mit Creme hauchdünn bestreichen, mit Räucherlachs-, Schinken- oder Prosciuttoscheiben belegen, restliche Creme darauf verstreichen, einrollen.
- Fügen Sie den mit Öl aufgeschlagenen Dottern 1 EL passierten Spinat oder Bärlauch bei.

Palatschinkenröllchen

ZUTATEN

4 Palatschinken, erkaltet (S. 219)
Creme nach Wahl (S. 90/91)
120 g Räucherlachs-, Prosciutto- oder Schinkenscheiben

SO WIRD'S GEMACHT

1. Alufolie auf dem Arbeitsplatz ausbreiten, Frischhaltefolie darüberlegen.
2. Palatschinken auf den Folien nebeneinander etwas überlappend auflegen.
3. Mit Creme hauchdünn bestreichen, geschmacklich passend mit Räucherlachs-, Prosciutto- oder Schinkenscheiben belegen.
4. Restliche Creme darauf verstreichen, straff einrollen, Enden zusammendrehen.
5. Einzeln in Folie gewickelt einige Stunden kühlen. In dicke Scheiben schneiden.

Pikante Brandteigkrapfen

ZUTATEN

Öl für das Blech
Brandteig (S. 213)
Creme nach Wahl (S. 90/91)
100 g zur Creme passende Zutaten (s. Tipp)

VORBEREITUNG

1. Backblech leicht mit Öl einstreichen.
2. Backrohr vorheizen.

SO WIRD'S GEMACHT

1. Brandteig in einen Dressiersack mit mittlerer Sterntülle füllen, kleine Häufchen auf das Blech dressieren. Backen, dabei das Rohr die ersten 10 Minuten nicht öffnen.
2. Krapfen gut auskühlen lassen, mit einem Sägemesser horizontal auseinanderschneiden, sodass Böden und Deckel entstehen.
3. Creme nach Wahl mit einem Dressiersack und passender Tülle auf die Böden der Krapfen dressieren, mit passenden Zutaten belegen, Deckel obenauf setzen.

Backen: 2. Schiene von unten, 220 °C Umluft
Backdauer: ca. 20 Minuten

TIPP

Als Zutaten eignen sich beispielsweise Räucherlachs- oder Schinkenstreifen, kleine Rohkoststäbchen, fein geschnittene rote Zwiebeln oder fein gehackte Kräuter.

Briocheburger mit Lachstatar

ZUTATEN

für ca. 14 Stück

10 g Germ
6–7 EL Milch
120 g Mehl, glatt
5 g Kristallzucker
1 Dotter
30 g Butter, geschmolzen
Prise Salz
Mehl zum Bestauben
1 Ei, versprudelt, zum Bestreichen
3 EL Sesam zum Bestreuen

FÜR DIE FÜLLE

300 g Lachsfilet, ohne Haut und Gräten
2 EL Crème fraîche
60 g Schalotten oder Zwiebeln, fein gehackt
Salz
Pfeffer, gemahlen
1 KL Senf, süß
1 KL Dillspitzen, gehackt

ZUM FERTIGSTELLEN

50 g Butter zum Rösten
einige Salatblätter zum Garnieren (Frisée, Eisberg oder Rucola)

VORBEREITUNG

1. Backblech mit Backpapier belegen.
2. Backrohr rechtzeitig vorheizen.

SO WIRD'S GEMACHT

1. Germ in lauwarmer Milch auflösen, mit Mehl, Kristallzucker, Dotter, Butter und Salz zu einem glatten, geschmeidigen Teig verkneten.
2. Zugedeckt an einem warmen Ort ca. 20 Minuten aufgehen lassen, zusammenkneten und nochmals 15 Minuten aufgehen lassen.
3. Teig auf bemehlter Arbeitsfläche zu einer Rolle formen, in 14 Stücke teilen.
4. Mit dem Handballen unter sanftem Druck zu Kugeln schleifen, auf das Backblech setzen, leicht flachdrücken, zugedeckt nochmals aufgehen lassen.
5. Mit Ei bestreichen, mit Sesam bestreuen und backen.
6. Für die Fülle Lachs in feinste Würfel schneiden, mit Crème fraîche, Schalotten (Zwiebeln), Salz, Pfeffer, Senf und Dillspitzen verrühren.
7. Überkühlte Brioche horizontal halbieren.
8. Butter in einer flachen Pfanne erhitzen, Brioche an den Schnittflächen goldgelb backen, aus der Pfanne heben.
9. Unterteile mit zarten Salatblättern belegen.
10. Mit einem in Wasser getauchten Kaffeelöffel aus dem Lachstatar kleine Nocken formen, auf die Salatblätter platzieren und Briocheoberteile aufsetzen.

Backen: 2. Schiene von unten, 200 °C Ober-/Unterhitze
Backdauer: ca. 16 Minuten

TIPP

Verfeinern Sie die Fülle mit halbierten, hart gekochten Wachteleiern und Keta-Kaviar.

Briocheburger mit Thunfischtatar

Schneiden Sie 120 g Thunfischfilet in feinste Würfel und vermischen Sie diese mit etwas Sojasauce, 1 KL gehackten Korianderblättern, etwas Sesamöl, Salz und gemahlenem Pfeffer.

Briocheburger mit Rindfleischtatar

Vermischen Sie 160 g faschiertes mageres Rindfleisch mit 1 Dotter, 1 KL gehackten Zwiebeln, 3 gehackten Kapern und würzen Sie mit etwas Estragonsenf, Paprikapulver, Sardellenpaste, 1 KL gehackter Petersilie, Salz und gemahlenem Pfeffer.

Die besten Füllen für pikantes Partygebäck

Gervais-Paprika-Fülle

ZUTATEN

250 g Gervais
2 EL Sauerrahm
1 KL Paprika, edelsüß
etwas Kümmel, gemahlen
MS Estragonsenf
Salz
Pfeffer, gemahlen

SO WIRD'S GEMACHT

Alle Zutaten mit einem Schneebesen glatt verrühren.

Gänseleberfülle (Kalbsleberfülle)

ZUTATEN

180 g Gänseleberterrine oder Kalbsleberpastete
0,2 l Schlagobers
1 EL Weinbrand
Salz
Pfeffer, gemahlen

SO WIRD'S GEMACHT

1. Gänseleberterrine (Kalbsleberpastete) durch ein feines Passiersieb streichen.
2. Schlagobers cremig-steif schlagen.
3. Hälfte mit einem Schneebesen unter die Lebermasse rühren, dann restliches Obers locker unterheben.
4. Mit Weinbrand, Salz und Pfeffer würzen.

Topfenobersfülle

ZUTATEN

1 Blatt Gelatine
⅛ l Schlagobers
120 g Topfen, 20 %
100 g Paprika, rot, grün, kleinwürfelig geschnitten
1 EL Schnittlauch, fein geschnitten
Salz
Pfeffer, gemahlen

SO WIRD'S GEMACHT

1. Gelatine in kaltem Wasser weichen.
2. Schlagobers cremig-steif schlagen.
3. Gelatine aus dem Wasser heben, lauwarm schmelzen, zügig unter den zimmertemperierten Topfen rühren.
4. Paprikawürfel und Schnittlauch untermengen.
5. Schlagobers einrühren, mit Salz und Pfeffer würzen.

Kräuter-Ricotta-Fülle

ZUTATEN

1 Blatt Gelatine
120 g Ricotta
25 g Kräuter (Petersilie, Kresse, Kerbel etc.)
⅛ l Schlagobers
1 EL Schalotten, fein geschnitten
Salz

SO WIRD'S GEMACHT

1. Gelatine in kaltem Wasser einweichen.
2. Ricotta mit den Kräutern im Kleinschneider fein mixen.
3. Schlagobers cremig-steif schlagen.
4. Gelatine aus dem Wasser heben, lauwarm schmelzen, zügig unter den Ricotta rühren.
5. Schalotten und Schlagobers einrühren, salzen.

Gervais-Räucherlachs-Fülle

ZUTATEN

1 Blatt Gelatine
⅛ l Schlagobers
120 g Gervais
½ EL Kren, gerissen
1 EL Schnittlauch, geschnitten
120 g Räucherlachsstreifen oder -würfel
Prise Salz

SO WIRD'S GEMACHT

1. Gelatine in kaltem Wasser weichen.
2. Schlagobers cremig-steif schlagen.
3. Zimmertemperierten Gervais mit gerissenem Kren und Schnittlauch verrühren.
4. Gelatine aus dem Wasser heben, lauwarm schmelzen, zügig unter den Gervais rühren.
5. Schlagobers unterheben, Lachs einrühren, salzen.

VARIATIONEN

- Ersetzen Sie den Räucherlachs durch andere Räucherfische oder Prosciutto oder Schinken.
- Pürieren Sie den Räucherfisch mit etwas flüssigem Obers im Kleinschneider und rühren Sie ihn unter die Creme.

Oberskrenfülle

ZUTATEN

0,2 l Schlagobers
1 EL Kren, gerissen
Prise Salz

SO WIRD'S GEMACHT

Schlagobers cremig-steif schlagen, mit gerissenem Kren und Salz vermischen.

TIPP

Kombinieren Sie Oberskren zum Beispiel mit Streifen oder Würfeln von Räucherfischen, Schinken oder Rohkostgemüse.

Belegte, gefüllte und überbackene Brote

Sie haben eines gemeinsam: Der ihnen zugewiesene Platz ist meist der Imbiss, das Essen im Stehen, Sitzen und Gehen. Das klingt nach Speisen ohne Zuwendung – doch dem muss nicht so sein. Die Qualität des Brotes, die Frische und Saftigkeit des Belages können aus scheinbar Simplem kleine Köstlichkeiten machen.

Tramezzini

Die Basis für die italienische Variante der britischen Sandwichs bildet entrindetes, in Kastenformen gebackenes, extrem feinporiges Tramezzinibrot. 2–3 Scheiben werden saftig gefüllt mit speziellen Aufstrichen, Schinken, Salami, Geflügelbrust, Käse, Shrimps, Salatblättern etc. Charakteristisch ist die Dreiecksform.

Darauf kommt's an

- Verwenden Sie selbstgebackenes (S. 121) oder original italienisches geschnittenes Tramezzinibrot ohne Rinde. Letzteres ist in gut sortierten Supermärkten erhältlich.
- Belegen Sie die Brotscheiben großzügig, damit die Tramezzini saftig werden.
- Verwenden Sie stets gut getrocknete Salatblätter.
- Pressen Sie die gefüllten Brotscheiben zart aneinander, damit sich Brot und Fülle verbinden.
- Bedecken Sie fertig gefüllte und geschnittene Tramezzini mit Frischhaltefolie, um sie vor dem Austrocknen zu schützen.
- Für fettreduzierte Tramezzini-Aufstriche verwenden Sie Frischkäse (5 % Fett absolut) statt Gervais und Crème fraîche.

Tramezzini füllen und schneiden

1. Brotscheiben kräftig mit weicher Butter, Majonäse oder Aufstrich bestreichen.

2. Brot großzügig und in der Mitte kuppelförmig mit Zutaten belegen.

3. Cremen und Aufstriche mit einer Palette glatt verstreichen.

4. Oberste Lage der Fülle vorsichtig und sanft andrücken.

5. Mit einer weiteren wie in Schritt 1 bestrichenen Brotscheibe bedecken, leicht anpressen.

6. Brote diagonal durchschneiden.

So kombinieren Sie Tramezzinifülle

- Salatblätter, Thunfisch- oder Sardinenaufstrich und Eischeiben
- Räucherlachsscheiben, Kopfsalatblätter und Avocadoscheiben
- Beinschinken, Spargel und Eischeiben
- Ei-Curry-Aufstrich, Kopfsalatblätter und Shrimps
- Mortadella, Ei- und Essiggurkenscheiben und Radicchioblätter
- Tomaten- und Mozzarellascheiben, Oregano und Rucola
- Dolce latte, Chicorée und Birnenscheiben
- Pilzaufstrich, gebratene Pilzscheiben und Radicchioblätter
- Prosciutto crudo, Mozzarella- und Tomatenscheiben
- Geräucherte Putenbrust, Ei-Curry-Aufstrich und Spargel
- Ricotta, Blattspinat und gebratene Pilze
- Italienische Salami, Gewürzgurken- und Eischeiben und Salatblätter
- Pilzaufstrich, Putenschinken und Radicchioblätter

Die besten Aufstriche für Tramezzini, Canapés und Brote

Ei-Curry-Aufstrich

ZUTATEN

4 Eier
50 g Essiggurken
100 g Gervais
1 EL Crème fraîche
1 KL Currypulver
Salz

VORBEREITUNG

1. Eier 12 Minuten kochen; kalt abschwemmen, erkaltet schälen, fein hacken.
2. Essiggurken fein schneiden.

SO WIRD'S GEMACHT

1. Gervais mit Crème fraîche verrühren.
2. Restliche Zutaten untermischen, würzen.

VARIATION

Mischen Sie 1 EL geröstete Pinienkerne unter den Aufstrich.

Pilzaufstrich

ZUTATEN

200 g Champignons, Steinpilze oder Eierschwammerl
1 EL Petersilienblätter
1 EL Öl
Salz
Pfeffer, gemahlen
150 g Ricotta oder Gervais
2 EL Crème fraîche

VORBEREITUNG

1. Pilze reinigen, fein hacken.
2. Petersilienblätter fein hacken.

SO WIRD'S GEMACHT

1. Öl stark erhitzen, Pilze rasant anrösten, mit Petersilie vermischen, würzen, erkalten lassen.
2. Ricotta (Gervais) mit Crème fraîche verrühren, Pilze einrühren, nachwürzen.

TIPP

Würzen Sie zusätzlich mit getrockneten Steinpilzen aus der Mühle.

Mailänder Aufstrich

ZUTATEN

2 Eier
150 g Thunfisch, aus der Dose
100 g Mortadella oder Pariser
50 g Provolone oder Edamer
80 g Majonäse
1 KL Ketchup
Salz
Pfeffer, gemahlen

VORBEREITUNG

1. Eier 12 Minuten hart kochen; kalt abschrecken, erkaltet schälen, fein hacken.
2. Thunfisch mit einer Gabel zerkleinern.
3. Wurst und Käse in sehr kleine Würfel schneiden.

SO WIRD'S GEMACHT

Alle Zutaten vermengen, würzen.

Avocodoaufstrich

ZUTATEN

2 Avocados, vollreif
½ Paprikaschote, rot
40 g Zwiebeln
etwas Chilischote
ca. 1 EL Zitronensaft
1 EL Crème fraîche
Salz
Pfeffer, gemahlen

VORBEREITUNG

1. Avocados der Länge nach halbieren, Kerne entfernen, Fruchtfleisch mit einem Löffel herausschaben.
2. Paprikaschote entkernen, Fruchtfleisch ausschneiden; Zwiebeln schälen.
3. Zwiebeln und Paprika in feine Würfel schneiden.
4. Chilischote entkernen und sehr fein hacken.

SO WIRD'S GEMACHT

1. Avocadofruchtfleisch mit einer Gabel zerdrücken, bis eine breiige Masse entsteht, sofort Zitronensaft und Crème fraîche unterrühren.
2. Restliche Zutaten unterrühren, würzen.

VARIATION

Mischen Sie 80 g kleine Räucherlachswürfel unter den Avocadoaufstrich.

Bärlauchaufstrich

ZUTATEN
für 6 Portionen

50 g Bärlauchblätter
250 g Topfen, passiert
4 EL Crème fraîche
1 TL Zitronensaft
2 TL Estragonsenf
Salz
Pfeffer, weiß

VORBEREITUNG

Bärlauch waschen, fein hacken.

SO WIRD'S GEMACHT

1. Topfen und Crème fraîche nach und nach verrühren.
2. Restliche Zutaten beigeben, mit Salz und Pfeffer abschmecken.

Schinkenaufstrich

ZUTATEN

100 g Schinken oder Selchfleisch, gekocht
1 EL Kren, frisch
150 g Gervais oder Frischkäse, 5 % Fett
⅛ l Crème fraîche
Salz
1 TL Senf
1 EL Schnittlauch, geschnitten
Kresse nach Geschmack

VORBEREITUNG

1. Schinken (Selchfleisch) in feinste Würfel schneiden.
2. Kren schälen, reißen.

SO WIRD'S GEMACHT

1. Gervais (Frischkäse) mit Crème fraîche verrühren; restliche Zutaten untermischen und pikant würzen.
2. Kresse teilweise unter die Masse mischen, teilweise zum Garnieren verwenden.

Thunfischaufstrich

ZUTATEN

150 g Thunfisch, aus der Dose
2 Eier
50 g Essiggurken
150 g Gervais
2 EL Crème fraîche
Salz
Pfeffer, gemahlen

VORBEREITUNG

1. Abgetropften Thunfisch mit einer Gabel zerkleinern.
2. Eier 12 Minuten kochen, kalt abschwemmen, erkaltet schälen, fein hacken.
3. Essiggurken fein hacken.

SO WIRD'S GEMACHT

1. Gervais mit Crème fraîche verrühren.
2. Restliche Zutaten untermischen, würzen.

VARIATION

Verwenden Sie anstelle des Thunfisches filetierte Sardinen, am besten – wegen der pikanten Schärfe – portugiesische »Nuri Sardinen«.

Canapés (Cocktailhappen)

Canapés sind kleine, mundgerecht drei- oder rechteckig geschnittene bzw. rund ausgestochene belegte Appetithappen. Als Basis dient entrindetes Toastbrot oder Pumpernickel. Canapés werden bei Partys oder Empfängen ohne Besteck mit Papierservietten serviert und meist im Stehen verzehrt.

Darauf kommt's an

- Bestreichen Sie die Brotscheiben vor dem Belegen oder Ausstechen mit weicher Butter, Majonäse, Topfen- oder Dottercreme.
- Das Glacieren mit Aspik ist nicht unbedingt nötig, erleichtert jedoch das Schneiden, schützt vor Austrocknen, fixiert Belag mit Garnitur und verbessert die Optik.
- Garnieren Sie Canapés gleichmäßig und immer in derselben Richtung. Gleiches gilt für das Anrichten, wobei immer eine Sorte in eine Reihe gelegt werden sollte.

Die besten Ideen für den Belag

von links nach rechts

- Gurkenscheibe – Creme – Matjesfilet – Dillspitzen
- Italienische Salami – Eisechstel – halbe Gurken- und Radieschenscheibe
- Forellenkaviar
- Ei-Curry-Aufstrich – Paprika- und Gurkenstreifen
- Creme – Crevetten – Wachtelei
- Räucherlachs – Creme – grüner Spargel
- Creme – bunte Paprika-, Gurken- und Radieschenwürfel
- Schinken – Creme – Radieschenhälfte – Maiskölbchen
- Schnittkäse – Creme – schwarze Walnuss

Cremen für Canapés

Frischkäsecreme

180 g passierten Topfen, Gervais oder Frischkäse, 2 EL Crème fraîche, 1 MS Sardellenpaste verrühren, mit Salz und Pfeffer würzen.

VARIATIONEN

Variieren Sie die Grundcreme zum Belag passend, indem Sie 1 KL Paprikapulver oder gehackte Kräuter Ihrer Wahl einrühren.

Dottercreme

4 hart gekochte Eier halbieren, Dotter herausheben. 80 g entrindetes Weißbrot in kaltem Wasser weichen, gut auspressen. Dotter und anschließend Brot durch ein feines Sieb passieren. 80 g zimmertemperierte Butter schaumig rühren. Butter, Dotter, Brot und etwas Sardellenpaste, ½ KL Estragonsenf, 1 MS Kümmelpulver, Salz und gemahlenen Pfeffer einrühren.

TIPP

Mit der gleichen Creme können Sie hart gekochte, halbierte Eier, ausgehöhlte Gurkenscheiben oder entkernte, halbierte Tomaten oder Chicoréeblätter füllen und beliebig garnieren.

Aspik zum Glacieren

15 g Aspikpulver mit ⅛ l kaltem Wasser verrühren. 10 Minuten weichen. ⅛ l siedendes Wasser unterrühren, mit Salz und Essig würzen, nochmals auf ca. 90 °C erhitzen. Überkühlen, bis das Aspik dickflüssig und glacierfähig wird. Bei Bedarf vorsichtig erhitzen.

Canapés belegen, schneiden und garnieren

Für den Belag eignen sich zum Beispiel Schinken, Rohschinken, Salami, Roastbeef, Schnittkäse, Räucherfisch oder marinierte Fische, Shrimps, Rinds- oder Fischtatar, Aufstriche, Spargel etc.

Variante »rechteckig«

VARIANTE OHNE ASPIK

1. Toastbrotscheiben mit weicher Butter oder Creme bestreichen, mit Lachs, Schinken- oder Käsescheiben etc. belegen.
2. Belegte Scheiben wenden, sodass der Belag unten ist. Ränder abschneiden, exakt in 4 Teile schneiden, wieder wenden.
3. Frischkäse- oder Dottercreme mittels Dressiersack und Tülle beliebig auf die Canapés aufdressieren.
4. Passend zum Belag exakt sowie optisch und geschmacklich abgestimmt garnieren und kalt stellen.

VARIANTE MIT ASPIK

1. Wie Schritt 1 ohne Aspik, anschließend mit dickflüssigem, kühlem Aspik bestreichen, kalt stellen.
2. Ränder abschneiden, exakt in 4 Teile schneiden, zur Weiterverarbeitung kalt stellen.
3. Wie Schritt 3 ohne Aspik.
4. Wie Schritt 4 ohne Aspik, anschließend Garnitur mit Aspik beträufeln, kalt stellen.

Variante »rund«

1. Toastbrotscheiben mit weicher Butter oder Creme bestreichen.
2. Brot und Belag (Gurke, Käse etc.) getrennt mit einem runden Ausstecher ausstechen. Belag auf das Brot legen.
3. Canapés wenn möglich auf einen Rost legen, wenn gewünscht mit dickflüssigem, kühlem Aspik bestreichen (siehe rechteckige Variante), kalt stellen.
4. Weiter wie Schritt 3 und 4 der rechteckigen Variante.

Bruschetta

Bruschetta sind belegte oder bestrichene Scheiben aus frisch geröstetem und mit Knoblauch eingeriebenem Weißbrot (Ciabatta, ersatzweise Baguette). Der klassische Belag besteht aus einer Mischung von Tomatenwürfeln und Basilikumstreifen.

Tomaten-Basilikum-Bruschetta

ZUTATEN

6 Fleischtomaten
ca. 6 Basilikumblätter, entstielt
2 Knoblauchzehen
Salz
Pfeffer
8 Weißbrotscheiben (am besten Ciabatta (S. 122) oder Handelsware)
Olivenöl

VORBEREITUNG

1. Tomaten vierteln, entkernen und in kleine Würfel schneiden.
2. Basilikum in feine Streifen schneiden.
3. Knoblauch schälen, pressen, mit 1 EL Öl vermischen.

SO WIRD'S GEMACHT

1. Tomatenwürfel mit Basilikum vermengen, mit Salz und Pfeffer würzen.
2. Brotscheiben in einer Pfanne mit 2 EL Olivenöl goldbraun rösten, mit Knoblauchöl einreiben, warm stellen.
3. Tomatenmischung auf die Brote häufen, mit Olivenöl beträufeln.
4. Im auf 200 °C vorgeheizten Backrohr kurz erhitzen, servieren.

Tomaten-Mozzarella-Bruschetta

Vierteln, entkernen und schneiden Sie 6 Fleischtomaten in kleine Würfel. Vermischen Sie diese mit 100 g Mozzarellawürfeln, 6 entstielten, grob gehackten Basilikumblättern, Salz, gemahlenem Pfeffer und Oregano. Häufen Sie die Mischung auf 8 geröstete Weißbrotscheiben, träufeln etwas Olivenöl darüber und erhitzen Sie die Brote kurz bei 200 °C im Backrohr.

Sardinenbruschetta

Vierteln, entkernen und schneiden Sie 6 Fleischtomaten in kleine Würfel. Vermischen Sie diese mit 100 g grob gehackten Sardinenfilets oder Thunfisch aus der Dose und 1 EL kleinen Kapern. Würzen Sie mit Salz, gemahlenem Pfeffer und etwas Zitronensaft. Verteilen Sie die Masse auf 8 gerösteten Weißbrotscheiben.

Bruschetta mit Basilikumpesto

100 g Pinienkerne in 2 EL Olivenöl bräunen. 2 grob gehackte Knoblauchzehen kurz mitrösten, Mischung erkalten lassen. 80 g Basilikumblätter, 90 g Parmesan, Pinienkerne, Salz und Pfeffer mit ⅛ l Olivenöl zu einer cremigen Paste pürieren. Geröstete Brotscheiben damit bestreichen und geröstete Pinienkerne oder gehobelten Parmesan darüberstreuen.

Überbackene Baguettes und Brote

Überbackene Brote mit Pilzen und Speck

ZUTATEN

130 g Champignons oder Steinpilze, blättrig geschnitten
Öl zum Braten
Salz
Pfeffer
130 g Crème fraîche
2 Knoblauchzehen, gepresst
1 EL Petersilie, gehackt
100 g Speckwürfel, kurz angeröstet
50 g Lauch, fein geschnitten
50 g Gouda oder Edamer, geraspelt
4 Scheiben Roggenbrot
50 g Gouda oder Edamer, gerieben

SO WIRD'S GEMACHT

1. Champignons (Steinpilze) in Öl braten, mit Salz und Pfeffer würzen, erkalten lassen.
2. Crème fraîche, Knoblauchzehen und Petersilie beigeben.
3. Speckwürfel, Lauch und geraspelten Gouda (Edamer) darunterrühren, nochmals mit Salz und Pfeffer würzen.
4. Brotscheiben mit der Mischung bestreichen.
5. Mit geriebenem Gouda (Edamer) bestreuen, backen.

Backen: 3. Schiene von unten, 220 °C Umluft
Backdauer: ca. 8 Minuten

Baguette »Pizzaiola«

ZUTATEN

150 g Schinken
80 g Salami
½ Pfefferoni
½ Paprikaschote, rot
120 g Crème fraîche
100 g Pecorino oder Edamer, gerieben
Salz
Pfeffer
2 Mini-Baguettes (S. 118 oder tiefgekühlt)

VORBEREITUNG

1. Schinken in kleine Würfel schneiden.
2. Salami in feine Streifen schneiden.
3. Pfefferoni in Scheibchen schneiden.
4. Paprika in feine Würfel schneiden.

SO WIRD'S GEMACHT

1. Crème fraîche mit Schinkenwürfeln, Salami, Pfefferonischeiben, Paprika und der Hälfte des Pecorino (Edamer) mischen. Mit Salz und Pfeffer würzen.
2. Mini-Baguettes mit der Masse bestreichen.
3. Baguettes mit dem restlichen Pecorino (Edamer) bestreuen und backen.

Backen: 2. Schiene von unten, 220 °C Umluft
Backdauer: ca. 15 Minuten

Schinken-Lauch-Baguette

ZUTATEN

200 g Schinken oder Salami
80 g Lauch, nur das Weiße
100 g Butterkäse
2 Mini-Baguettes (S. 118 oder tiefgekühlt)
3 EL Crème fraîche
2 Eier
1 EL Petersilie, gehackt
Salz
Pfeffer, schwarz, geschrotet
50 g Parmesan, gerieben

VORBEREITUNG

1. Schinken (Salami) in kleine Würfel oder Streifen schneiden.
2. Lauch halbieren, waschen, in Scheiben schneiden.
3. Käse reiben.
4. Baguettes der Länge nach durchschneiden.

SO WIRD'S GEMACHT

1. Crème fraîche mit Eiern verrühren.
2. Mit Schinken, Lauch und Petersilie verrühren, mit Salz und Pfeffer würzen.
3. Baguettehälften damit bestreichen, mit Butterkäse und Parmesan bestreuen, am Backblech oder Rost im vorgeheizten Backrohr backen.

Backen: 2. Schiene von unten, 220 °C Umluft
Backdauer: ca. 15 Minuten

Überbackene Brote »Grünspan«

ZUTATEN

150 g Schweinsbraten, kalt, oder Selchfleisch, gekocht
120 g Edamer
1 EL Kren, frisch
1 EL Petersilie
180 g Gervais oder Topfen, passiert
35 g Dijon- oder Estragonsenf
Salz
Pfeffer, schwarz, gemahlen
4 Scheiben Roggenbrot

VORBEREITUNG

1. Schweinsbraten (Selchfleisch) in kleine Würfel schneiden.
2. Edamer reiben, Kren schälen und reißen, Petersilie hacken.

SO WIRD'S GEMACHT

1. Gervais (Topfen) mit Senf, Kren und Petersilie verrühren.
2. Geriebenen Käse einrühren, würzen.
3. Schweinsbraten einrühren.
4. Brotscheiben damit bestreichen, im vorgeheizten Backrohr backen.

Backen: 3. Schiene von unten, 220 °C Umluft
Backdauer: ca. 8 Minuten

Baguette nach provenzalischer Art

120 g Crème fraîche mit 220 g in feine Würfel geschnittenem, durchzogenem Räucherspeck, 80 g fein geschnittenen Zwiebeln oder Lauch, 60 g Tomatenwürfeln, 2 gepressten Knoblauchzehen, Salz und Pfeffer vermischen. Mini-Baguettes (siehe S. 118 oder tiefgekühlt) mit der Masse bestreichen, mit 100 g geriebenem Gouda oder Emmentaler bestreuen, wie Schinken-Lauch-Baguette (siehe oben) backen.

Croques

Croques, abgeleitet vom französischen »croquer« (knacken, krachen), sind die französische Sandwich-Variante. Die wohl berühmtesten Vertreter dieser Köstlichkeit sind »Croque Monsieur« und »Croque Madame«.

Croque Monsieur

ZUTATEN

ca. 60 g Butter
1 KL Dijonsenf
Salz
Pfeffer, gemahlen
8 Scheiben Toastbrot
8 Scheiben (ca. 200 g) Käse (Gruyère oder Edamer)
4 Scheiben (ca. 120 g) Schinken
2 Eier
4 EL Schlagobers
Öl zum Frittieren

SO WIRD'S GEMACHT

1. Weiche Butter mit Senf, Salz und Pfeffer verrühren.
2. 8 Toastscheiben mit der gewürzten Butter bestreichen.
3. 4 Toastscheiben mit je einer Käsescheibe in gleicher Größe, einem Schinkenblatt und nochmals einer Käsescheibe belegen.
4. Mit jeweils einer bestrichenen Toastscheibe mit der Butterseite nach unten belegen, leicht anpressen.
5. Eier, Obers und Salz mit einer Gabel verschlagen.
6. Die gefüllten Brote zuerst mit den Rändern in die Ei-Obers-Masse tauchen, dann die Schnittflächen kurz tauchen, ohne dass sich das Brot vollsaugt.
7. Öl in einer Pfanne erhitzen, Brote goldbraun backen, wenden, fertig backen, herausheben, abtropfen lassen, mit Küchenkrepp abtupfen.

Backen: 170 °C
Backdauer: ca. 6 Minuten

Croque Madame

Fertig gebackenes »Croque Monsieur« oben mit einem Spiegelei belegen.

Cocktail-Croques

Bestreichen Sie Toastscheiben mit Butter und belegen Sie sie mit mit Salz, Pfeffer und Paprikapulver gewürztem, geriebenem Käse und je 1 Scheibe Schinken. Legen Sie je eine weitere gebutterte Toastscheibe darauf und backen Sie die gefüllten Brote im heißen Backrohr knusprig. Teilen Sie sie anschließend in mundgerechte Stücke. Als Dekor bieten sich zu Spiegeleiern gebratene Wachteleier an, je nach Verfügbarkeit mit Kerbel- oder Estragonblättern garniert.

Brot und Gebäck

Brot selbst zu backen, erweist sich bei einiger Übung als leicht praktikabel und sehr lohnend. Auch für die Zubereitung von Sauerteig, der zur Herstellung von Roggenbrot als Lockerungsmittel erforderlich ist, benötigen Sie täglich nur 5 Minuten.

Darauf kommt's an

- Zum Kneten des Teiges verwenden Sie eine Rührmaschine mit Knethaken.
- Kneten Sie auf niedrigster Stufe, um Motor und Getriebe zu schonen.
- Bei Weiß- und Dinkelgebäck bewirkt Germ die Teiglockerung.
- Für Roggenbrot verwenden Sie als Lockerungsmittel Sauerteig.
- Zur Dampfentwicklung stellen Sie ein Geschirr mit kochendem Wasser ins Rohr. Dies verhindert das Austrocknen des Brotes, unterstützt die Teiglockerung und fördert die Krustenbildung.
- In Backformen gebackenes Brot muss heiß aus der Form gestürzt und auf einem Rost überkühlt werden, damit die Rinde knusprig bleibt.

Sauerteig-Brote

Die ideale Porung für Teige, bei denen als Triebmittel ausschließlich Sauerteig verwendet wird, erreichen Sie mit einer Rastzeit von 6–9 Stunden.

Sauerteig

ZUTATEN

für 600 g Sauerteig

300 g Roggenvollkornmehl
0,3 l Wasser, lauwarm

SO WIRD'S GEMACHT

1. Tag

1. 100 g Mehl mit 0,1 l Wasser verrühren.
2. Bei Zimmertemperatur mit einem Küchentuch zugedeckt 24 Stunden stehen lassen.

2.–5. Tag

1. Masse täglich mit 50 g Mehl und 5 cl lauwarmem Wasser verrühren.
2. Stets mit einem Küchentuch zugedeckt bei Zimmertemperatur bis zum nächsten Tag stehen lassen.

6. Tag

Der Sauerteig ist fertig und kann verwendet werden.

VERWENDUNG

1. Entnehmen Sie die für das Brotrezept notwendige Menge Sauerteig.
2. Verbleibenden Sauerteig ergänzen Sie durch Zugabe von Roggenmehl und lauwarmem Wasser auf die ursprüngliche Menge.
3. Zugedeckt weitere 24 Stunden rasten lassen.
4. Danach kann wieder Sauerteig für die Brotzubereitung entnommen werden.

TIPP

Fertiger Sauerteig kann 3–4 Tage gekühlt oder bis zu 2 Wochen eingefroren werden. Danach wieder etwas Mehl und Wasser beigeben und 24 Stunden stehen lassen.

Roggenbrot

ZUTATEN

für 1 Brotwecken
oder 1 Kastenform 10 × 30 cm

500 g Roggenvollkornmehl
0,4 l Wasser, kalt
1 KL Salz
200 g Sauerteig
1 EL Honig
2 EL Öl
Öl zum Ausstreichen der Form

SO WIRD'S GEMACHT

1. Alle Zutaten in den Rührkessel geben und 5 Minuten auf niedrigster Stufe kneten.

2. Form mit Öl ausstreichen, Teig in die Form füllen, 6–9 Stunden, am besten über Nacht, zugedeckt rasten lassen.

3. Teig mit Wasser bestreichen, in das kalte Backrohr schieben. Nach dem Backen auf einen Rost stürzen.

Backen: 2. Schiene von unten, 200 °C Umluft
Backdauer: ca. 55 Minuten

TIPPS

- Ideal ist eine Mischung von 350 g Roggenmehl und 150 g Dinkelmehl.
- Bäcker verwenden mit Roggenmehl ausgestaubte »Simperl«, in die der händisch zu einer Kugel geformte, etwas fester gehaltene Teig eingelegt wird. Nach dem Aufgehen auf ein Blech stürzen, in das auf 220 °C vorgeheizte Rohr schieben, anbacken, Temperatur auf 180 °C abfallen lassen.

Walnuss-, Sonnenblumen- oder Kürbiskernbrot

100 g grob gehackte Walnüsse, ganze Sonnenblumen- oder Kürbiskerne gegen Ende der Knetzeit unter den Brotteig (siehe S. 111) mischen. Vor dem Backen mit Wasser bestreichen und mit den jeweiligen Kernen oder Sesam bestreuen.

Leinsamenbrot

100 g Leinsamen 2 Stunden in 40 °C warmem Wasser quellen lassen, abseihen, gegen Ende der Knetzeit unter den Teig (siehe S. 111) mischen.

Germgebäck

Buttermilchbrot

ZUTATEN

für 1 Kastenform 7 × 10 × 40 cm

Butter für die Form
40 g Germ
0,1 l Milch
550 g Weizenmehl, glatt
0,3 l Buttermilch
15 g Salz
Milch zum Bestreichen

VORBEREITEN

1. Form mit weicher Butter ausstreichen.
2. Backrohr rechtzeitig vorheizen.

SO WIRD'S GEMACHT

1. Für das Dampfl in einer Schüssel Germ mit lauwarmer Milch verrühren, 4 EL Mehl einrühren, mit Mehl bestauben und an einem warmen Ort rasten lassen, bis sich das Volumen verdoppelt hat.
2. Dampfl mit restlichem Mehl, raumtemperierter Buttermilch und Salz zu einem glatten Teig kneten, zugedeckt an einem warmen Ort gehen lassen.
3. Teig nochmals kneten, auf die Größe der Form ausrollen, in die Form legen, andrücken.
4. Nochmals zugedeckt gehen lassen, mit Milch bestreichen, mit einer Gabel mehrmals stupfen und backen. Zur Dampfentwicklung ein Gefäß mit kochendem Wasser ins Rohr stellen.

Backen: 2. Schiene von unten, 190 °C Umluft
Backdauer: ca. 50 Minuten

Olivenbrot

ZUTATEN

für 2 Brote

100 g Oliven, schwarz, entkernt
80 g Tomaten, sonnengetrocknet
Olivenöl zum Bestreichen
500 g Mehl, glatt
0,35 l Wasser, lauwarm
40 g Germ
1 KL Kristallzucker
2 KL Salz
3 EL Olivenöl
Mehl für die Arbeitsfläche
Olivenöl zum Einfetten und Bestreichen

VORBEREITEN

1. Oliven halbieren.
2. Tomaten in kleine Würfel schneiden.
3. Backblech mit Öl bestreichen.

SO WIRD'S GEMACHT

1. Aus etwas Mehl, Wasser, Germ und Kristallzucker ein Dampfl bereiten (siehe S. 54).
2. Restliche Teigzutaten mit dem reifen Dampfl vermischen, in der Rührmaschine mit Knethaken zu einem glatten Teig verarbeiten.
3. Tomaten und Oliven in den Teig einarbeiten, zugedeckt 20 Minuten rasten lassen.
4. Teig halbieren, auf bemehlter Arbeitsfläche zu Kugeln formen (schleifen), danach zu flachen Fladen drücken, auf das geölte Backblech legen.
5. Zugedeckt 20 Minuten aufgehen lassen, mit Olivenöl bestreichen, backen. Zur Dampfentwicklung ein Gefäß mit kochendem Wasser ins Rohr stellen.

Backen: 1. Schiene von unten, 190 °C Umluft
Backdauer: ca. 30 Minuten

Dinkelbrot

ZUTATEN

für 1 Kastenform 10 × 30 cm

500 g Dinkelmehl
1 Pkg Trockengerm
10 g Brotgewürzmischung
3 EL Sonnenblumenkerne
3 EL Kürbiskerne
3 EL Sesam
1½ KL Salz
1 EL Kümmel, ganz
½ l Wasser, lauwarm
Öl zum Ausstreichen
Kürbis- oder Sonnenblumenkerne zum Bestreuen

SO WIRD'S GEMACHT

1. Alle Zutaten gut verkneten.
2. Mit einem Tuch abgedeckt ½ Stunde rasten lassen.
3. Kastenform mit Öl ausstreichen, Teig in die Form füllen.
4. Mit einem Küchentuch abdecken, 20 Minuten aufgehen lassen.
5. Mit Öl bestreichen, mit Kürbis- oder Sonnenblumenkernen bestreuen und backen. Zur Dampfentwicklung ein Gefäß mit kochendem Wasser ins Rohr stellen.

Backen: 2. Schiene von unten, 190 °C Umluft
Backdauer: ca. 60 Minuten

Zwiebelbrot mit Speck

ZUTATEN

für 1 Kastenform 7 × 10 × 40 cm

120 g Zwiebeln
Öl zum Einfetten und Bestreichen
100 g Öl zum Frittieren
3 EL Öl zum Anbraten
120 g Frühstücksspeck, ohne Knorpel, kleingewürfelt
40 g Germ
4 EL Wasser, lauwarm
10 g Kristallzucker
500 g Mehl, glatt
Mehl zum Bestauben
2 KL Salz

VORBEREITEN

1. Zwiebeln schälen und in dünne, gleichmäßige Ringe schneiden (zum Beispiel mit einer Brotschneidemaschine).
2. Backblech mit Öl bestreichen.

SO WIRD'S GEMACHT

1. Öl zum Frittieren in einer Pfanne erhitzen, Zwiebelringe hellgelb frittieren, Öl durch ein Sieb ableeren, mit einem Suppenlöffel überschüssiges Fett aus den Zwiebeln abpressen.
2. Öl in einer Pfanne erhitzen, Speckwürfel leicht anbraten, überschüssiges Fett durch ein Sieb abgießen.
3. Für das Dampfl in einer Schüssel Germ mit Wasser und Kristallzucker verrühren, 4 EL Mehl einrühren, mit Mehl bestauben, an einem warmen Ort zugedeckt aufgehen lassen, bis sich das Volumen verdoppelt hat.
4. Restliches Mehl und Salz mit dem Dampfl vermischen, in der Rührmaschine mit dem Knethaken zu einem glatten Teig verarbeiten.
5. Speck und Zwiebeln in den Teig einarbeiten, zugedeckt 20 Minuten rasten lassen.
6. Teig auf bemehlter Arbeitsfläche zu Kugeln formen (schleifen), danach zu Fladen flachdrücken, auf das Backblech legen.
7. Zugedeckt 20 Minuten aufgehen lassen, mit Öl bestreichen und backen. Zur Dampfentwicklung ein Gefäß mit kochendem Wasser ins Rohr stellen.

Backen: 1. Schiene von unten, 190 °C Umluft
Backdauer: ca. 30 Minuten

Baguette

ZUTATEN

für 3 Baguettes

Mehl zum Bestauben
Öl zum Einfetten
20 g Germ
0,3 l Wasser
500 g Mehl, glatt
1 KL Honig
1½ KL Salz
20 g Butter, handwarm

VORBEREITUNG

1. Arbeitsfläche mit Mehl bestauben.
2. Backblech mit Öl bestreichen.
3. Backrohr rechtzeitig vorheizen. Zur Dampfentwicklung ein Gefäß mit kochendem Wasser ins Backrohr stellen.

SO WIRD'S GEMACHT

1. Germ in lauwarmem Wasser auflösen. Mit den restlichen Teigzutaten in der Rührmaschine mit Knethaken 5 Minuten verkneten.

2. Teig zu 3 Kugeln formen, mit Frischhaltefolie abdecken, an einem warmen Ort ca. ½ Stunde rasten lassen.

3. Teigstücke nochmals verkneten, zu 3 Stangen formen.

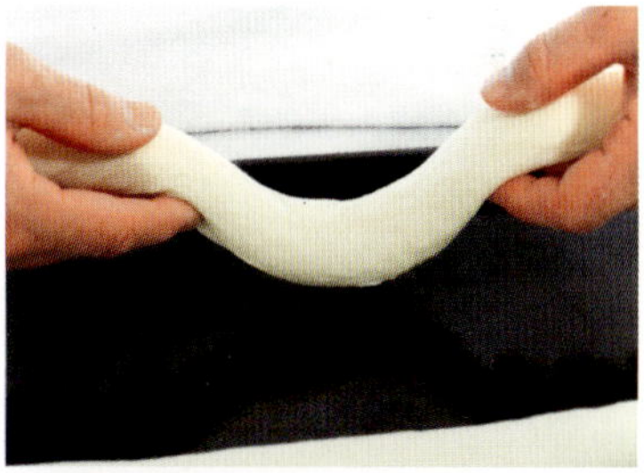

4. Auf das mit Öl bestrichene Blech legen. Zugedeckt ½ Stunde an einem warmen Ort rasten lassen.

5. Vor dem Backen mit Wasser bestreichen.

6. Oberfläche mit einem Sägemesser mehrmals schräg einschneiden, backen.

Backen: 1. Schiene von unten, 200 °C Ober-/Unterhitze
Backdauer: ca. 35 Minuten

VARIATIONEN

Bestreuen Sie die mit Wasser bestrichenen Baguettes mit geriebenem Hartkäse, Sesam, Kümmel, grobem Salz oder ungemahlenem Mohn.

Baguette-Kleingebäck

ZUTATEN

Baguette-Teig (S. 116)
nach Wunsch Gewürze oder Getreide zum Bestreuen

SO WIRD'S GEMACHT

1. Teig in Stücke von 50 g teilen. Nach Belieben formen.

2. Auf ein vorbereitetes Backblech setzen und 20 Minuten an einem warmen Ort aufgehen lassen.

3. Backwaren mit Wasser bestreichen.

4. Mit grobem Salz, ungemahlenem Mohn oder nach Wunsch Getreidekörnern bestreuen und backen. Zur Dampfentwicklung ein Gefäß mit kochendem Wasser ins Backrohr stellen.

Backen: ca. 5 Minuten unterste Schiene, 230 °C Ober-/Unterhitze, dann 12 Minuten 2. Schiene von unten, 190 °C Ober-/Unterhitze
Backdauer: gesamt ca. 17 Minuten

TIPP

Eine genaue Beschreibung der Herstellung von Striezerln finden Sie auf S. 120.

Mohnstriezerl

ZUTATEN

Baguette-Teig (S. 116)
Mohn, ungemahlen, zum Bestreuen

VORBEREITUNG

Teig in Stücke von 50 g teilen.

SO WIRD'S GEMACHT

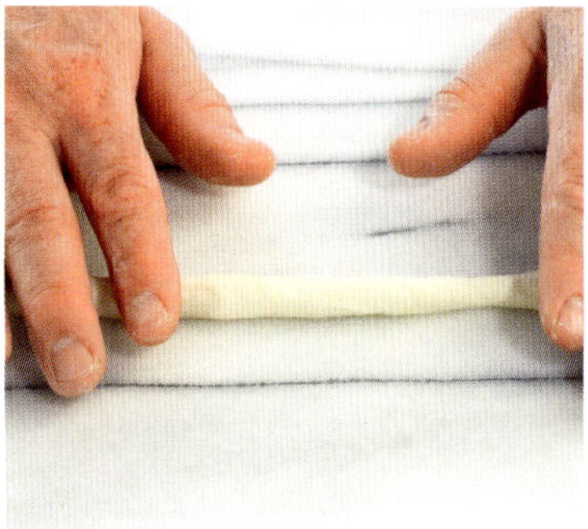

1. Teigstück zu einem Strang formen.

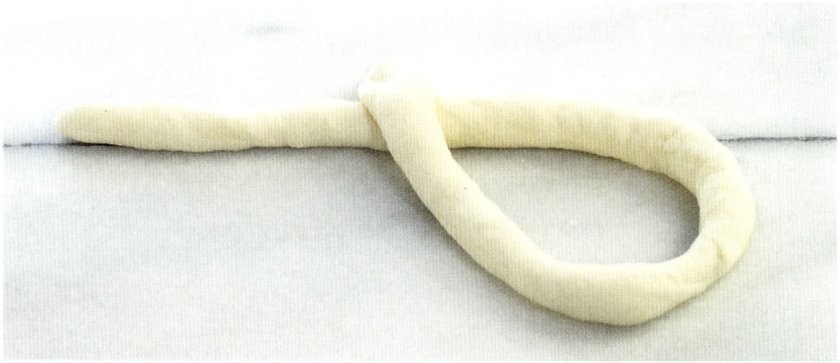

2. Eine Schlaufe bilden.

3. Schlaufe einmal um die eigene Achse drehen.

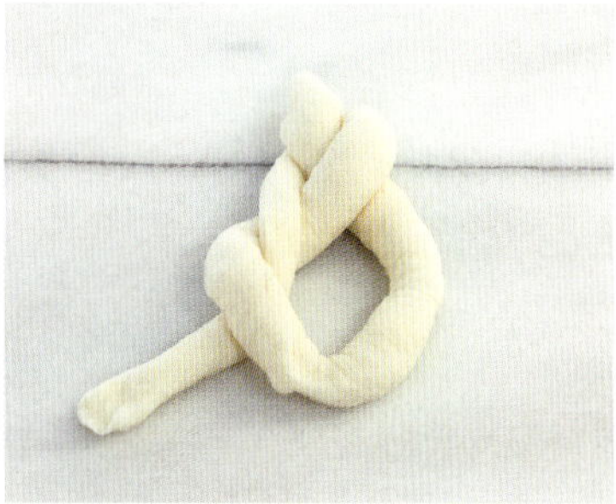

4. Teigstrang durch die Schlaufe ziehen und nach links weglegen.

5. Schlaufe noch einmal um die eigene Achse drehen.

6. Teigstrang in die letzte Schlaufe einfädeln. Überstehendes Ende andrücken, Striezerl mit Mohn bestreuen.

Backen: ca. 5 Minuten unterste Schiene, 230 °C Ober-/Unterhitze,
dann 12 Minuten 2. Schiene von unten, 190 °C Ober-/Unterhitze
Backdauer: gesamt ca. 17 Minuten

Tramezzini-Brot

ZUTATEN

für 1 Toastbrot- oder Kastenform mit Deckel 7 × 10 × 30 cm

FÜR DEN VORTEIG

0,2 l Wasser
10 g Germ
180 g Mehl, glatt

FÜR DEN TEIG

0,1 l Milch
20 g Germ
1 KL Kristallzucker
330 g Mehl
40 g Butter, geschmolzen
1 KL Salz
30 g Butter zum Ausstreichen

VORBEREITUNG

1. Für den Vorteig kaltes Wasser mit Germ verrühren, Mehl beigeben, ca. 12 Minuten in der Rührmaschine mit Knethaken langsam verkneten.
2. Mit Frischhaltefolie abdecken, im Kühlschrank ca. 24 Stunden rasten lassen.

SO WIRD'S GEMACHT

1. Für den Teig kalte Milch mit Germ und Kristallzucker verrühren.
2. Vorteig, Mehl, Butter und Salz beigeben, ca. 10 Minuten in der Rührmaschine mit Knethaken langsam verkneten.
3. Form mit weicher Butter ausstreichen, Teig in die Form füllen, mit einem Küchentuch abdecken, ca. 6 Stunden im Kühlschrank rasten lassen.
4. Deckel mit Butter bestreichen, auf die Form setzen, backen.

Backen: 2. Schiene von unten, 190 °C Umluft
Backdauer: ca. 55 Minuten

Salzbrioche

ZUTATEN
für 1 Kuchenform 7 × 10 × 40 cm

FÜR DEN VORTEIG

40 g Germ
5 cl Milch, auf 30 °C temperiert
120 g Mehl, glatt
Mehl zum Bestauben

FÜR DEN TEIG

0,2 l Milch
380 g Mehl, glatt
40 g Kristallzucker
4 Dotter
160 g Butter, geschmolzen
1 KL Salz
Butter zum Ausstreichen
1 Ei, verschlagen

SO WIRD'S GEMACHT

1. Für den Vorteig Germ in Milch auflösen, mit Mehl glatt verrühren.
2. Mit Mehl bestauben, mit Geschirrtuch bedecken, im auf 30 °C temperierten Backrohr aufgehen lassen, bis sich das Volumen verdoppelt hat.
3. Vorteig, Milch, Mehl, Kristallzucker, Dotter, Butter und Salz in der Rührmaschine mit Knethaken kneten, bis sich der Teig von der Kesselwand löst.
4. Mit einem Geschirrtuch bedeckt an einem warmen Ort ca. 25 Minuten aufgehen lassen.
5. Mit der Hand zusammenstoßen, länglich formen, in der mit Butter ausgestrichenen Form verteilen, nochmals 20 Minuten zugedeckt aufgehen lassen.
6. Teigoberfläche mit Ei bestreichen, im vorgeheizten Backrohr backen. Zur Dampfentwicklung ein Gefäß mit kochendem Wasser ins Backrohr stellen.

Backen: 2. Schiene von unten, 150 °C Ober-/Unterhitze
Backdauer: 35–40 Minuten

TIPP

Getoastete Briochescheiben sind eine hervorragende Beigabe zu Gänseleberterrine.

Ciabatta

ZUTATEN
für 2 Wecken

FÜR DEN VORTEIG

120 g Weizenmehl, glatt
½ Pkg Trockengerm
1 KL Kristallzucker
0,15 l Wasser, lauwarm
3 cl Milch, lauwarm

FÜR DEN TEIG

½ Pkg Trockengerm
¼ l Wasser
2 EL Olivenöl
380 g Mehl, glatt
1½ KL Salz
Mehl, griffig, zum Bestauben
Olivenöl zum Einfetten

SO WIRD'S GEMACHT

1. Vorteig (Dampfl) zubereiten (siehe S. 54), rasten lassen.
2. Für den Teig restliche Germ in lauwarmem Wasser auflösen, mit Öl vermengen, unter den fertigen Vorteig rühren.
3. Mehl und Salz beigeben, in der Rührmaschine mit dem Knethaken ca. 5 Minuten zu einem glatten Teig kneten.
4. Teig an einem warmen Ort zugedeckt ca. ½ Stunde rasten lassen.
5. Auf einer bemehlten Arbeitsfläche den sehr weichen Teig mit Hilfe einer Teigkarte mit bemehlten Händen zu 2 Wecken formen und auf das mit Öl bestrichene Backblech legen.
6. 20 Minuten zugedeckt rasten lassen, anschließend im vorgeheizten Backrohr backen. Zur Dampfentwicklung ein Gefäß mit kochendem Wasser ins Backrohr stellen.

Backen: 1. Schiene von unten, 210 °C Ober-/Unterhitze
Backdauer: ca. 35 Minuten

Toastbrot

ZUTATEN

für 2 Kastenformen ca. 30 × 10 cm

Butter zum Ausstreichen
15 g Germ
Mehl zum Bestauben
500 g Mehl, glatt
¼ l Milch, lauwarm
5 g Staubzucker, gesiebt
25 g Olivenöl
4 g Salz
4 EL Milch zum Bestreichen

VORBEREITUNG

1. Formen mit weicher Butter ausstreichen.
2. Backrohr rechtzeitig vorheizen.

SO WIRD'S GEMACHT

1. Germ in 0,1 l lauwarmer Milch auflösen, mit einem Schneebesen 4 EL Mehl einrühren.
2. Mit Mehl stauben und an einem warmen Ort zugedeckt ca. 10 Minuten aufgehen lassen.
3. Mit restlichen Zutaten vermischen und zu einem glatten Teig verkneten.
4. Zugedeckt an einem warmen Ort ca. 30 Minuten aufgehen lassen, nochmals durchkneten.
5. Teig in 2 Teile teilen und in die Kastenformen einlegen, zugedeckt 20 Minuten an einem warmen Ort aufgehen lassen.
6. Teig an der Oberfläche mit Milch bestreichen und im vorgeheizten Rohr backen. Zur Dampfentwicklung ein Gefäß mit kochendem Wasser ins Backrohr stellen.

Backen: 1. Schiene von unten, 190 °C Umluft
Backdauer: ca. 35 Minuten

Wachauer Laibchen

ZUTATEN

für 20 Stück à 50 g

Öl zum Bestreichen des Backblechs
220 g Roggenmehl
50 g Kümmel, ganz
500 g Weizenmehl, glatt
30 g Germ
⅜ l Wasser
10 g Salz
1 KL Honig
Roggenmehl zum Stauben
Wasser zum Bestreichen

VORBEREITUNG

1. Backblech mit Öl bestreichen.
2. 120 g Roggenmehl mit Kümmel mischen.
3. 100 g Roggenmehl mit dem Weizenmehl vermischen.
4. Backrohr rechtzeitig vorheizen.

SO WIRD'S GEMACHT

1. Germ in lauwarmem Wasser auflösen, mit der Mehlmischung, Salz und Honig zu einem glatten Teig verkneten.
2. Teig auf bemehlter Unterlage mit Klarsichtfolie abgedeckt an einem warmen Ort ca. 15 Minuten rasten lassen.
3. In Stücke zu je 50 g teilen, mit leichtem Druck in der hohlen Handfläche mit kreisenden Bewegungen zu Kugeln schleifen.
4. Unterseite der Teigkugeln mit Wasser bestreichen und in die Kümmel-Mehl-Mischung tauchen, mit der Mehl-Kümmel-Seite nach oben auf das Backblech legen, leicht flachdrücken.
5. An einem warmen Ort ca. 20 Minuten aufgehen lassen. Im vorgeheizten Rohr backen.

Backen: 1. Schiene von unten, 200 °C Umluft
Backdauer: ca. 20 Minuten

Quiche

Die aus Frankreich stammenden warmen pikanten Mürbteigkuchen können als Vorspeise, Snack oder Beilage gereicht werden. Als ideales Partygebäck backen Sie Quiches in kleinen Portionsformen (Tartelettenformen).

Darauf kommt's an

- Verarbeiten Sie alle Zutaten bei Zimmertemperatur.
- Verkneten Sie den Teig kühl und nicht zu lange, am besten in der Rührmaschine mit dem Knethaken.
- Rollen Sie den Teig unmittelbar nach dem Kneten, legen Sie die Form damit aus und lassen Sie ihn ½ Stunde kühl rasten.
- Damit der Teig in Kombination mit der flüssigen Fülle beim Backen nicht »speckig« wird, befüllen Sie die mit Teig und Backtrennpapier ausgelegte Form mit getrockneten Hülsenfrüchten und backen den Teig nach ca. ½ Stunde Rastzeit vor (so genanntes Blindbacken).

Salzmürbteig blindbacken

ZUTATEN

für 14 Portionen bzw. 1 Spring- oder Tarteform Ø 24 cm

150 g Mehl, glatt
2 EL Sauerrahm
100 g Butter
1 Dotter
7 g Salz
Mehl zum Bestauben
Butter zum Ausstreichen
300 g Linsen, getrocknet, zum Blindbacken

VORBEREITUNG

1. Mehl, Sauerrahm, Butter, Dotter und Salz rasch zu einem Teig kneten.
2. Arbeitsfläche und Rollholz mit Mehl bestauben, Form mit Butter ausstreichen.

SO WIRD'S GEMACHT

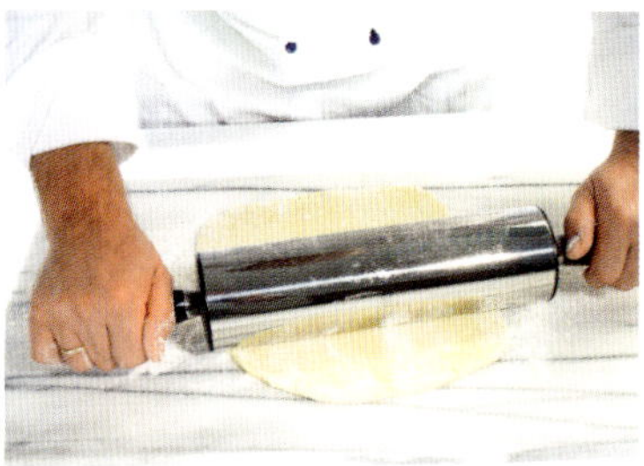

1. Teig 3–4 mm dick gleichmäßig ausrollen.

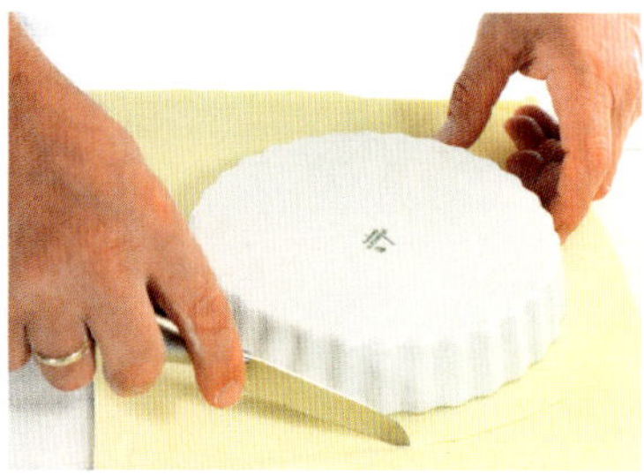

2. Teig etwas größer als die Form ausschneiden.

3. Teig auf ein Rollholz aufrollen, in die Form abrollen.

4. Teig am Formrand andrücken, überstehenden Teig mit einem Messer abschneiden.

5. Teigboden mit einer Gabel einstechen (stupfen).

6. Mürbteigboden und -rand mit Backtrennpapier belegen.

7. Linsen flach verteilt einfüllen, ½ Stunde kühl rasten lassen. In der Zwischenzeit Backrohr vorheizen.

8. Teig 15 Minuten backen. Papier und Linsen aus der Form nehmen, Temperatur reduzieren, Teig 5 Minuten nachbacken.

Backen: 2. Schiene von unten, 15 Minuten 220 °C Ober-/Unterhitze, 5 Minuten 160 °C
Backdauer: gesamt 20 Minuten

Quiche Lorraine

ZUTATEN

Salzmürbteig (S. 124/25)
150 g Lauch
150 g Frühstücksspeck
120 g Emmentaler oder Comté, gerieben
20 g Butter
¼ l Sauerrahm
3 Eier
Salz
Pfeffer, gemahlen
Muskatnuss, gerieben

VORBEREITUNG

1. Salzmürbteig vorbereiten, Form damit auslegen und blindbacken.
2. Lauch halbieren, waschen und in feine Streifen schneiden.
3. Speck in kleine Würfel schneiden, Käse reiben.

SO WIRD'S GEMACHT

1. Butter erhitzen, Speckwürfel knusprig braten, überkühlen lassen.

2. Lauch, Speck, Käse, Sauerrahm und Eier vermischen, mit Salz, Pfeffer und Muskatnuss würzen.

3. Masse in die Form mit dem vorgebackenen Teig füllen, im vorgeheizten Rohr backen.

4. Vor dem Aufschneiden ca. 10 Minuten rasten lassen; danach heiß oder lauwarm servieren.

Backen: 2. Schiene von unten, 170 °C Ober-/Unterhitze
Backdauer: ca. 40 Minuten

Broccoli-Schinken-Quiche

ZUTATEN

300 g Broccoliröschen
200 g Schinken
Salzmürbteig (S. 124)
4 Eier
¼ l Schlagobers
100 g Emmentaler, gerieben
Salz
Muskatnuss, frisch gerieben

VORBEREITUNG

1. Broccoli in kochendem Salzwasser kurz überbrühen, in kaltem Wasser abfrischen, abseihen und gut abtropfen lassen.
2. Schinken in kleine Würfel schneiden.

SO WIRD'S GEMACHT

1. Salzmürbteig blindbacken.
2. Broccoliröschen und Schinken in der Form mit dem vorgebackenen Teig verteilen.
3. Eier und Schlagobers mit dem Schneebesen glatt verschlagen, Emmentaler einrühren, mit Salz und Muskatnuss würzen.
4. Eier-Obers-Mischung in die Form mit dem vorgebackenen Teig füllen und backen.

Backen: 2. Schiene von unten, 170 °C Ober-/Unterhitze
Backdauer: ca. 40 Minuten

VARIATION

Verwenden Sie anstelle der Broccoliröschen knackig gekochten grünen Spargel.

Pilzquiche

ZUTATEN

120 g Zwiebeln
300 g Eierschwammerl oder andere Pilze
Salzmürbteig (S. 124)
4 EL Öl
etwas Zitronensaft
Salz
4 Eier
0,1 l Obers
1 EL Petersilie, gehackt
Muskatnuss, frisch gerieben

VORBEREITUNG

1. Zwiebeln fein schneiden.
2. Eierschwammerl (Pilze) reinigen und blättrig schneiden.

SO WIRD'S GEMACHT

1. Salzmürbteig blindbacken.
2. Öl in einer Pfanne erhitzen, Zwiebeln anschwitzen, Eierschwammerl (Pilze) beigeben, kurz rösten, mit Zitronensaft beträufeln, salzen, überkühlen.
3. Gebratene Eierschwammerl (Pilze) in der Form auf dem vorgebackenen Teig verteilen.
4. Eier, Obers, Petersilie, etwas Salz und Muskatnuss mit dem Schneebesen verrühren, Eierschwammerl (Pilze) damit übergießen und backen.

Backen: 2. Schiene von unten, 170 °C Ober-/Unterhitze
Backdauer: ca. 50 Minuten

Kürbisquiche

ZUTATEN

Salzmürbteig (S. 124)
2 EL Olivenöl
100 g Lauch, in Streifen geschnitten
400 g Kürbis, grob geraspelt
etwas Thymian
1 KL Paprikapulver
Salz
Pfeffer
Muskatnuss, frisch gerieben
0,2 l Crème fraîche
4 Eier
80 g Parmesan, gerieben

SO WIR'S GEMACHT

1. Salzmürbteig blindbacken.
2. Olivenöl in einer Pfanne erwärmen, Lauch anschwitzen, Kürbis beigeben und dünsten.
3. Mit Thymian, Paprikapulver, Salz, Pfeffer und Muskatnuss würzen.
4. Crème fraîche beifügen, Mischung weich dünsten und mit dem Mixstab pürieren.
5. Überkühlen; anschließend Eier und Parmesan untermischen.
6. In die Form mit dem vorgebackenen Teig füllen und backen.

Backen: 2. Schiene von unten, 170 °C Ober-/Unterhitze
Backdauer: ca. 40 Minuten

Garnelenquiche

ZUTATEN
für 8 Portionen

Salzmürbteig (S. 124)
80 g Lauch, nur das Weiße
2 Tomaten
350–400 g Garnelen, ausgelöst
2 EL Olivenöl
1 Knoblauchzehe, gepresst
Salz
Pfeffer, gemahlen
1 EL Petersilie, gehackt

FÜR DEN ÜBERGUSS

2 Eier
1 EL Stärkemehl
0,1 l Schlagobers
¼ l Crème fraîche
Salz
Muskatnuss, frisch gerieben

VORBEREITUNG

1. Salzmürbteig blindbacken.
2. Lauch halbieren, waschen und in feine Streifen schneiden.
3. Tomaten kreuzweise einschneiden, 10 Sekunden in kochendem Wasser überbrühen, Schale abziehen. Tomaten vierteln, Kerne ausschneiden, Fruchtfleisch in kleine Würfel schneiden.
4. Garnelen mit Küchenkrepp trocken tupfen.

SO WIRD'S GEMACHT

1. Olivenöl in einer Pfanne leicht erhitzen, Lauch anschwitzen, Knoblauch und Garnelen mit Salz und Pfeffer würzen, dazugeben, kurz durchrösten.
2. Tomatenwürfel mit Salz und Pfeffer würzen, hinzufügen, kurz durchschwenken und Petersilie einrühren.
3. Für den Überguss Eier, Stärkemehl, Schlagobers und Crème fraîche mit den Gewürzen verrühren.
4. Garnelenmischung auf dem Teig verteilen, mit Überguss übergießen, backen.

Backen: 2. Schiene von unten, 180 °C Ober-/Unterhitze
Backdauer: ca. 35 Minuten

VARIATION

Verwenden Sie eine Mischung aus klein geschnittenen, gesalzenen, mit Pfeffer gewürzten angebratenen Tintenfischen, Garnelen und ausgelösten gedämpften Miesmuscheln (insgesamt ca. 350–400 g), Lauch und Tomaten.

Pizza

Verwandeln Sie Fast Food in Slow Food, indem Sie den Teig für Ihre Lieblingspizza selbst herstellen und diese nach Ihren persönlichen Vorlieben mit besten Zutaten belegen, backen und zu Hause genießen. Der Aufwand ist minimal und das Resultat überzeugend.

Darauf kommt's an

- Im Haushalt sind rechteckige Blechpizzas ökonomischer herzustellen als rund geformte. Sollten Sie diese dennoch bevorzugen, backen Sie zeitgleich auf 2 Blechen in unterschiedlichen Einschubhöhen mit Heißluft (Umluft).
- Wenn Sie Vollkornmehle verwenden, benötigen Sie mehr Wasser.
- Wählen Sie dünnen, knusprigen Teigboden gemäß dem neapolitanischen Original oder lockeren, außen krustigen »Chicago Style«.
- Formen Sie den Teig so, dass er einen wulstigen Rand aufweist. So verhindern Sie Auslaufen der Tomatensauce und stabilisieren den Belag.
- Für die Sauce verwenden Sie am besten geschälte Tomaten aus der Dose. Sie sind meist geschmacksintensiver als frische und praktisch in der Anwendung.
- Geriebenen so genannten »Pizzakäse« wählen Sie als zeitsparende Schnellversion.
- Qualitätsbewusste Genießer verwenden Büffel-Mozzarella und hochwertigen, frisch geriebenen Käse.
- Sardellen und Kapern wässern Sie vor der Verwendung in kaltem Wasser gut aus.

Pizzasauce (Grundrezept)

ZUTATEN

1 Dose Pomodori pelati (400 g)
½ Zwiebel
2 Knoblauchzehen
2 EL Olivenöl
Salz
Pfeffer

VORBEREITUNG

1. Tomaten abseihen, fein hacken. Saft zur Verarbeitung bereitstellen.
2. Zwiebel schälen, fein schneiden, Knoblauch schälen, fein hacken.

SO WIRD'S GEMACHT

1. Olivenöl in einem flachen Topf erhitzen, Zwiebeln beigeben, hell rösten.
2. Tomaten und Knoblauchzehen beigeben, kurz dünsten.
3. Tomatensaft zugießen und kochen, bis eine sämige Konsistenz entsteht.
4. Mit Salz und Pfeffer würzen.

Pizzateig (Grundrezept)

ZUTATEN

für 1 Blechpizza oder 2–3 runde Pizzas

20 g Germ
0,15 l Wasser
3 EL Olivenöl
300 g Mehl, glatt
1 KL Salz
Mehl, griffig, zum Bestauben

SO WIRD'S GEMACHT

1. In einer Schüssel Germ mit etwas lauwarmem Wasser verrühren, dann das Öl einrühren.
2. Mehl, restliches Wasser und Salz beigeben, verkneten.
3. Teig mit Maschine und Knethaken oder händisch auf einer mit Mehl bestaubten Arbeitsfläche ca. 5 Minuten glatt kneten, zu einer Kugel formen.
4. Mit Mehl bestauben, mit einem Tuch bedecken und ½ Stunde warm rasten lassen, bis sich das Volumen verdoppelt hat.

TIPPS

- Für einen besonders lockeren Teigboden erhöhen Sie die Wassermenge auf 0,2 l. Den bereits ausgeformten Teig lassen Sie vor dem Belegen etwa 10 Minuten rasten.
- Für einen dünnen, knusprigen Boden reduzieren Sie die Germmenge auf 5–8 g und rollen den Teig dünner aus. Die Rastzeit reduzieren Sie auf ca. 5 Minuten.
- Bestreichen Sie den Pizzarand vor dem Backen mit Knoblauchöl.

Blechpizza

ZUTATEN

Öl zum Bestreichen
Pizzateig (siehe links)
Mehl zum Bestauben
ca. 140 g Pizzasauce (S. 130)
Käse, gerieben, zum Bestreuen
Belag nach Wunsch

VORBEREITUNG

1. Backblech dünn mit Öl bestreichen.
2. Backrohr rechtzeitig vorheizen.
3. Teig zubereiten.

SO WIRD'S GEMACHT

1. Arbeitsfläche mit Mehl bestauben, Teig auflegen, flachdrücken, mit dem Rollholz auf Backblechgröße ausrollen, die Ränder sollen dicker (wulstig) sein.

2. Backblech mit Teig belegen, mit Pizzasauce fast bis zum Rand dünn bestreichen.

3. Teig großzügig mit geraspeltem Käse bestreuen.

4. Beliebig belegen, evtl. nochmals mit Käse belegen oder bestreuen und würzen; 10 Minuten rasten lassen, backen.

Backen: 2. Schiene von unten, 240 °C Ober-/Unterhitze
Backdauer: ca. 18–22 Minuten

TIPPS

- Bei zu wenig Bräunung Umluft zuschalten.
- Überschüssige Pizzasauce kann in passenden Behältern abgefüllt tiefgefroren werden.
- Für Cocktailpartys schneiden Sie Pizza in kleine Recht- oder Dreiecke.
- Sowohl Pizzateig als auch gebackene Pizza eignen sich in Frischhaltefolie gehüllt gut zum Tiefkühlen.

Runde Pizza

ZUTATEN

Öl zum Bestreichen
Pizzateig (S. 132)
Mehl zum Bestauben
Pizzasauce (S. 130)
Käse, geraspelt, zum Bestreuen
Belag nach Wunsch

VORBEREITUNG

1. 2 Backbleche dünn mit Öl bestreichen.
2. Backrohr rechtzeitig vorheizen.
3. Teig zubereiten.

SO WIRD'S GEMACHT

1. Teig halbieren, auf einer mit Mehl bestaubten Arbeitsfläche zu glatten Kugeln kneten (schleifen), mit Mehl bestauben. Ca. 10 Minuten zugedeckt rasten lassen.
2. Teig auf einer mit Mehl bestaubten Arbeitsfläche mit einem Rollholz zu runden Fladen ausrollen.
3. Anschließend mit den Händen von der Mitte zum Rand ausdünnen (ziehen), wobei der Teig an den Rändern dicker (wulstig) sein soll.
4. Teig auf die beiden Backbleche legen, mit jeweils ca. 70 g Pizzasauce bestreichen, beliebig belegen, je nach Beschaffenheit des Teiges 5–10 Minuten rasten lassen.

Backen: gleichzeitig auf 2 Etagen backen, 220–250 °C Umluft
Backdauer: ca. 18–22 Minuten

VARIATION

Ausgeformten Teig auf Backtrennpapier legen, bestreichen und belegen. Wie oben beschrieben rasten lassen. Backblech im vorgeheizten Backrohr stark erhitzen, Papier samt Teig und Belag auf das heiße Backblech ziehen, sofort backen.
Backen: auf 2 Schienen gleichzeitig, 250 °C Umluft
Backdauer: ca. 15–18 Minuten

Minipizzas

Grundteig (siehe S. 132) in Stücke zu je 35 g teilen, rund ausformen (siehe oben) und mit etwas Tomatensauce (siehe S. 130) bestreichen. Teigstücke mit gesalzenen, gepfefferten und mit Oregano gewürzten Tomaten- und Mozzarellawürfeln und 1 Olive belegen. Nach dem Backen mit frischem Basilikum bestreuen.
Backen: 1. Schiene von unten, 220 °C Ober-/Unterhitze
Backdauer: ca. 18 Minuten

Ideen für Pizzabelag

KÄSE

- Mozzarella (aus Kuh- oder Büffelmilch) ist der klassische Pizzakäse.
- Pel Paese schmilzt sehr leicht.
- Parmesan und Pecorino schmelzen nicht optimal, sind jedoch geschmacksprägend.
- Gorgonzola und andere Blauschimmelkäse sind besonders geschmacksintensiv und schmelzen hervorragend.
- Ricotta wird weich und schnittfest angeboten.
- Provolone, Robialo, Fontino, Stracchino sind bestens geeignet.
- Gouda, griechischer Schafkäse, Edamer, Bergkäse und Emmentaler sind zwar nicht italienisch, eignen sich aber dennoch sehr gut.

PILZE

Champignons, Austernpilze, Steinpilze (geschnitten, gekocht oder geröstet)

FISCHE UND MEERESFRÜCHTE

- Sardellenfilets und Thunfisch aus der Dose
- Miesmuscheln (gedämpft)
- Sepia, Sardinen (frisch oder aus der Dose)
- Garnelen ohne Schale (roh)

SCHINKEN, WURST UND SPECK

- Bein- oder Pressschinken, Rohschinken (Prosciutto)
- italienische Salami (ungeräuchert oder scharf), Salsiccia (Bratwurst)
- Pancetta (italienischer luftgetrockneter Bauchspeck)

KRÄUTER

- Oregano
- Rosmarin
- Minze
- Basilikum
- Salbei

GEMÜSE

- Broccoli (gekocht)
- Melanzani- und Zucchinischeiben (gegrillt oder gebraten)
- Tomatenscheiben oder -würfel
- getrocknete Tomaten
- Artischockenherzen (gekocht, frisch oder aus der Dose)
- Blattspinat (kurz vorgekocht)
- Zwiebelscheiben
- Paprikaschoten (Streifen oder Würfel)
- Fenchel (gekocht)
- Lauch
- Frühlingszwiebeln
- Maiskörner

SONSTIGES

- Knoblauch (gehackt oder in Scheiben geschnitten)
- schwarze Oliven (entkernt)
- Kapern, Kapernbeeren
- Peperoncino, Peperoni
- Pinienkerne
- Eier (roh)

Neapolitanische Pizza

ZUTATEN

200 g Mozzarella
8 Sardellenfilets
15 Oliven, schwarz
Pizzateig (S. 132)
Öl zum Einfetten
140 g Tomatensauce (S. 130)
etwas Oregano
ca. 12 Basilikumblätter

VORBEREITUNG

1. Mozzarella in Würfel schneiden.
2. Sardellenfilets zerkleinern.
3. Oliven halbieren und gegebenenfalls Kern entfernen.

SO WIRD'S GEMACHT

1. Teig wie beschrieben vorbereiten, formen und auf ein geöltes Backblech legen.
2. Mit Tomatensauce bestreichen.
3. Mozzarellawürfel auf der Pizza verteilen, mit Sardellenfilets und Oliven belegen, mit Oregano bestreuen.
4. 10 Minuten rasten lassen.
5. Backen, nach fast vollendeter Backdauer mit Basilikumblättern belegen, fertig backen.

Backen: je nach Form der Pizza (siehe S. 133/34)
Backdauer: ca. 18–22 Minuten

Spinat-Schafkäse-Pizza

ZUTATEN

300 g Blattspinat
200 g Schafkäse
150 g Tomaten
3 Knoblauchzehen
Pizzateig (S. 132)
Öl zum Einfetten
Salz
Pfeffer
Muskatnuss, gerieben
3 EL Olivenöl

VORBEREITUNG

1. Blattspinat blanchieren, gut abpressen.
2. Schafkäse in Würfel schneiden.
3. Tomaten entkernen, würfeln und salzen.
4. Knoblauchzehen schälen und pressen.

SO WIRD'S GEMACHT

1. Teig wie beschrieben vorbereiten und formen, auf ein geöltes Backblech legen.
2. Blattspinat mit Salz, Pfeffer, Muskatnuss und Knoblauch würzen, mit Olivenöl vermischen, auf dem Teig verteilen.
3. Mit Schafkäse- und Tomatenwürfeln bestreuen, 10 Minuten rasten lassen, backen.

Backen: je nach Form der Pizza (siehe S. 133/34)
Backdauer: ca. 18–22 Minuten

Rucola-Prosciutto-Pizza

ZUTATEN

150 g Mozzarella
40 g Rucola
3 EL Olivenöl
Pizzateig (S. 132)
Öl zum Einfetten
ca. 140 g Tomatensauce (S. 130)
120 g Rohschinken, dünn geschnitten
50 g Parmesan, gehobelt

VORBEREITUNG

1. Mozzarella in Würfel schneiden.
2. Rucola grob schneiden, salzen, mit dem Olivenöl vermischen.
3. Backrohr rechtzeitig vorheizen.

SO WIRD'S GEMACHT

1. Teig wie beschrieben vorbereiten und formen, auf ein geöltes Backblech legen.
2. Mit Tomatensauce bestreichen.
3. Mozzarella darauf verteilen, anschließend locker mit Rohschinken belegen.
4. 10 Minuten rasten lassen.
5. Im vorgeheizten Backrohr backen.
6. Nach ca. 16 Minuten mit Rucola und Parmesan bestreuen, fertig backen.

Backen: je nach Form der Pizza (siehe S. 133/134)
Backdauer: ca. 18–22 Minuten

Melanzani-Salami-Pizza

ZUTATEN

200 g Melanzani
Salz
Pfeffer
Olivenöl zum Einfetten, Beträufeln und, nach Bedarf, zum Braten
200 g Mozzarella
Pizzateig (S. 132)
ca. 140 g Tomatensauce (S. 130)
120 g Salamischeiben, dünn geschnitten
3 EL Kapern
einige Salbeiblätter

VORBEREITUNG

1. Melanzani in ½ cm dicke Scheiben schneiden, mit Salz und Pfeffer würzen.
2. Melanzanischeiben grillen oder in Olivenöl beidseitig hell braten.
3. Mozzarella in Würfel schneiden.
4. Backrohr rechtzeitig vorheizen.

SO WIRD'S GEMACHT

1. Teig wie beschrieben vorbereiten und formen, auf ein geöltes Backblech legen.
2. Mit Tomatensauce bestreichen, Salami- und Melanzanischeiben darauf verteilen.
3. Mozzarellawürfel, Kapern und Salbeiblätter auf der Pizza verteilen.
4. Mit 4 EL Olivenöl beträufeln, ca. 10 Minuten rasten lassen, backen.

Backen: je nach Form der Pizza (siehe S. 133/134)
Backdauer: ca. 18–22 Minuten

TIPP

Verwenden sie nach Möglichkeit italienische Salami, die sich in Körnung und Würzung von ungarischen und heimischen Salamiprodukten unterscheidet.

Pizza mit Pilzen

ZUTATEN

250 g Steinpilze oder Champignons
Pizzateig (S. 132)
Öl zum Einfetten
ca. 140 g Tomatensauce (S. 130)
Salz
Pfeffer
4 EL Olivenöl zum Beträufeln
100 g Pecorino, gerieben

VORBEREITUNG

1. Steinpilze (Champignons) kalt waschen oder mit einem feuchten Tuch abreiben und in Scheiben schneiden.
2. Backblech mit Öl bestreichen.
3. Backrohr rechtzeitig vorheizen.

SO WIRD'S GEMACHT

1. Teig wie beschrieben vorbereiten und formen, auf das geölte Backblech legen.
2. Tomatensauce auf dem Teig verstreichen.
3. Steinpilze (Champignons) mit Salz und Pfeffer würzen, auf dem Teig verteilen.
4. Mit Olivenöl beträufeln, mit Pecorino bestreuen, backen.

Backen: je nach Form der Pizza (siehe S. 133/34)
Backdauer: ca. 18–22 Minuten

Focaccia (Fladenbrot aus Pizzateig)

ZUTATEN

Olivenöl zum Befetten und Bestreichen
Pizzateig (S. 132)
Oregano
Rosmarinnadeln
Meersalz, grob

VORBEREITUNG

1. Backblech mit Öl bestreichen.
2. Teig zubereiten.
3. Backrohr rechtzeitig vorheizen.

SO WIRD'S GEMACHT

1. Pizzateig bzw. Teigreste ca. 1–2 cm dick ausrollen und beliebig ausformen.
2. Auf das vorbereitete Blech setzen, 15 Minuten zugedeckt warm rasten lassen.
3. Teigstücke mit einer Gabel mehrfach einstechen (stupfen).
4. Mittels Pinsel Teigstücke mit Olivenöl bestreichen und mit Oregano bestreuen.
5. Nach Wunsch zusätzlich mit Rosmarinnadeln und Meersalz bestreuen, backen.

Backen: 2. Schiene von unten, 230 °C Umluft
Backdauer: ca. 15 Minuten

VARIATIONEN

Focaccia können Sie nach dem Backen mit Salami, Mortadella, Schinken, Rohschinken, Sardinen etc. belegen oder füllen.

Pizzastangerl

ZUTATEN

4 Knoblauchzehen
Mehl zum Bestauben
Öl zum Einfetten
Pizzateig (S. 132)
3 EL Olivenöl
2 EL Parmesan, gerieben
1 KL Paprikapulver

VORBEREITUNG

1. Knoblauchzehen schälen und pressen.
2. Arbeitsfläche mit Mehl bestauben.
3. Backblech mit Öl bestreichen.
4. Backrohr rechtzeitig vorheizen.

SO WIRD'S GEMACHT

1. Pizzateig zubereiten und auf der bemehlten Arbeitsfläche mit einem Nudelholz ca. 1–2 cm dick rechteckig ausrollen.
2. Knoblauch mit Olivenöl verrühren, Teig damit bestreichen. Parmesan mit Paprikapulver vermischen, Teig damit bestreuen.
3. In ca. 2 × 15 cm große Stücke schneiden, auf das geölte Blech setzen.
4. Zugedeckt 15 Minuten rasten lassen, anschließend backen.

Backen: 2. Schiene von unten, 230 °C Umluft
Backdauer: ca. 15 Minuten

TIPP

Pizzastangerl lassen sich gut aus Pizzateig-Resten herstellen.

VARIATIONEN

Bestreuen Sie Pizzastangerl vor dem Backen mit geriebenem Parmesan ohne Paprikazugabe oder bestreichen Sie sie zart mit Sardellenpaste.

Soufflés

Soufflés zeichnen sich durch extreme Luftigkeit aus. Sie können sowohl als warme Vorspeise, als Beilage zu Fisch oder Fleisch oder als leichtes Hauptgericht mit Blattsalaten aufgetragen werden. Mit wenigen Ausnahmen werden sie in kleinen feuerfesten Porzellanformen (Cocotten) gebacken und in diesen serviert.

Darauf kommt's an

- Befüllen Sie die Formen mit einem Dressiersack ohne Tülle oder mit einem Esslöffel bis knapp unter den Rand (ca. 1 cm).
- Für das Wasserbad legen Sie Backtrennpapier in eine Wannenform, damit das Wasser nicht zu kochen beginnt, und befüllen die Form ca. 2 cm hoch mit kochend heißem Wasser.
- Soufflés sollen nach dem Backen innen eine noch leicht cremige Konsistenz aufweisen.
- Servieren Sie Soufflés so rasch wie möglich, da sie schnell an Luftigkeit und Volumen verlieren.

Soufflé (Grundrezept)

ZUTATEN

Butter zum Ausstreichen
Semmelbrösel oder Mehl zum Ausstreuen
40 g Butter
40 g Mehl
0,2 l Milch oder Fond
2 Dotter
Salz
Muskatnuss, gerieben
2 Eiweiß

VORBEREITUNG

1. Formen mit weicher Butter ausstreichen.
2. Mit Bröseln (Mehl) ausstreuen, in den Kühlschrank stellen.

SO WIRD'S GEMACHT

1. Butter in einer flachen Kasserolle schmelzen, Mehl beigeben, unter Rühren farblos anschwitzen, vom Herd nehmen.
2. Für die Einmachsauce Milch (Fond) aufkochen, mit Schneebesen zügig in das Mehl-Milch-Gemisch einrühren; ca. 3 Minuten verkochen, überkühlen lassen, Dotter unterrühren, würzen.
3. Eiweiß mit Salz cremig-fest schlagen, vorsichtig unter die Masse heben.
4. Formen ¾-hoch mit der Masse befüllen, auf einem Blech im vorgeheizten Rohr backen.

Backen: 2. Schiene von unten, 220 °C Ober-/Unterhitze
Backdauer: ca. 20 Minuten

TIPPS

- Stellen Sie auf das Blech ein Gefäß mit etwas heißem Wasser.
- Formen auf vorgewärmte Teller stürzen oder Soufflé in der Form servieren.

Käsesoufflé

Mischen Sie 80 g geriebenen Parmesan oder Hartkäse Ihrer Wahl unter die überkühlte Einmachsauce. Mit Dotter und Eischnee vollenden.

Pilzsoufflé

Mischen Sie 120 g beliebige, klein geschnittene, in 20 g Butter geröstete Pilze unter die Einmachsauce und vollenden Sie die Masse mit 1 EL gehackter Petersilie, Dotter und Eischnee.

Schinkensoufflé

Pürieren Sie im Kleinschneider 200 g Schinken mit der Einmachsauce, bei der Sie statt Milch Selchfond verwenden können. Mit Dotter und Eischnee vollenden.

Gemüsesoufflé

ZUTATEN

Butter zum Ausstreichen
Semmelbrösel oder Mehl zum Ausstreuen
120 g Gemüse (zum Beispiel Karotten, Paprika, Erbsen, Zucchini etc.)
40 g Butter
40 g Mehl
0,2 l Milch oder Fond
2 Dotter
2 Eiweiß
Salz
Muskatnuss, gerieben

VORBEREITUNG

1. Formen mit weicher Butter ausstreichen, mit Bröseln (Mehl) ausstreuen, in den Kühlschrank stellen.
2. Gemüse reinigen, Karotten, Paprika etc. in kleine Würfel schneiden, in kochendem Salzwasser knackig kochen, mit kaltem Wasser abfrischen, abseihen.

SO WIRD'S GEMACHT

1. Butter in einer flachen Kasserolle schmelzen, Mehl beigeben, unter Rühren farblos anschwitzen, vom Herd nehmen.

2. Milch (Fond) aufkochen, mit einem Schneebesen zügig in das Mehl-Milch-Gemisch (Einmachsauce) einrühren, ca. 3 Minuten verkochen, überkühlen lassen.

3. Dotter einrühren, mit Salz und Muskat würzen. Gut abgetropftes Gemüse einrühren.

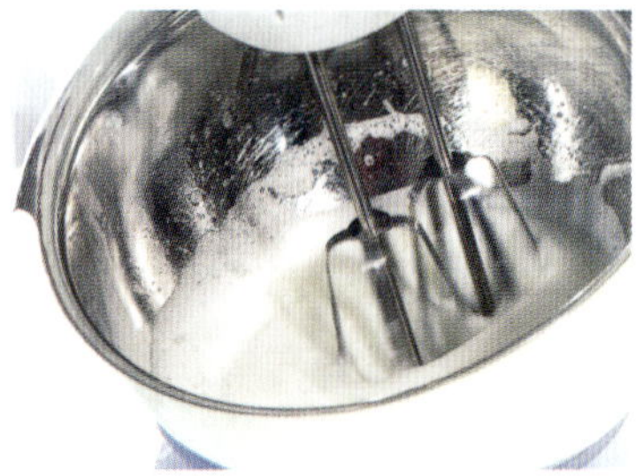

4. Eiweiß mit Salz cremig-fest schlagen, vorsichtig unter die Masse heben.

5. Formen ¾-hoch mit der Masse befüllen, auf einem Blech mit etwas heißem Wasser im vorgeheizten Rohr backen.

6. Soufflés auf vorgewärmte Teller stürzen oder in der Form servieren.

Backen: 2. Schiene von unten, 220 °C Ober-/Unterhitze
Backdauer: ca. 20 Minuten

Kräutertopfen-Soufflé

ZUTATEN

für 6 Portionen

Butter zum Ausstreichen
Semmelbrösel zum Ausstreuen
1 EL Kräuter, gemischt (Kerbel, Petersilie und Estragon)
3 Dotter
4 Eiweiß
200 g Topfen, passiert, 20 %
Prise Salz

VORBEREITUNG

1. Souffléformen mit weicher Butter ausstreichen, mit Semmelbröseln ausstreuen.
2. Kräuter von den Stängeln zupfen, klein hacken.
3. Wasserbad vorbereiten.
4. Backrohr rechtzeitig vorheizen.

SO WIRD'S GEMACHT

1. Topfen, Dotter und Kräuter glatt verrühren.
2. Eiweiß mit Salz zu cremig-steifem Schnee schlagen, unter die Topfenmasse heben.
3. Masse ¾-hoch in die Formen füllen, in ein auf 70 °C temperiertes Wasserbad stellen.
4. Nach dem Backen auf Teller stürzen oder in der Form servieren.

Backen: 2. Schiene von unten, 120 °C Ober-/Unterhitze
Backdauer: ca. 20 Minuten

Erdäpfelsoufflé

ZUTATEN

für 6 Portionen

ca. 420 g Erdäpfel, mehlig
Salz
Butter zum Ausstreichen
Semmelbrösel oder Mehl zum Ausstreuen
50 g Butter
4 Dotter
20 g Mehl
⅛ l Milch
Muskatnuss, gerieben
4 Eiweiß
0,2 l Milch oder Fond

VORBEREITUNG

1. Erdäpfel roh schälen, in ca. 3 cm große Stücke teilen, in einer Kasserolle mit kaltem Wasser bedecken, salzen und weich kochen.
2. Abseihen, ausdampfen lassen, durch ein feines Sieb passieren. Es werden 300 g passierte Erdäpfel benötigt.
3. Formen mit weicher Butter ausstreichen, mit Bröseln (Mehl) ausstreuen, kühlen.
4. Wasserbad vorbereiten und Backrohr rechtzeitig vorheizen.

SO WIRD'S GEMACHT

1. Handwarme Butter schaumig rühren, Dotter nach und nach beigeben, Mehl einrühren.
2. Erdäpfelmasse und Milch mit einem Schneebesen verrühren. Butterabtrieb darunterrühren, mit Salz und Muskatnuss würzen.
3. Eiweiß mit etwas Salz cremig-fest schlagen, vorsichtig unter die Masse heben.
4. Formen ¾-hoch mit der Masse befüllen, in das auf 70 °C erhitzte Wasserbad stellen. Nach dem Backen auf vorgewärmte Teller stürzen.

Backen: 2. Schiene von unten, 200 °C Ober-/Unterhitze
Backdauer: ca. 20 Minuten

VARIATIONEN

Mischen Sie unter die Masse etwas Trüffelöl oder wahlweise 100 g fein geschnittenen Schinken oder geröstete Frühstücksspeckwürfel.

Gratins und Aufläufe

Im Gegensatz zu Aufläufen soufflieren Gratins nicht, werden aber ebenfalls in Auflaufformen gebacken. Mit Blattsalat ergeben sie köstliche Hauptmahlzeiten, können jedoch auch als Beilage zu kurzgebratenen oder gegrillten Fisch- und Fleischgerichten serviert werden.

Darauf kommt's an

- Zum Backen verwenden Sie am besten hitzebeständige, ovale oder rechteckige Auflaufformen aus Porzellan (Plat russe), feuerfestem Glas, Bratenpfannen aus Gusseisen, Edelstahl oder Email.
- Bestreichen Sie die Formen – wenn nicht anders angegeben – mit weicher Butter und streuen Sie sie mit Semmelbröseln aus.
- Aufläufe lassen sich gut auf Vorrat backen und im Mikrowellenherd aufwärmen.

Mediterrane Gemüsemarmorata

ZUTATEN

3 Paprikaschoten, gelb
3 Paprikaschoten, rot
6 EL Olivenöl
Salz
Pfeffer, gemahlen
Thymian
300 g Melanzani
300 g Zucchini
Öl zum Ausstreichen
1 Bund Basilikum
4 EL Parmesan, gerieben, zum Bestreuen

VORBEREITUNG

1. Backrohr auf 180 °C erhitzen. Paprikaschoten mit Öl bestreichen, auf ein Backblech legen, unter öfterem Wenden backen, bis sich die Haut abziehen lässt (ca. 15 Minuten).
2. Haut abziehen, Stiele und Kerngehäuse entfernen, Paprika vierteln, mit Salz, Pfeffer und Thymian beidseitig würzen.
3. Melanzani und Zucchini waschen, abtrocknen, Stielansätze abschneiden, ungeschält der Länge nach in 5 mm dicke Scheiben schneiden.
4. Öl in einer flachen Pfanne erhitzen, Melanzani- und Zucchinischeiben beidseitig anbraten, auf ein Backblech legen, beidseitig mit Salz, Pfeffer und Thymian würzen.

SO WIRD'S GEMACHT

1. Eine Terrinen- oder Kuchenform mit Öl auspinseln. Schichtweise Paprika, Melanzani und Zucchini in die Form füllen. Dazwischen gezupfte Basilikumblätter einlegen.
2. Gemüsemarmorata im vorgeheizten Backrohr ca. 20 Minuten backen.
3. Aus dem Rohr nehmen, 10 Minuten rasten lassen, stürzen und in dicke Scheiben schneiden, mit Parmesan bestreuen.

Backen: 2. Schiene von unten, 220 °C Ober-/Unterhitze

TIPPS

- Dieses Gericht eignet sich als Vorspeise, aber auch als Beilage zu gegrilltem Fisch, Garnelen, Lammkoteletts oder Steaks.
- Das Gemüse kann auch in Portionsförmchen geschichtet, gebacken und gestürzt werden. Diese Zubereitungsart ist besonders für die Verwendung als Beilage geeignet.

Rustikales Erdäpfelgratin

ZUTATEN

für 1 Auflaufform 20 × 30 cm

500 g Erdäpfel, speckig
Salz
3 Eier, hart gekocht
100 g Zwiebeln
200 g Räucherwurst
Butter zum Befetten
3 EL Öl
Pfeffer, gemahlen
Majoran
3 Eier
⅛ l Milch
1/16 l Schlagobers
120 g Edamer, gerieben

VORBEREITUNG

1. Erdäpfel waschen, in einem Topf mit kaltem Salzwasser bedecken, kochen.
2. Eier in Scheiben teilen.
3. Zwiebeln schälen und fein schneiden.
4. Wurst in grobe Würfel schneiden.
5. Auflaufform mit Butter ausstreichen.
6. Backrohr rechtzeitig vorheizen.

SO WIRD'S GEMACHT

1. Erdäpfel heiß schälen und blättrig schneiden.
2. Öl in Pfanne erhitzen, Wurst anrösten, herausnehmen.
3. Zwiebeln in der Pfanne hellgelb anrösten, Erdäpfel beigeben, unter Wenden kurz rösten, mit Salz, Pfeffer und Majoran würzen.
4. Formboden mit Erdäpfelscheiben bedecken, abwechselnd mit Eischeiben und Wurst belegen, mit Erdäpfelscheiben abschließen.
5. Eier mit Milch und Schlagobers verrühren.
6. Hälfte des geriebenen Käses einrühren, salzen, über die Erdäpfel gießen, mit restlichem Käse bestreuen, im vorgeheizten Backrohr backen.

Backen: 2. Schiene von unten, 220 °C Ober-/Unterhitze
Backdauer: ca. 30 Minuten, dann Rohr abdrehen, 10 Minuten nachbacken

Semmelauflauf

ZUTATEN

150 g Schinken- oder Frühstücksspeckwürfel, geröstet
Butter zum Ausstreichen
½ l Milch
Salz
1 EL Petersilie, gehackt
250 g Semmelwürfel, getrocknet
90 g Butter
Muskatnuss, gerieben
3 Dotter
3 Eiweiß

VORBEREITUNG

1. Auflaufform mit handwarmer Butter ausstreichen.
2. Backrohr rechtzeitig vorheizen.

SO WIRD'S GEMACHT

1. Milch mit etwas Salz und Petersilie vermengen, unter die Semmelwürfel mischen, 15 Minuten weichen lassen, Schinkenwürfel untermengen.
2. Handwarme Butter mit Salz und Muskatnuss schaumig rühren, nach und nach Dotter einrühren, unter die Semmelwürfel mischen.
3. Eiweiß mit Salz zu Schnee schlagen, unter die Masse heben.
4. Masse in die Auflaufform füllen, glatt verstreichen, im vorgeheizten Backrohr backen.

Backen: 2. Schiene von unten, 200 °C Ober-/Unterhitze
Backdauer: ca. 30 Minuten

Schinken-Pilz-Nudel-Auflauf

ZUTATEN

für 6 Portionen

100 g Lauch
200 g Champignons, Austern- oder Steinpilze
200 g Schinken
Butter zum Ausstreichen
Brösel zum Ausstreuen
Salz
200 g Bandnudeln oder Fleckerl
30 g Butter
4 Dotter
1 Ei
¼ l Schlagobers
¼ l Sauerrahm
50 g Edamer oder Gouda, gerieben
Pfeffer, weiß, gemahlen
4 Eiweiß

VORBEREITUNG

1. Lauch der Länge nach halbieren, gut waschen, zuputzen, in Streifen schneiden.
2. Pilze putzen und in Scheiben schneiden.
3. Schinken in 1 cm große Würfel schneiden.
4. Form mit weicher Butter ausstreichen und mit Bröseln ausstreuen.
5. Backrohr rechtzeitig vorheizen.

SO WIRD'S GEMACHT

1. Reichlich Salzwasser zum Kochen bringen, Nudeln beigeben, kernig kochen, abseihen und abschwemmen.
2. Butter in der Pfanne erhitzen, Pilze beigeben, anschwitzen, Schinken und Lauch hinzufügen, kurz rösten.
3. Dotter, Ei, Schlagobers, Sauerrahm und Käse verrühren, Nudeln und Pilz-Lauch-Mischung unterrühren, würzen.
4. Eiweiß mit 1 Prise Salz zu cremig-festem Schnee schlagen und unter die Nudelmasse heben.
5. Masse in die Auflaufform füllen, mit Bröseln bestreuen, im vorgeheizten Backrohr backen.

Backen: 2. Schiene von unten, 200 °C Ober-/Unterhitze
Backdauer: ca. 35 Minuten

Gemüse-Nudel-Auflauf

Ersetzen Sie in obigem Rezept Schinken und Lauch durch 300 g frische oder tiefgekühlte kernig gekochte Gemüsemischung (zum Beispiel Karotten- und Kohlrabiwürfel, Karfiolröschen und Erbsen).

Bries-Nudel-Auflauf

Anstelle des Schinkens verwenden Sie in obigem Rezept 200 g blanchierte, enthäutete, gewürzte, in Butter angebratene Kalbsbriesstückchen.

Hühner-Nudel-Auflauf

Verwenden Sie in obigem Rezept statt Schinken sehr kurz angebratene Hühner- oder Putenbruststreifen.

Garnelen-Nudel-Auflauf

Anstelle des Schinkens verwenden Sie in obigem Rezept 200 g ausgelöste, gesalzene, kurz angebratene Riesengarnelen.

Lasagne

Lasagne-Zubereitung ist mit einigem Aufwand verbunden. Mit etwas Routine und wenn man Käse- und Fleischsauce rechtzeitig vorbereitet und fertige Lasagneblätter verwendet, reduziert sich dieser jedoch erheblich.

Darauf kommt's an

- Die im Handel erhältlichen Lasagneblätter werden meist nicht gekocht, sondern in getrocknetem Zustand verwendet (siehe Anleitung auf der Packung).
- Edler wird Lasagne mit selbst zubereitetem Nudelteig, den Sie wahlweise mit Spinat, Safran, Rote-Rüben-Saft oder gehackten Kräutern geschmacklich und farblich variieren können.
- Lassen Sie fertig gebackene Lasagne einige Minuten vor dem Auftragen ruhen, damit sich die Schichten verbinden.
- Lasagne kann sehr gut im Mikrowellenherd aufgewärmt werden.

Nudelteig für Lasagneblätter

ZUTATEN

250 g Mehl, glatt
2 Eier
2 Dotter
1 EL Olivenöl
Salz
Mehl zum Bestauben

SO WIRD'S GEMACHT

1. Alle Zutaten in einer Schüssel vermischen.

2. Teig mit beiden Händen auf einer mit Mehl bestaubten Arbeitsfläche oder in der Maschine mit Knethaken geschmeidig glatt kneten.

3. Teig in Frischhaltefolie wickeln und ca. ½ Stunde rasten lassen.

4. Nudelteig auf eine mit Mehl bestaubte Arbeitsfläche legen und ebenfalls mit Mehl bestauben.

5. Rollholz mit Mehl einreiben, Teig in alle Richtungen gleichmäßig, gleichförmig und dünn auswalken bzw. mit einer Nudelmaschine ausrollen.

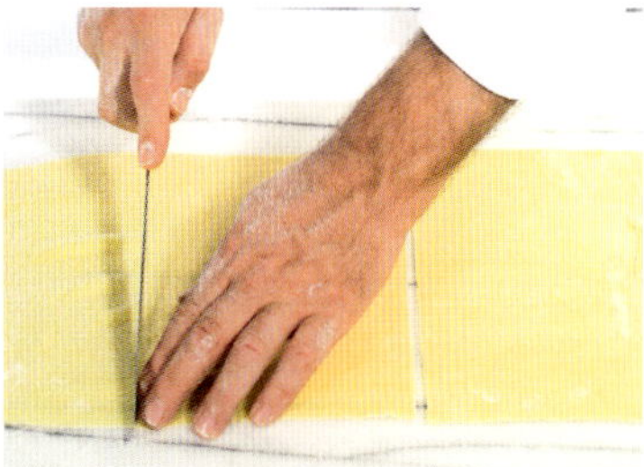

6. Teigblätter in Größe der Auflaufform schneiden und roh verwenden.

Lasagne al forno

ZUTATEN

für 1 Auflaufform 18 × 25 cm

Lasagneteig (S. 151) oder
12 Blatt (250 g) Handelsware
Käsesauce (siehe unten)
60 g Zwiebeln
60 g Karotten
60 g Knollensellerie
400 g Tomaten, aus der Dose, mit Saft
Butter zum Ausstreichen
2 EL Olivenöl
2 Knoblauchzehen, gepresst
400 g Faschiertes, gemischt
Salz
Pfeffer, gemahlen
1 Lorbeerblatt
Oregano
1 EL Tomatenmark
ca. 0,1 l Rindsuppe oder Wasser
6 EL Parmesan, gerieben, zum Bestreuen
30 g Butterflocken

VORBEREITUNG

1. Teig zubereiten, ausrollen und zuschneiden oder fertige Lasagneblätter bereitstellen.
2. Käsesauce zubereiten.
3. Zwiebeln und Gemüse schälen, getrennt in feine Würfel schneiden.
4. Tomaten abtropfen lassen, hacken.
5. Form mit weicher Butter ausstreichen.

SO WIRD'S GEMACHT

1. Olivenöl erhitzen, Zwiebeln beigeben, hell rösten, Knoblauch, Karotten und Selleriewürfel kurz mitrösten.
2. Faschiertes beigeben, mit Salz, Pfeffer und Oregano würzen, kurz rösten.
3. Tomatenmark einrühren, Tomaten hinzufügen, mit Tomatensaft und Suppe (Wasser) aufgießen.
4. Zugedeckt ca. ½ Stunde dünsten, nach Bedarf Tomatensaft und Suppe (Wasser) zugießen.
5. Formboden mit wenig Käsesauce bestreichen, mit Teigblättern auslegen.
6. Abwechselnd Käse- und Fleischsauce einstreichen, mit Nudelblättern bedecken.
7. Vorgang wiederholen, bis alle Zutaten verbraucht sind. Die oberste Schicht sind Nudelblätter.
8. Mit Käsesauce bestreichen, mit geriebenem Parmesan bestreuen und mit Butterflocken belegen. Im vorgeheizten Rohr backen.

Backen: 2. Schiene von unten, 200 °C Umluft
Backdauer: ca. 25 Minuten

Käsesauce für Lasagne

ZUTATEN

60 g Butter
60 g Mehl, glatt
¾ l Milch
Salz
Pfeffer, gemahlen
Muskatnuss, gerieben
6 EL Hartkäse, gerieben

SO WIRD'S GEMACHT

1. Butter in einer flachen Kasserolle schmelzen.
2. Mehl einrühren, farblos anschwitzen, vom Herd nehmen und etwas überkühlen.
3. Milch aufkochen, mit dem Schneebesen rasch unter das Mehl-Butter-Gemisch (Einmach) rühren.
4. Ca. 5 Minuten kochen, mit Salz, Pfeffer und Muskatnuss würzen, abkühlen lassen, Käse einrühren.

Polentalasagne mit Broccoli

ZUTATEN

Butter zum Ausstreichen
¼ l Milch
¼ l Wasser
40 g Butter
180 g Maisgrieß
4 Dotter
40 g Parmesan, gerieben
Salz
Muskatnuss, gerieben
Öl zum Befetten

FÜR DIE FÜLLE

200 g Broccoliröschen, frisch oder tiefgekühlt
Salz
50 g Butter
60 g Pinienkerne
250 g Tomaten, entkernt, gewürfelt
200 g Ricotta
4 EL Parmesan, gerieben
Pfeffer, gemahlen
Muskatnuss, gerieben
200 g Mozzarella, gewürfelt
2 EL Butter, flüssig, zum Bestreichen
Parmesan zum Bestreuen

VORBEREITUNG

Form mit Butter ausstreichen.

SO WIRD'S GEMACHT

1. Milch, Wasser und Butter gemeinsam aufkochen.
2. Maisgrieß in die kochende Flüssigkeit einlaufen lassen und unter ständigem Rühren (Kochlöffel) kochen, bis der Grieß weich ist.
3. Dotter, Parmesan, Salz und Muskatnuss einrühren.
4. Masse rechteckig ca. 7 mm hoch auf eine zart geölte Alufolie drücken, erkalten lassen.
5. Erstarrte, gekühlte Polenta stürzen, Folie abziehen und in Stücke von ca. 7 × 5 cm Größe schneiden.
6. Broccoliröschen in Salzwasser kernig kochen, mit kaltem Wasser abfrischen, abseihen, gut abtropfen lassen.
7. Butter nussbraun erhitzen, Pinienkerne rösten, Tomaten beigeben, kurz rösten, erkalten lassen.
8. Ricotta und Parmesan unterrühren, mit Salz, Pfeffer und Muskatnuss würzen, mit Broccoli vermengen.
9. Auflaufform mit Polentablättern auslegen, Broccoli-Tomaten-Masse darauf verteilen, mit Polentablättern bedecken.
10. Mit flüssiger Butter bestreichen, mit Parmesan bestreuen, im vorgeheizten Backrohr backen.

Backen: 2. Schiene von unten, 220 °C Umluft
Backdauer: ca. 20 Minuten

TIPP

Besonders saftig gerät Polentalasagne, wenn man die oberste Schicht mit Käsesauce (siehe linke Seite) bedeckt und mit Tomatenscheiben belegt.

Gemüselasagne

Vegetarische Lasagne bereiten Sie nach dem Rezept von Lasagne al forno (siehe linke Seite) zu. Verwenden Sie dafür statt der 400 g gemischtem Faschiertem 500 g kleinwürfelig geschnittenes oder in Röschen zerteiltes Gemüse. Besonders gut geeignet sind zum Beispiel Kohlrabi, Karfiol, Broccoli, Zucchini etc. Zum Aufgießen verwenden Sie Wasser anstelle der Rindsuppe.

Spinat-Lachs-Lasagne

ZUTATEN

für 1 Auflaufform 18 × 25 cm

Lasagneteig (S. 151) oder
12 Blatt (250 g) Handelsware
Käsesauce (S. 152)
300 g Lachsfilet, enthäutet
150 g Blattspinat, blanchiert oder tiefgekühlt
150 g Mozzarella
Butter zum Ausstreichen
20 g Butter, flüssig
Salz
Pfeffer, gemahlen
Muskatnuss, gerieben
1 EL Zitronensaft
60 g Parmesan zum Bestreuen
30 g Butterflocken

VORBEREITUNG

1. Teig zuschneiden oder fertige Lasagneblätter bereitstellen. Käsesauce zubereiten.
2. Lachsfilet in nicht zu dünne Scheiben schneiden. Blattspinat blanchieren bzw. auftauen, gut ausdrücken. Mozzarella in kleine Würfel schneiden.
3. Form mit weicher Butter ausstreichen.
4. Spinat mit Salz, Pfeffer und Muskatnuss würzen, mit flüssiger Butter vermischen.
5. Lachs mit Zitronensaft beträufeln, salzen und pfeffern.

SO WIRD'S GEMACHT

1. Boden der Form mit Teigblättern auslegen.

2. Teigblätter mit Käsesauce bestreichen.

3. Mit Spinat und Lachs belegen, mit Mozzarella bestreuen, mit Teigblättern abdecken, mit Sauce bestreichen.

4. Vorgang wiederholen, bis Lachs, Mozzarella und Spinat verbraucht sind.

5. Oberstes Teigblatt mit Käsesauce bestreichen.

6. Abschließend mit geriebenem Parmesan bestreuen und mit Butterflocken belegen.

Backen: 2. Schiene von unten, 200 °C Umluft
Backdauer: ca. 25 Minuten

VARIATION

Anstelle des Spinates können Sie auch Tomatenscheiben und Basilikumblätter verwenden.

Pikante Palatschinken & Co.

Palatschinken, Crêpes oder Crespelle mit würzigen Füllungen zu versehen, ist eine abwechslungsreiche Variante zu den bekannten süßen Versionen. Crêpes unterscheiden sich von Palatschinken vor allem durch die charakteristische dreieckförmige Faltung; für Galettes wird Buchweizenmehl verwendet.

Darauf kommt's an

- Tipps zum richtigen Backen von Palatschinken finden Sie beim Grundrezept Palatschinkenteig (S. 219).
- Wandeln Sie den Teig je nach Verwendungszeck mit 1 EL gehackter Petersilie, 3 KL gepresstem Knoblauch, etwas getrocknetem Oregano, 2 EL geriebenem Parmesan, 50 g gerösteten kleinen Speckwürfeln oder 2 EL feinst passiertem Spinat ab.
- Als Fülle für pikante Palatschinken eignen sich Gemüse, Pilze, Meeresfrüchte, Fisch- und Fleischfarcen bzw. alle für Nudelgerichte passenden Füllungen.

Gebackene Gemüsepalatschinken

ZUTATEN

8 Palatschinken (S. 219)
300 g Zucchini
1 Paprikaschote, rot
1 Paprikaschote, grün
20 Oliven, schwarz, entkernt
20 g Butter
Salz
Pfeffer, gemahlen
100 g Ricotta oder Topfen, 20 %
1 EL Petersilie, gehackt
70 g Mehl, glatt
2 Eier
120 g Brösel
Öl zum Frittieren

VARIATIONEN

Mischen Sie unter die Brösel geriebenen Parmesan, gehackte Kürbiskerne oder Sesam.

VORBEREITUNG

1. Palatschinken backen.
2. Zucchini waschen, in kleine Würfel schneiden.
3. Paprika waschen, halbieren, Samen und weiße Trennwände entfernen, in kleine Würfel schneiden.
4. Oliven vierteln.
5. Frischhaltefolie auf dem Arbeitsplatz ausbreiten.

SO WIRD'S GEMACHT

1. Zucchini kurz in Butter andünsten. Paprika beigeben, mit Salz und Pfeffer würzen, weiterrösten, abkühlen lassen.

2. Mit Ricotta (Topfen) verrühren, Oliven und Petersilie untermengen.

3. Palatschinken leicht überlappend auf die Frischhaltefolie legen; Fülle mit Dressiersack ohne Tülle in einem Streifen auftragen.

4. Mit einer Palette verstreichen, straff einrollen.

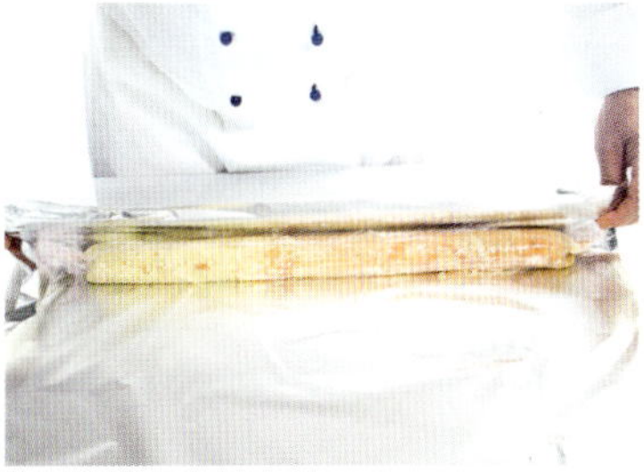

5. In Plastik- oder Alufolie gewickelt einige Stunden kühlen.

6. Palatschinkenrolle in gleichmäßige Stücke schneiden.

7. In Mehl, verschlagenem Ei und Bröseln panieren.

8. In heißem Fett knusprig backen, auf Küchenkrepp abtropfen lassen.

Überbackene Mozzarella-Spinat-Palatschinken

ZUTATEN

4 Palatschinken (S. 219)
1 kg Blattspinat, frisch
Salz
Butter zum Ausstreichen
2 Tomaten (ca. 120 g)
120 g Mozzarella
40 g Butter
3 EL Pinienkerne
2 Knoblauchzehen, gepresst
3 EL Crème fraîche
4 EL Parmesan, gerieben
Salz
Pfeffer, gemahlen

VORBEREITUNG

1. Palatschinken möglichst dünn backen.
2. Spinatblätter von Stielen befreien, kalt waschen, in reichlich kochendem Salzwasser kurz überkochen (blanchieren), abseihen, in Eiswasser abfrischen, abseihen, ausdrücken, grob hacken.
3. Auflaufform mit handwarmer Butter ausstreichen.
4. Tomaten waschen, Strunk entfernen, in Scheiben schneiden.
5. Mozzarella in dünne Scheiben schneiden.

SO WIRD'S GEMACHT

1. Butter in einer Pfanne hellbraun erhitzen, Pinienkerne beigeben, hell rösten, Knoblauch hinzufügen.
2. Spinat mit Pinienkernen, Crème fraîche und 2 EL Parmesan vermischen, mit Salz und Pfeffer würzen.
3. Frischhaltefolie auf dem Arbeitsplatz ausbreiten, Palatschinken darauf etwas überlappend in einer Reihe auflegen, mit Spinatfülle ganzflächig bedecken, einrollen, in 8 Teile schneiden.
4. In die Auflaufform schlichten, mit Tomatenscheiben belegen, mit Salz und Pfeffer würzen.
5. Mozzarellascheiben obenauf legen, mit Parmesan bestreuen und backen.

Backen: 2. Schiene von unten, 210 °C Umluft
Backdauer: ca. 10 Minuten

VERWENDUNG

- als Hauptgericht mit Blattsalat
- als Beilage zum Beispiel zu Lammkoteletts, Kalbfleisch, Hühner- oder Putenbrustfilet bzw. gebratenen Fischfilets

Überbackene Ricottapalatschinken

100 g fein gehackte Zwiebeln in Olivenöl anschwitzen, 1 gepresste Knoblauchzehe, 1 EL Tomatenmark und 4 kleinwürfelig geschnittene Tomaten dazugeben. 5 Minuten dünsten, salzen und pfeffern. 100 g halbierte Oliven untermischen. 8 Palatschinken (siehe S. 219) damit bestreichen, in der Mitte aus insgesamt 400 g Ricotta je einen dicken Streifen ziehen, einrollen, halbieren und dachschindelartig in eine mit weicher Butter ausgestrichene Form setzen.
Mit einer Mischung aus 3 Eiern, 50 g geriebenem Parmesan, ¼ l Milch und etwas Salz übergießen. Im vorgeheizten Rohr bei 180 °C Ober-/ Unterhitze auf der 2. Schiene ca. 25 Minuten backen, bis der Überguss cremig stockt.

Puten-Pilz-Crêpes

ZUTATEN

8 Crêpes (Palatschinken, S. 219)
400 g Putenbrustfilet
70 g Frühlingszwiebeln
150 g Austernpilze oder Champignons
Salz
Pfeffer, gemahlen
Sojasauce
Mehl, glatt
½ Ei, verschlagen
3 EL Öl zum Braten
120 g Sojakeime
1 EL Honig
1 KL Ingwer, gerieben
1 TL Speisestärke
0,1 l Orangensaft
1 EL Korianderblätter, gehackt

VORBEREITUNG

1. Crêpes möglichst dünn backen, warm stellen.
2. Putenbrust in dünne Streifen schneiden.
3. Frühlingszwiebeln reinigen, Wurzelansatz abschneiden, dunkelgrüne Teile abschneiden.
4. Zwiebeln und Pilze in Streifen schneiden.

SO WIRD'S GEMACHT

1. Putenstreifen salzen, pfeffern, mit Sojasauce beträufeln, mit Mehl bestauben, Ei beigeben, abmengen.
2. In einer flachen Pfanne Öl erhitzen, Sojakeime, Frühlingszwiebeln und Austernpilze darin rösten, mit Sojasauce beträufeln, salzen, aus der Pfanne heben, abtropfen lassen, warm stellen.
3. Verbleibendes Öl stark erhitzen, Putenstreifen sehr rasant unter Rühren anbraten.
4. Honig, Ingwer und angebratenes Gemüse unterrühren.
5. Speisestärke mit etwas Orangensaft anrühren, unter die Masse mengen, kurz erhitzen (nicht aufkochen), bis die Flüssigkeit glasig wird, Koriander einstreuen.
6. Crêpes warm mit Putenmasse füllen, dreieckig falten.

Gurken-Lachs-Galettes

ZUTATEN

für 12 Stück Ø 16 cm
oder 8 Stück Ø 24 cm

FÜR DEN TEIG

100 g Buchweizenmehl
20 g Weizenmehl, glatt
¼ l Milch
3 Eier
Salz

FÜR DIE FÜLLE

3 Eier
300 g Gurke, geschält, entkernt
200 g Räucherlachs
2 EL Crème fraîche
100 g Frischkäse
2 EL Dillspitzen, gehackt
Salz
Pfeffer, gemahlen

VORBEREITUNG

1. Teig wie Palatschinkenteig rühren (siehe S. 219), rasten lassen.
2. Eier ca. 12 Minuten kochen, in kaltes Wasser legen, erkaltet schälen, fein hacken.
3. Gurke schälen, der Länge nach halbieren, mit Parisienne-Ausstecher oder Löffel entkernen, in sehr feine Streifen schneiden.
4. Lachs in feine Streifen schneiden.

SO WIRD'S GEMACHT

1. Gurkenstreifen salzen, nach 5 Minuten abpressen.
2. Crème fraîche und Frischkäse mit Dillspitzen verrühren, mit Salz und Pfeffer würzen.
3. Gurkenstreifen, gehackte Eier und Lachsstreifen einrühren, würzen.
4. Galettes wie Palatschinken backen, Gurken-Lachs-Masse darauf verteilen, verstreichen, einrollen oder dreieckig falten, lauwarm servieren.

Pikante Strudel

Gemüse, Fleisch oder Fisch in hauchdünnen Strudelteig zu rollen, vereint viele Vorzüge: Die knusprig gebackene Teighülle verdichtet Geschmack und Aroma und erleichtert das Portionieren. Pikant gefüllte Strudel können als Snack, Vorspeise oder Beilage ebenso wie als Hauptgericht verwendet werden.

Darauf kommt's an

- Bereiten Sie zuerst die Fülle zu, bevor Sie den Strudelteig ausziehen (oder die Packung Fertigteig öffnen).
- Verschließen Sie die seitlichen Enden des gefüllten Strudels und legen Sie ihn mit dem Teigschluss nach unten auf das gefettete Backblech.
- Backen Sie Strudel nicht auf Backtrennpapier, sondern auf einem gefetteten Backblech. Dadurch wird die Unterseite besonders knusprig.
- Fertig gekauften Strudelteig breiten Sie auf einem Tuch aus, beträufeln oder bestreichen ihn mit zerlassener Butter und legen ein 2. Teigblatt darauf.
- Pikante Strudel lassen sich hervorragend mit Kernöl-Strudelteig (siehe S. 215) zubereiten.

Lauch-Erdäpfel-Strudel

ZUTATEN

für 10 Portionen

1 kg Kartoffeln, mehlig, geschält
80 g Hamburger Speck
50 g Zwiebeln
200 g Lauch
20 g Butter oder Schweineschmalz
3 EL Sauerrahm
Salz
Pfeffer, gemahlen
Muskatnuss
Oregano, getrocknet
Strudelteig (S. 214/15)
Butter zum Bestreichen

VORBEREITUNG

1. Kartoffeln roh schälen, grob in kaltes Wasser reiben.
2. Speck feinwürfelig schneiden.
3. Zwiebel schälen und fein schneiden.
4. Lauch halbieren, innen gut waschen und in feine Streifen schneiden.

SO WIRD'S GEMACHT

1. Butter (Schmalz) in einer Pfanne schmelzen, Speckwürfel hell anrösten, Zwiebeln beigeben, goldgelb rösten.
2. Kartoffeln gut auspressen, mit Sauerrahm und Lauch vermischen, mit Salz, Pfeffer, Muskatnuss und Oregano würzen und ½ Stunde durchziehen lassen.
3. Erdäpfel nochmals abpressen, Zwiebeln und Speck unterrühren.
4. Strudelteig ausziehen (Fertigteig ausbreiten), mit flüssiger Butter beträufeln.
5. Teig zu zwei Dritteln mit Fülle bestreichen, straff einrollen, seitliche Enden verschließen.
6. Mit dem Teigschluss nach unten auf das Blech legen, mit Butter bestreichen.

Backen: 2. Schiene von unten, 200 °C Umluft
Backdauer: 35 Minuten

VERWENDUNG

- als warme Vor- oder Hauptspeise mit Kräuterrahm und Salat
- als Beilage zu Schweinskoteletts oder -medaillons, zu Hirsch- oder Rindersteaks

Broccolistrudel

ZUTATEN

für 8–10 Portionen

Strudelteig (S. 214/15)
2 Eier, hart gekocht, halbiert oder grob gehackt
60 g Butter zum Beträufeln und Bestreichen
800 g Karfiol- und Broccoliröschen, geputzt, frisch oder tiefgekühlt
Salz
80 g Butter
140 g Semmelbrösel
Pfeffer, gemahlen

VORBEREITUNG

1. Strudelteig zubereiten.
2. Backblech mit weicher Butter einstreichen.

SO WIRD'S GEMACHT

1. Salzwasser aufkochen, Broccoli und Karfiol beigeben, sehr kernig kochen. (Tiefgekühlte Broccoli-Karfiol-Mischung auftauen, gut ausdrücken.)
2. Gekochtes Gemüse sofort in kaltem Wasser abfrischen, abseihen, abpressen.
3. Butter in einer Pfanne schmelzen, Brösel darin goldgelb rösten, salzen.
4. Strudelteig ausziehen (Fertigteig ausbreiten), mit flüssiger Butter beträufeln.
5. Unteres Drittel des Teiges mit Bröseln bestreuen, mit Eihälften belegen oder mit gehackten Eiern bestreuen.
6. Gemüse mit Salz und Pfeffer würzen, auf den Butter-Bröseln und Eiern verteilen.
7. Teig straff einrollen, seitliche Enden verschließen, mit dem Teigschluss nach unten auf das Blech legen und mit flüssiger Butter bestreichen.

Backen: 2. Schiene von unten, 220 °C Umluft
Backdauer: ca. 25 Minuten

Erdäpfelstrudel

ZUTATEN

für 8 Portionen

Strudelteig (S. 214/15)
1 kg Erdäpfel, mehlig
60 g Butter oder Schmalz zum Bestreichen und Beträufeln
80 g Hamburger Speck, feinwürfelig geschnitten
20 g Butter oder Schmalz
50 g Zwiebeln, fein geschnitten
3 EL Sauerrahm
Salz
Pfeffer
Muskatnuss
Oregano

VORBEREITUNG

1. Strudelteig zubereiten.
2. Erdäpfel roh schälen, grob in kaltes Wasser reiben.
3. Backblech mit etwas Butter (Schmalz) bestreichen.
4. Backrohr rechtzeitig vorheizen.

SO WIRD'S GEMACHT

1. Speck in Butter (Schmalz) anrösten, Zwiebeln beigeben, goldgelb rösten.
2. Kartoffeln gut auspressen, mit Sauerrahm, Speck und Zwiebeln vermischen, würzen.
3. Strudelteig ausziehen, dicke Ränder abschneiden, mit Butter beträufeln.
4. Teig zu zwei Dritteln mit Fülle bestreichen, einrollen, Enden verschließen, mit Teigschluss nach unten auf das Blech setzen, mit Butter (Schmalz) bestreichen, backen.

Backen: 200 °C Ober-/Unterhitze
Backdauer: 35 Minuten

Fisolenstrudel mit Mandelstreuseln

ZUTATEN
für 8 Portionen

Strudelteig (S. 214/15)
1 kg Fisolen
Butter zum Bestreichen und Beträufeln
Salz
40 g Butter
100 g Zwiebeln, fein geschnitten
2 Knoblauchzehen, gepresst
Pfeffer, gemahlen
100 g Mandeln, gerieben

VORBEREITUNG

1. Strudelteig zubereiten.
2. Fisolen waschen, Enden abschneiden und in 2 cm lange Stifte schneiden.
3. Backblech mit weicher Butter einstreichen.

SO WIRD'S GEMACHT

1. Salzwasser aufkochen, Fisolen beigeben, sehr kernig kochen (blanchieren). Sofort in kaltem Wasser abfrischen, abseihen, gut abtrocknen.
2. Butter in einer Pfanne schmelzen, Zwiebeln mit Knoblauch glasig andünsten, Mandeln zugeben und hell rösten.
3. Strudelteig ausziehen, mit flüssiger Butter beträufeln. Unteres Drittel des Teiges mit Mandelstreuseln bestreuen. Fisolen mit Salz und Pfeffer würzen, auf den Streuseln verteilen.
4. Teig straff einrollen, seitliche Enden verschließen, mit Teigschluss nach unten auf das Blech legen und mit flüssiger Butter bestreichen.

Backen: 2. Schiene von unten, 220 °C Umluft
Backdauer: ca. 25 Minuten

Fleisch-Spinat-Strudel

ZUTATEN
für 8 Portionen

Strudelteig (S. 214/15)
2 Semmeln
200 g Blattspinat, tiefgekühlt
Butter zum Bestreichen und Beträufeln
40 g Butter
Salz
Pfeffer, gemahlen
Muskatnuss, gerieben
60 g Zwiebeln, fein geschnitten
2 Knoblauchzehen, gepresst
250 g Faschiertes, Schweine- und Rindfleisch gemischt
Majoran

VORBEREITUNG

1. Strudelteig zubereiten.
2. Semmeln in Wasser einweichen. Spinat auftauen, ausdrücken.

SO WIRD'S GEMACHT

1. 20 g Butter schmelzen, mit kaltem Spinat vermischen, mit Salz, Pfeffer und Muskatnuss würzen.
2. 20 g Butter in einer Pfanne schmelzen, Zwiebeln darin hell anrösten, Knoblauch beigeben.
3. Semmeln ausdrücken, faschieren oder passieren, mit Faschiertem und überkühlten Zwiebeln vermischen und mit Salz, Pfeffer und Majoran würzen.
4. Strudelteig ausziehen, dicke Ränder abschneiden, mit Butter beträufeln.
5. Teig zu zwei Dritteln mit Spinatmasse belegen, Faschiertes darauf verteilen, einrollen, Enden verschließen.
6. Mit dem Teigschluss nach unten auf ein mit Butter bestrichenes Blech setzen, mit flüssiger Butter bestreichen, backen.

Backen: 180 °C Ober-/Unterhitze
Backdauer: 45 Minuten

Krautstrudel

ZUTATEN

für 10 Portionen

1 kg Weißkraut, geputzt
500 g Sauerkraut
70 g Zwiebeln
2 Knoblauchzehen, gepresst
Butter oder Schweineschmalz zum Befetten und Beträufeln
30 g Öl oder Schmalz
50 g Kristallzucker
Salz
1 EL Kümmel, ganz
Pfeffer, schwarz, gemahlen
Paprika, edelsüß
Strudelteig (S. 214/15 oder Fertigteig)

VORBEREITUNG

1. Weißkraut von welken Außenblättern befreien, halbieren, hobeln oder in feine Streifen schneiden.
2. Falls es zu würzig ist, Sauerkraut mit kaltem Wasser abschwemmen.
3. Zwiebeln schälen und in feine Streifen schneiden.
4. Knoblauch schälen und pressen.
5. Backblech befetten.

SO WIRD'S GEMACHT

1. Fett erhitzen, Zwiebeln beigeben und glasig rösten.

2. Kristallzucker einstreuen, hellgelb rösten.

3. Weißkraut und Knoblauch hinzufügen, kurz rösten.

4. Sauerkraut und Gewürze zufügen.

5. Strudelteig ausziehen (Fertigteig ausbreiten), mit flüssiger Butter beträufeln, zu zwei Dritteln mit Fülle belegen.

6. Straff einrollen, seitliche Enden verschließen, mit Teigschluss nach unten auf das Blech legen, mit flüssiger Butter (Schmalz) bestreichen.

Backen: 2. Schiene von unten, 190 °C Umluft
Backdauer: 45 Minuten

VERWENDUNG

- als warme Vor- oder Hauptspeise mit kalten Saucen
- als Beilage zu Lamm und gebratenem Schweinefleisch

Zanderstrudel mit Kürbis

ZUTATEN

für 6 Portionen

600 g Zanderfilet
500 g Kürbis
60 g Zwiebeln
1 Paprikaschote, rot
2 EL Kürbiskerne
40 g Butter
50 g Brösel
2 EL Apfelessig
½ KL Thymian, frisch oder getrocknet, gezupft
Salz
Pfeffer, gemahlen
100 g Crème fraîche
Strudelteig (S. 214/15 oder Fertigteig)
50 g Butter

VORBEREITUNG

1. Zanderfilet enthäuten und der Länge nach halbieren.
2. Kürbis schälen, entkernen und grob reißen.
3. Zwiebeln schälen und in feine Streifen schneiden.
4. Paprika halbieren, entkernen und in kleine Würfel schneiden.
5. Kürbiskerne grob hacken.
6. Butter und Brösel goldgelb rösten.

SO WIRD'S GEMACHT

1. Butter in flacher Kasserolle erhitzen, Zwiebeln beigeben, hell rösten.

2. Kürbis und Paprika hinzufügen, ca. 10 Minuten ohne Deckel dämpfen.

3. Mit Essig, Thymian, Salz und Pfeffer würzen.

4. In ein Kuppelsieb leeren, gut abtropfen lassen und abkühlen.

5. Masse mit Crème fraîche und Kürbiskernen vermischen, nachwür-

6. Strudelteig ausziehen (Fertigteig ausbreiten), mit flüssiger Butter bestreichen.

7. Butter-Brösel-Mischung auf zwei Dritteln des Teiges verteilen.

8. Kürbismasse mit Spritzsack auftragen und verstreichen.

9. Zanderstreifen mit Salz und Pfeffer würzen, der Länge nach auf die Kürbismasse legen.

10. Straff einrollen, seitliche Enden verschließen, mit dem Teigschluss nach unten auf das Blech legen. Mit flüssiger Butter bestreichen, backen.

Backen: 2. Schiene von unten, 220 °C Umluft
Backdauer: ca. 20 Minuten

VERWENDUNG

als warme Vorspeise oder als Hauptspeise

Im Ofen gebackene Kartoffeln

Wenn Kartoffeln in der Schale in heißer Asche gegart werden, klingt ein wenig Lagerfeuerromantik mit. Prosaischer, aber auch einfacher ist es, gereinigte, gesalzene Kartoffeln in Alufolie zu hüllen und sie im Rohr zu backen. Mit allerlei Dips gereicht, mit Räucherspezialitäten und Fischen garniert oder zur Erdäpfelbuchtel veredelt, wird aus einer Ofenkartoffel eine wahre Delikatesse.

Darauf kommt's an

- Verwenden Sie große, gleichmäßige, mehlige Kartoffeln ohne grüne Flecken und Triebe.
- Bürsten Sie die Kartoffeln unter kaltem, fließendem Wasser ab.
- Trocknen Sie die Kartoffeln gut ab, bevor Sie sie salzen und in Alufolie einhüllen.

Folienkartoffeln (Baked Potatoes)

ZUTATEN

8 Kartoffeln, mehlig, groß und gleichmäßig
Salz
0,4 l Sauerrahm
Schnittlauch, fein geschnitten, zum Bestreuen

VORBEREITUNG

Rohe Kartoffeln unter fließendem Wasser abbürsten, abtrocknen, mit Salz bestreuen, in Alufolie hüllen und auf einen Backrost legen.

SO WIRD'S GEMACHT

1. Im vorgeheizten Rohr backen, bis zum Servieren bei 60 °C warm halten.
2. An der Oberseite mit der Folie kreuzweise oder länglich einschneiden und durch Druck auf die Enden aufdrücken.
3. In die entstandene Öffnung Salz streuen, Sauerrahm einfüllen, mit Schnittlauch bestreuen.

Backen: 2. Schiene von unten, 200 °C Umluft
Backdauer: ca. 1 Stunde, je nach Größe

VARIATIONEN

- Verwenden Sie als Fülle ¼ l Sauerrahm, 1 EL gehackte Dillspitzen und 150 g in Streifen geschnittenen Räucherlachs.
- Lassen Sie das Salzen der geöffneten Kartoffeln weg und mischen Sie 4 EL geröstete Speckwürfel unter den Sauerrahm für die Füllung.
- Vermischen Sie ¼ l Sauerrahm mit 1 EL gehackten Dillspitzen, befüllen Sie damit die geöffneten Folienkartoffeln und belegen Sie den Rahm mit 8 Stücken Matjesheringsfilets und Dillsträußchen.

TIPP

Zum Grillen backen Sie die Kartoffeln ca. ½ Stunde im Backrohr vor und vollenden sie bei reduzierter Hitze am Rost oder in heißer, nicht glühender Asche.

Gefüllte Kartoffeln

ZUTATEN

8 Kartoffeln, mehlig, groß
60 g Zwiebeln
150 g Frühstücksspeck oder Räucherwurst
ca. 100 g Salz zum Ausstreuen
2 EL Öl
2 EL Sauerrahm
Salz
Pfeffer, gerieben
Muskatnuss, gerieben
100 g Bergkäse, gerieben, zum Bestreuen

VORBEREITUNG

1. Rohe Kartoffeln unter fließendem Wasser abbürsten, abtrocknen.
2. Zwiebeln schälen, kleinwürfelig schneiden.
3. Speck (Wurst) in ½ cm große Würfel schneiden.
4. Backrohr vorheizen.

SO WIRD'S GEMACHT

1. Backblech mit Salz ausstreuen, Kartoffeln daraufsetzen, im vorgeheizten Rohr ca. 1 Stunde backen.
2. Von der länglichen Oberseite der Kartoffeln einen Deckel abschneiden.
3. Innenseite so aushöhlen, dass ein Rand von ca. 1 cm bleibt. Deckel vollkommen aushöhlen. Die ausgehöhlte Masse mit einer Gabel zerdrücken.
4. Öl erhitzen, Speck (Wurst) rösten, Zwiebeln beigeben, kurz mitrösten.
5. Zerdrückte Kartoffeln mit Sauerrahm und Speck (Wurst) verrühren, mit Salz, Pfeffer, Muskatnuss würzen.
6. Ausgehöhlte Kartoffeln erhaben füllen, mit Käse bestreuen, im vorgeheizten Backrohr backen.

Backen: 2. Schiene von unten, 220 °C Umluft
Backdauer: ca. 15 Minuten

Überbackene Kartoffeln mit Mangoldfülle

ZUTATEN

8 Kartoffeln, mehlig, groß
ca. 100 g Salz zum Ausstreuen
3 EL Olivenöl
150 g Mangold (ersatzweise Blattspinat), blanchiert
Salz
Pfeffer, gemahlen
Muskatnuss, gerieben
6 EL Parmesan, grob gerieben

VORBEREITUNG

Kartoffeln unter fließendem Wasser abbürsten, abtrocknen.

SO WIRD'S GEMACHT

1. Backblech mit Salz ausstreuen, Kartoffeln daraufsetzen, im auf 200 °C vorgeheizten Rohr ca. 1 Stunde backen.
2. Kartoffeln der Länge nach halbieren. Innenseite so aushöhlen, dass ein Rand von ca. 1 cm bleibt. Das Ausgehöhlte mit einer Gabel zerdrücken.
3. Zerdrückte Kartoffelmasse mit Olivenöl und Mangold (Blattspinat) vermischen, mit Salz, Pfeffer und Muskatnuss würzen.
4. Ausgehöhlte Kartoffeln erhaben füllen, mit Parmesan bestreuen und im vorgeheizten Backrohr backen.

Backen: 2. Schiene von unten, 200 °C Umluft
Backdauer: ca. 15 Minuten

Erdäpfelbuchteln

ZUTATEN

140 g Erdäpfel, mehlig, roh
Salz
30 g Germ
4 EL Milch
1 Prise Staubzucker
40 g Butter
140 g Mehl, glatt
etwas Salz
2 Dotter
Mehl zum Bestauben
90 g Butter zum Tunken und Ausstreichen
Fülle nach Wunsch (S. 172)

VORBEREITUNG

Erdäpfel waschen, schälen, vierteln.

SO WIRD'S GEMACHT

1. Erdäpfel in Salzwasser zugedeckt kochen, abseihen, im heißen Backrohr ausdampfen, passieren.
2. Germ in lauwarmer Milch mit Staubzucker auflösen.
3. Butter schmelzen, Erdäpfel, Mehl, Milch-Germ-Gemisch, Salz und Dotter in einer Schüssel mit einem Kochlöffel oder in der Rührmaschine mit Knethaken verkneten.
4. Mit einem Küchentuch abdecken, ca. 20 Minuten aufgehen lassen.

5. Teig auf einer bemehlten Arbeitsfläche zu einer Rolle formen, 2 cm dicke Scheiben schneiden, flachdrücken.

6. Jeweils in die Mitte die Fülle platzieren.

7. Teigenden aneinanderdrücken, mit der gewölbten Seite in zerlassene Butter tauchen.

8. Buchteln eng nebeneinander in eine ausgebutterte Auflaufform oder Kasserolle schichten.

9. 20 Minuten an einem warmen Ort aufgehen lassen.
10. Buchteln ins kalte Rohr schieben, Rohr einschalten, backen.

Backen: 2. Schiene von unten, 170 °C Ober-/Unterhitze
Backdauer: ca. 50 Minuten

TIPP

Dieses nicht alltägliche Kartoffelgebäck eignet sich sowohl als rustikales Partygebäck wie auch als Beilage zu kurzgebratenen Lamm- oder Schweinefleischgerichten.

Füllen für Erdäpfelbuchteln

Grammelfülle

ZUTATEN

2 EL Schmalz
60 g Zwiebeln, klein geschnitten
200 g Grammeln, klein gehackt
1 Knoblauchzehe, zerdrückt
Salz

SO WIRD'S GEMACHT

1. Schmalz in einer Pfanne erhitzen, Zwiebeln goldgelb anrösten.
2. Grammeln beigeben, kurz anschwitzen.
3. Mit Knoblauch und Salz würzen.

VARIATIONEN

Verwenden Sie statt Grammeln 200 g Speck-, Selchfleisch- oder Räucherwurstwürfel.

Rote-Zwiebel-Fülle

ZUTATEN

50 g Kristallzucker
0,1 l Rotwein
200 g Zwiebeln, rot, in Streifen geschnitten
2 EL Zitronensaft
1 Lorbeerblatt
1 Thymianzweig
Salz
Pfeffer

SO WIRD'S GEMACHT

1. Kristallzucker in einer Kasserolle schmelzen, mit Rotwein auffüllen.
2. Zwiebeln beigeben, mit Zitronensaft, Lorbeer, Thymian, Salz und Pfeffer würzen.
3. Mischung ½ Stunde verkochen.
4. Lorbeer und Thymian entfernen, Mischung auskühlen, auf einem Sieb abtropfen lassen.

Schafkäse-Speck-Fülle

160 g Schafkäse in 2 cm große Würfel schneiden und mit jeweils 1 hauchdünnen Scheibe Hamburger Speck umwickeln. Buchteln mit je 1 Würfel füllen.

Schinken-Spinat-Fülle

150 g blanchierten Blattspinat gut ausdrücken, grob hacken, mit Salz und Pfeffer und geriebener Muskatnuss würzen. 100 g in 1 cm große Würfel geschnittenen Pressschinken daruntermischen.

VARIATION

Anstelle des Schinkens können Sie auch Schafkäse- oder Mozzarellawürfel verwenden.

Pilzfülle

30 g Olivenöl erhitzen, 200 g geputzte, in Würfel geschnittene Steinpilze oder Pilze der Saison mit Salz und Pfeffer würzen, anbraten. 1 EL gehackte Petersilie untermischen.

Fisch und Fleisch in Teig backen

Fisch und Fleisch mit Teig zu ummanteln, bietet vielfältige Möglichkeiten, Gäste sehr beeindruckend zu bekochen, und hat auch geschmackliche Vorzüge. Denn keine andere Garmethode vereint kross gebackene Kruste mit saftig zartem Innenleben derart optimal.

Darauf kommt's an

- Verwenden Sie nur hochwertiges Filet und davon nur die Mittelstücke. Zuschnitte verwerten Sie anderweitig.
- Ritzen Sie die gebackene Teighülle mit einem Sägemesser ein und schneiden Sie sie mit einem sehr scharfen dünnen Messer mit stark ziehenden Bewegungen in nicht zu dünne Scheiben (Tranchen).
- Stützen Sie dabei die Schnittstellen mit einer Palette oder Bratenschaufel, damit sich der Teigmantel nicht vom Filet ablöst.
- Die meisten Gerichte können Sie sowohl warm als auch kalt mit passenden Beigaben servieren.
- Zum Backen in Blätterteig eignen sich sowohl selbstgemachter Teig als auch tiefgekühlte Handelsware.
- Bessere Backresultate erzielen Sie, wenn Sie auf einem leicht geölten Backblech und nicht auf Backtrennpapier backen.
- Salzteig ist nicht für den Verzehr geeignet, lässt jedoch große damit umhüllte Fleischstücke und Fische wie Roastbeef, Rindsfilet, Rückenfilets von Kalb, Schwein und Hirsch, Beinschinken, Masthuhn, Pute, Zander, Lachs, Wolfsbarsch etc. beim Backen besonders saftig werden.

Rindsfilet Wellington

ZUTATEN

für 6 Portionen

50 g Zwiebeln oder Schalotten
100 g Champignons
200 g Hühnerbrust, ohne Haut und Knochen
Öl zum Braten und Bestreichen
800 g Rindslungenbraten, pariert
Salz
Pfeffer, gemahlen
3 EL Petersilie, gehackt
0,2 l Schlagobers
Mehl, glatt, zum Bestauben
330 g Blätterteig
2 Dotter zum Bestreichen

TIPP

Um das Tranchieren zu erleichtern, wird im Gegensatz zum traditionellen Rezept die Pilzmasse (Duxelles) mit einer cremigen Hühnerfarce gebunden.

VORBEREITUNG

1. Zwiebeln (Schalotten) schälen, Champignons putzen.
2. Hühnerbrust klein schneiden, kühlen.
3. Etwas Öl in einer flachen Pfanne erhitzen, Rindsfilet mit Salz und Pfeffer würzen, an allen Seiten rasant braun anbraten.
4. Filet aus der Pfanne heben, erkalten lassen, mit Küchenkrepp abtupfen.
5. Backblech leicht mit Öl bestreichen.
6. Arbeitsfläche und Blätterteig mit Mehl bestauben, Teig mit einem Rollholz ca. 3 mm stark rechteckig ausrollen.

SO WIRD'S GEMACHT

1. Zwiebeln unter Rühren in Öl anrösten, Champignons beigeben, rösten, Petersilie einrühren, mit Salz und Pfeffer würzen. Erkalten lassen.

2. Hühnerbrust salzen, im Kleinschneider unter ständiger Zugabe von eiskaltem Obers zu einer streichfähigen, glatten Farce mixen, mit der Pilzmasse verrühren.

3. Farce mittels Spritzsack mit glatter Tülle am unteren Ende des Blätterteigs in Größe des Filets in nebeneinander liegenden Streifen aufspritzen.

4. Farce mit einer Palette gleichmäßig auf dem Blätterteig verstreichen.

5. Rindsfilet daraufsetzen.

6. Restliche Farce auf das Filet aufspritzen, rundum verstreichen.

7. Teig vorsichtig an die Farce andrücken.

8. Teig seitlich mit Dotter bestreichen.

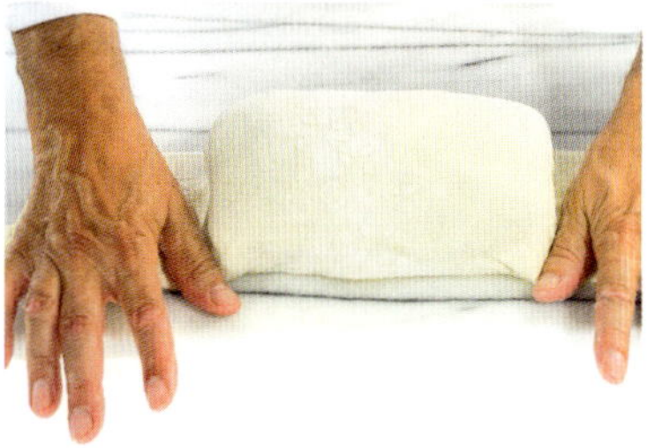

9. Filet straff mit Teig umhüllen (darüberschlagen), mit den Handflächen glätten.

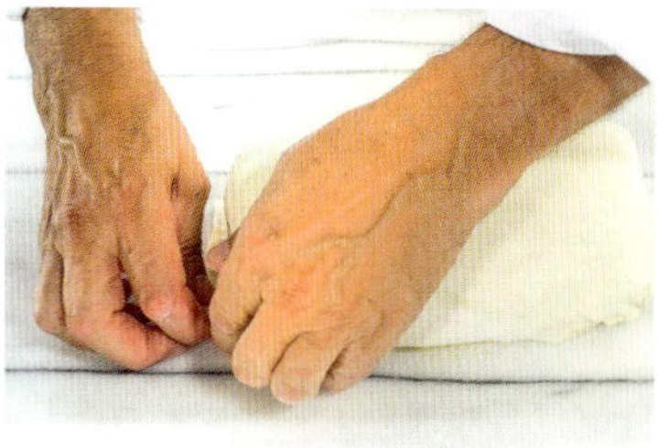

10. Enden verschließen. Teigpaket mit Dotter bestreichen und im vorgeheizten Backrohr backen.

Backen: 2. Schiene von unten, 20 Minuten 200 °C Umluft, ca. 40 Minuten 120 °C Ober-/Unterhitze, ca. 15 Minuten warm rasten lassen
Kerntemperatur: bei 58 °C ist das Filet medium; 50 °C zum Rasten
Backdauer: gesamt ca. 1 Stunde plus 15 Minuten rasten

VARIATION

Kneten Sie die Teigreste zusammen, lassen Sie sie rasten und rollen Sie sie anschließend aus. Stellen Sie mit einem Gitterschneider ein Gitter her und legen Sie es auf die mit Dotter bestrichene Teighülle. Abschließend nochmals mit Dotter bestreichen und backen.

Kalbsrücken in Mürbteig

ZUTATEN

für 6–8 Portionen

240 g Butter, kalt
nach Bedarf Öl zum Einfetten
500 g Mehl, glatt
2 Eier
1 KL Salz
5 cl Wasser
Öl zum Anbraten
1 kg Kalbsrückenfilet, pariert
Salz
Mehl zum Bestauben
4 EL Kräuter, gehackt (zum Beispiel Estragon, Zitronenthymian, Petersilie)
1 Dotter zum Bestreichen

VORBEREITUNG

1. Butter in Würfel schneiden.
2. Backblech leicht mit Öl bestreichen oder mit Backtrennpapier belegen.

SO WIRD'S GEMACHT

1. Mehl, Butter, Eier, Salz und Wasser rasch und kühl zu einem Teig verkneten, mit Frischhaltefolie abdecken, ca. ½ Stunde kühl rasten lassen.
2. Öl in passender Pfanne oder Bräter erhitzen, Fleisch rundum salzen, an allen Seiten rasant anbraten, aus der Pfanne heben, erkalten lassen, mit Küchenkrepp abtupfen.
3. Teig, Arbeitsfläche und Rollholz mit Mehl bestauben, Teig ca. 3 mm stark rechteckig ausrollen.
4. Kräuter vermischen, Teig damit fast bis zu den Rändern bestreuen, Teigränder mit Dotter bestreichen.
5. Fleisch mit der schönen Oberseite nach unten auf den Teig legen, straff mit Teig einhüllen, Teig aneinanderpressen, Enden verschließen.
6. Mit der Teignaht nach unten auf das Backblech legen, mit Dotter bestreichen, im vorgeheizten Rohr backen.

Backen: 2. Schiene von unten, 20 Minuten 200 °C Umluft, 35 Minuten 120 °C Ober-/Unterhitze, 10 Minuten warm rasten lassen
Backdauer: gesamt ca. 55 Minuten

TIPPS

- Verkneten Sie den Teig so rasch wie möglich, damit er nicht die Bindung verliert. Sollte dies der Fall sein, fügen Sie etwas kalte Milch bei und kneten, bis der Teig wieder Bindung erhält.
- Eine Sättigungsbeilage ist zu diesem Gericht nicht erforderlich, da diese durch den Teig ersetzt wird.

VARIATIONEN

Anstelle von Kalbfleisch kann auch Schweinsrückenfilet verwendet werden.

BEILAGEN

Erbsenschoten, Romanesco- oder Broccoliröschen, grüne oder weiße Spargelspitzen, glasierte Karotten, Kirschtomaten etc.

Schweinsrücken in Salzteig

ZUTATEN

für 6–8 Portionen

1 kg Schweinskarree, ausgelöst
150 g Äpfel, geschält, entkernt
100 g Datteln, entsteint
500 g Mehl, glatt
500 g Salz
1 EL Wacholderbeeren, geschrotet
¼ l Wasser
Mehl zum Bestauben
Öl zum Anbraten
Salz
Zimt, gemahlen
2 Dotter zum Bestreichen

VORBEREITUNG

1. Schweinskarree in der Mitte (horizontal) mit einem dünnen Messer fast durchstechen und zu einer Tasche erweitern.
2. Äpfel schälen, entkernen, in grobe Würfel schneiden.
3. Datteln halbieren, mit den Äpfeln vermischen.

SO WIRD'S GEMACHT

1. Für den Teig Mehl, Salz, Wacholder und Wasser auf bemehlter Arbeitsfläche oder in der Rührmaschine mit Knethaken zu einem glatten Teig verkneten, ca. ½ Stunde kühl rasten lassen.
2. Früchte in die Öffnung des Schweinsrückens prall einfüllen, stets nachdrücken; auch von oben drücken, damit die Fülle gleichmäßig verteilt wird.
3. Öl in passender Pfanne oder Bräter erhitzen, Fleisch rundum salzen, an allen Seiten rasant anbraten, aus der Pfanne heben, erkalten lassen, mit Zimt einreiben.
4. Teig, Arbeitsfläche und Rollholz mit Mehl bestauben, Teig ca. 3 mm stark rechteckig ausrollen.
5. Fleisch mit der schönen Oberseite nach unten auf den Teig legen, damit straff einhüllen, Teigabschluss mit Dotter bestreichen, aneinanderpressen, Enden verschließen.
6. Mit der Teignaht nach unten auf das Backblech legen, mit Dotter bestreichen, im vorgeheizten Rohr backen.
7. Kruste bei Tisch abheben, Fleisch in ca. 12 mm starke Scheiben schneiden. Kruste ist nicht für den Verzehr geeignet.

Backen: 2. Schiene von unten, 20 Minuten 200 °C Umluft,
35 Minuten 120 °C Ober-/Unterhitze, 10 Minuten warm rasten lassen
Backdauer: gesamt ca. 55 Minuten

VARIATION

Die Fülle kann nach Belieben mit gekochter, gewürfelter Pökelzunge, getrockneten Feigen oder Birnen (Kletzen) und Walnusskernen kombiniert werden.

TIPP

Salzteig würzen und aromatisieren Sie je nach Fleisch- oder Fischart mit Kümmel, geschroteten Pfefferkörnern oder Wacholderbeeren, Fenchel- oder Dillkraut, Bärlauch, Knoblauch, Rosmarin oder Thymian.

Schinken in Brotteig

ZUTATEN

für 1 Kastenform, 30 × 40 × 8 cm
ca. 6 Portionen

ca. 2,4 kg Roggen- oder Mischbrotteig (S. 111 oder vom Bäcker)
Butter zum Ausstreichen
einige Roggenbrotscheiben (S. 111 oder Handelsware)
ca. 2,4 kg Karreeschinken, ausgelöst, gerollt, vorgegart

VORBEREITUNG

Brotteig zubereiten oder fertigen Teig bereitstellen.

1. Form mit Butter bestreichen, mit Backtrennpapier auslegen, dieses ebenfalls mit Butter bestreichen. Teig in die Form setzen und am Rand hochdrücken.

2. Am Formboden einige Brotscheiben auflegen, die den austretenden Saft des Schinkens auffangen, damit der Teigboden nicht speckig wird.

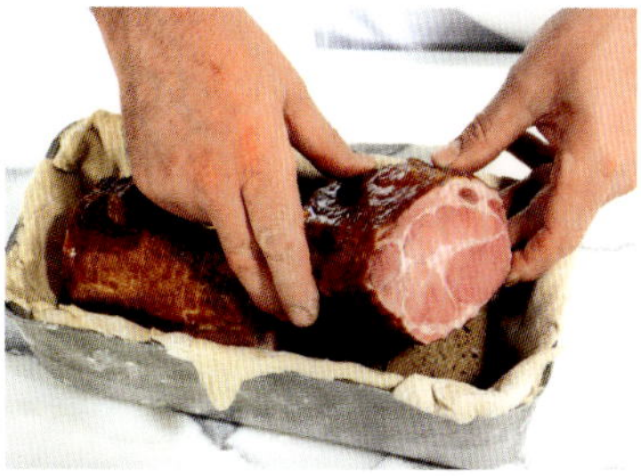

3. Schinken darauflegen, Teig darüberziehen und seitlich verschließen, mit kaltem Wasser bestreichen.

4. Zugedeckt bei Zimmertemperatur ca. 45 Minuten gehen lassen.

5. In das kalte Backrohr schieben, backen, anschließend aus dem Rohr nehmen, ca. 20 Minuten rasten lassen. Aus der Form stürzen, Oberseite mit einem Sägemesser einritzen, mit glattem Messer tranchieren.

Backen: 2. Schiene von unten, 190 °C Umluft
Backdauer: siehe unten, 20 Minuten warm rasten lassen

TIPPS

- Pro Kilo Schinken berechnen Sie eine Backdauer von ca. 1 Stunde.
- Nicht vorgegarter Schinken muss in leicht gesalzenem Wasser kernig gekocht, in kaltem Wasser abgefrischt und erkaltet mit Küchentuch abgetrocknet werden (Kochdauer ca. 2 Stunden – als Garprobe mit einer Gabel anstechen).

VARIATION

Alternativ zu Karreeschinken verwenden Sie ca. 3 ½ kg Jungschweins-Beinschinken oder ausgelösten Beinschinken. Auf einem leicht geölten Backblech backen.

Rehrücken in Ciabattahülle

ZUTATEN

100 g Eierschwammerl oder andere Pilze
100 g Hühnerbrust, ohne Haut und Knochen
1 Wecken Ciabattabrot
3 EL Öl zum Braten
600 g Rehrückenfilet, pariert
Salz
Pfeffer, gemahlen
Zimt, gemahlen
Butter zum Anbraten und Bestreichen
0,1 l Schlagobers

VORBEREITUNG

1. Pilze putzen, große Exemplare zerteilen.
2. Hühnerbrust klein schneiden.
3. Ciabatta entrinden und in 1 cm dicke, möglichst großflächige Scheiben schneiden.

SO WIRD'S GEMACHT

1. Öl in einer Pfanne erhitzen, Rehrücken mit Salz, Pfeffer und Zimt würzen, an allen Seiten anbraten, aus der Pfanne heben, auskühlen lassen.
2. Butter in einer Pfanne erhitzen, Eierschwammerl (Pilze) rösten, mit Salz und Pfeffer würzen, auskühlen lassen.
3. Hühnerbrust salzen, im Kleinschneider unter ständiger Zugabe von eiskaltem Obers zu einer streichfähigen, glatten Farce mixen, mit Eierschwammerln (Pilzen) verrühren.
4. Alufolie mit weicher Butter bestreichen, Ciabatta-Scheiben darauflegen, mit Farce bestreichen. Die entstandene Fläche sollte so groß sein, dass das Filet vollständig umhüllt wird.
5. Rehfilets auf die mit Farce bestrichene Brotfläche setzen, mit der Alufolie straff einrollen, im vorgeheizten Rohr backen.
6. Anschließend Folie ablösen. Butter in einer Pfanne erhitzen, Filet rundum knusprig braten.

Backen: unterste Schiene, 200 °C Umluft
Backdauer: ca. 15 Minuten

Schweinsfilet in Spinatbiskuit

ZUTATEN

1 Schweinsnetz
Öl zum Anbraten
600 g Schweinslungenbraten, pariert
Salz
Pfeffer, weiß, gemahlen

FÜR DIE DUXELLES

200 g Zwiebeln
250 g Champignons
2 EL Petersilie, gehackt
50 g Butter
Salz
Pfeffer, gemahlen

FÜR DAS SPINATBISKUIT

5 Eier
Salz
20 g Maisstärkemehl
50 g Spinat, passiert
Pfeffer, weiß, gemahlen
Muskatnuss, gerieben
80 g Mehl, glatt
Mehl zum Bestauben

VORBEREITUNG

1. Zwiebeln schälen und fein hacken.
2. Champignons putzen und fein hacken.
3. Petersilie zupfen, hacken.
4. Schweinsnetz in kaltem Wasser einweichen.
5. Backblech mit Backtrennpapier belegen.

SO WIRD'S GEMACHT

1. Öl in einer Pfanne erhitzen, Filet mit Salz und Pfeffer würzen, an allen Seiten anbraten, aus der Pfanne heben, abkühlen, mit Küchenkrepp abtupfen.
2. Für die Duxelles Butter in einer Pfanne erhitzen, Zwiebeln darin hell anrösten, Champignons beigeben, weiterrösten, mit Salz und Pfeffer würzen, Petersilie einrühren.
3. Für das Biskuit Eier trennen, Eiweiß mit 1 Prise Salz cremig schlagen, Stärkemehl hinzufügen und steif schlagen.
4. Dotter mit Spinat und Gewürzen verrühren, unter den Schnee heben; anschließend Mehl unterheben.
5. Biskuitmasse 1 cm stark auf das Backtrennpapier streichen, im vorgeheizten Rohr backen, danach auf ein bemehltes Brett stürzen und Papier abziehen.
6. Biskuit sofort mit zwei Dritteln der Pilzmasse (Duxelles) bestreichen, Schweinsfilet darauflegen und rasch einrollen.
7. Schweinsnetz aus dem Wasser heben, gut ausdrücken, auf einem Tuch ausbreiten.
8. In Biskuit gehülltes Filet mit dem Netz umhüllen, auf ein gefettetes Blech legen und backen.

Backen: 2. Schiene von unten, 200 °C Umluft
Backdauer: je nach Dicke des Filets 15–20 Minuten
(Kerntemperatur 62 °C)

TIPP

Anstelle des Schweinsnetzes können Sie mit Butter bestrichene Alufolie verwenden, die Backdauer verlängert sich dann um 4 Minuten; nach dem Backen sofort aus der Folie wickeln.

VARIATIONEN

- Statt Schweinsfilet können Sie auch Rehrücken- oder Lammrückenfilets auf die gleiche Weise zubereiten.
- Verwenden Sie statt Spinat blanchierte, pürierte Bärlauchblätter.

Hühnerragout mit Strudelteig-Haube

ZUTATEN

480 g Hühnerbrust, ausgelöst und ohne Haut
1 Bund Jungzwiebeln, je nach Größe geviertelt oder halbiert
1 Paprikaschote, rot
3 EL Öl zum Anbraten
Salz
Pfeffer, gemahlen
12 Kirschtomaten
1/16 l Weißwein
1 Rosmarinzweig
1 Ei, versprudelt
3 Strudelteigblätter, tiefgekühlt
30 g Butter, flüssig
Kümmel, ganz
Mohn, ganz

VORBEREITUNG

1. Hühnerbrust in ca. 2 cm große Würfel schneiden.
2. Paprika waschen, halbieren, vom Kerngehäuse befreien und in ca. 1½ cm große Quadrate schneiden.

SO WIRD'S GEMACHT

1. Öl in einer Pfanne erhitzen, Hühnerbrust mit Salz und Pfeffer würzen, anbraten.
2. Paprika, Tomaten und Jungzwiebeln beigeben, kurz mitrösten.
3. Mit Weißwein ablöschen, kurz andünsten, das Fleisch muss innen roh sein.
4. Hühnerragout in eine Auflaufform geben, Rosmarin hinzufügen, Formränder außen mit Ei bestreichen.
5. Strudelteigblätter ca. 10 cm größer als die Form zuschneiden, mit Butter bestreichen, übereinanderlegen.
6. Form damit abdecken, Teig am Außenrand der Form gut andrücken.
7. Strudelteig an der Oberseite nochmals mit Butter bestreichen und mit Kümmel und Mohn bestreuen. Im vorgeheizten Backrohr backen.

Backen: 2. Schiene von unten, 180 °C Umluft
Backdauer: ca. 20 Minuten

Lammrücken in Strudelteig

ZUTATEN
für 6 Portionen

900 g Lammrückenfilets, ausgelöst, geputzt
Salz
Pfeffer, schwarz, gemahlen
1 TL Rosmarin, grob gehackt
Öl zum Braten
2 Knoblauchzehen, gepresst
400 g Kohl, fein geschnitten
Kümmel, gemahlen
2 EL Crème fraîche
Strudelteig (S. 214/15, halbe Menge) oder 3 Strudelteigblätter, tiefgekühlt
Butter zum Beträufeln und Bestreichen
120 g Frühstücksspeck-Scheiben, ohne Knorpel

SO WIRD'S GEMACHT

1. Lammrückenfilets mit Salz, Pfeffer und Rosmarin würzen.
2. Öl in einer Pfanne erhitzen, Filets an allen Seiten hell anbraten, aus der Pfanne heben, mit Knoblauch einstreichen (das Fleisch muss innen noch kalt sein).
3. Kohl ca. 2 min in Salzwasser überkochen, mit kaltem Wasser abfrischen, abseihen, leicht abpressen.
4. Kohl mit Salz, Pfeffer und Kümmel würzen, mit Crème fraîche vermischen.
5. Strudelteig ausziehen, mit flüssiger Butter beträufeln, unteres Drittel mit Speckscheiben belegen.
6. Speck dünn mit Kohlmasse bestreichen, Lammfilets daraufsetzen.
7. Strudel straff einrollen, mit Butter bestreichen und auf ein gebuttertes Blech legen. Im vorgeheizten Rohr backen.

Backen: unterste Schiene, 180 °C Umluft
Backdauer: ca. 15 Minuten, 10 Minuten warm rasten lassen (Kerntemperatur 58 °C)

Lachsfilet im Blätterteigmantel

ZUTATEN

250 g Zanderfilet, ohne Haut
8–10 Basilikumblätter
80 g Pinienkerne
Öl zum Bestreichen
0,2 l Schlagobers
400 g Lachsfilet, ohne Haut
Salz
250 g Blätterteig, tiefgekühlt
Mehl, glatt, zum Bestauben
1 Dotter zum Bestreichen

VORBEREITUNG

1. Zanderfilet klein schneiden, kühlen.
2. Basilikumblätter von den Stielen zupfen, grob schneiden.
3. Pinienkerne rösten.
4. Backblech leicht mit Öl bestreichen.
5. Blätterteig, Arbeitsfläche und Rollholz mit Mehl bestauben, Teig ca. 3 mm stark rechteckig ausrollen.

SO WIRD'S GEMACHT

1. Zander und Basilikum im Kleinschneider mit kaltem Obers zu einer streichfähigen, glatten Farce mixen. Pinienkerne unterrühren.

2. Farce in einen Spritzsack mit glatter Tülle füllen. Lachsfilet an allen Seiten kräftig salzen.

3. Farce am unteren Ende des Blätterteigs in Größe des Lachsfilets in nebeneinander liegenden Streifen aufspritzen.

4. Farce gleichmäßig mit einer Palette auf dem Teig verstreichen.

5. Lachsfilet daraufsetzen, restliche Farce aufspritzen, verstreichen.

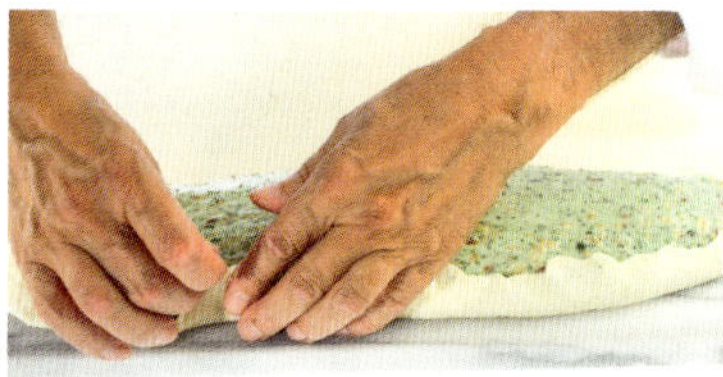

6. Kleineren Teigteil an die Farce andrücken, mit Dotter bestreichen.

7. Lachsfilet mit dem großen Teil des Teiges umhüllen (darüberschlagen), Teigpaket mit den Handflächen glätten.

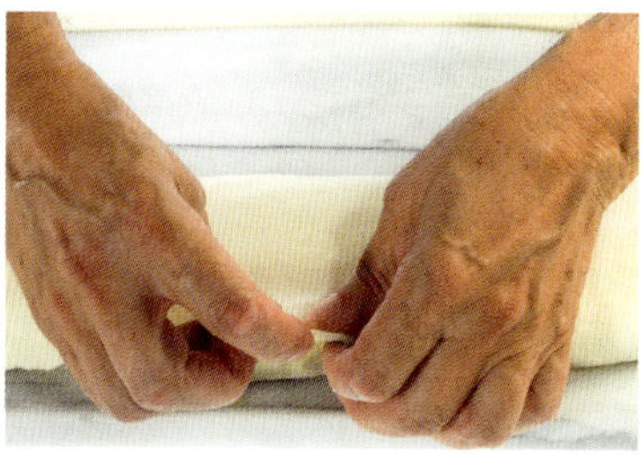

8. Enden verschließen. Teig mit Dotter bestreichen, im vorgeheizten Rohr backen.

Backen: 2. Schiene von unten, 10–12 Minuten bei 220 °C Umluft, dann Temperaturregler auf 0 stellen und Backrohrtüre halb öffnen, ca. 8 Minuten nachbacken
Backdauer: insgesamt ca. 18–20 Minuten

TIPPS

- Am besten verwenden Sie Lachs-Mittelstück ohne Bauchlappen.
- Für festliche Anlässe verdoppeln Sie die Menge der Zutaten und gestalten den in Blätterteig eingeschlagenen Lachs fischförmig und versehen ihn mit Schuppen und Flossen.

Dorade in Pergamenthülle

ZUTATEN

für 2 Portionen

1 Dorade ausgenommen und geschuppt, ca. 600 g
3 Knoblauchzehen
8 Oliven, schwarz, entkernt
60 g Tomaten, getrocknet
Salz
Pfeffer, gemahlen
1 Thymianzweig
5 Salbeiblätter
2 EL Olivenöl

VORBEREITUNG

1. Dorade unter fließendem Wasser mit einem Messerrücken von eventuellen Rest-Schuppen befreien.
2. Flossen abschneiden, Bauchhöhle waschen, mit Küchenkrepp trocken tupfen.
3. Knoblauchzehen schälen und feinblättrig schneiden.
4. Oliven und getrocknete Tomaten in Würfel schneiden.
5. Pergamentpapier großzügig ausschneiden, sodass der Fisch eingeschlagen werden kann und rundum noch ein Rand von 7–8 cm zum Verschließen bleibt.

SO WIRD'S GEMACHT

1. Dorade auf das Pergamentpapier legen.

2. Getrocknete Tomaten, Oliven und einige Knoblauchscheiben oben auf der Dorade platzieren.

3. Bauchhöhle mit Kräutern und Knoblauchscheiben füllen.

4. Dorade an der Außenseite und in der Bauchhöhle salzen und pfeffern.

5. Pergament mit Öl einstreichen. Päckchen luftdicht verschließen.

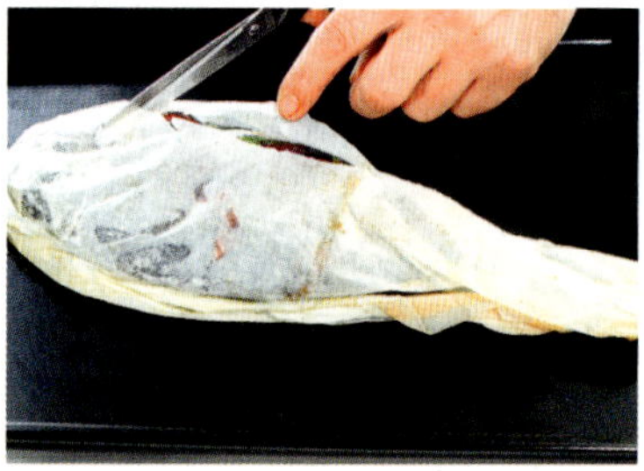

6. Dorade backen, Päckchen bei Tisch aufschneiden.

Backen: 2. Schiene von unten, 200 °C Umluft
Backdauer: ca. 25 Minuten

TIPP

Diese klassische Zubereitung von Fischen in taschenähnlich verschlossenem Pergament- oder Backpapier kombiniert zart-saftige Garung mit dem attraktivem Effekt, dass sich die Papiertasche durch die Dampfentwicklung ballonartig bläht und, bei Tisch geöffnet, das wunderbare Aroma von Fisch und Kräutern verströmt.

VARIATIONEN

Anstelle von Dorade können Sie beliebige Süß- oder Salzwasserfische im Ganzen verwenden.

Dorade in Bratfolie

ZUTATEN

für 2 Portionen

1 Dorade, ausgenommen und geschuppt, ca. 600 g
1 Fenchelknolle
80 g Zwiebeln
100 g Karotten
Salz
Pfeffer, gemahlen
1 Rosmarinzweig
Fenchelkraut
3 Knoblauchzehen, blättrig geschnitten
Olivenöl zum Bestreichen

VORBEREITUNG

1. Dorade unter fließendem Wasser mit einem Messerrücken von eventuellen Rest-Schuppen befreien.
2. Flossen abschneiden, Bauchhöhle gut waschen, mit Küchenkrepp trocken tupfen.
3. Fenchel waschen, äußere Schichten ablösen, Fäden ziehen, halbieren, Strunk ausschneiden, in feine Streifen schneiden.
4. Zwiebeln und Karotten schälen, in Streifen schneiden.
5. Bratenfolie-Schlauch in der doppelten Länge des Fisches abschneiden, an einem Ende zusammenknoten.

SO WIRD'S GEMACHT

1. Dorade an der Außenseite und in der Bauchhöhle mit Salz und Pfeffer würzen, mit Kräutern und Knoblauchscheiben füllen.
2. Gemüse in die Bratenfolie geben, Fisch mit Olivenöl bestreichen und auf das Gemüse setzen.
3. Anderes Ende der Bratenfolie verknoten, Folie mit einer Nadel an der Oberseite zwei- bis dreimal einstechen, damit sie nicht platzt.
4. Auf einem Backblech in das kalte Rohr schieben.

Backen: 2. Schiene von unten, 200 °C Umluft
Backdauer: ca. 25 Minuten

TIPP

Anstelle von Dorade können Sie beliebige Süß- oder Salzwasserfische im Ganzen verwenden.

Wolfsbarsch in Fenchelsalzkruste

ZUTATEN

für 2 Portionen

1 Wolfsbarsch, mit Kopf, ca. 800 g
1 Fenchelknolle mit Grün
Salz, am besten Meersalz, zum Würzen
ca. 1,2 kg Salz, am besten Meersalz, für die Kruste
3 Eiweiß
Zitronensaft und Olivenöl zum Beträufeln

VORBEREITUNG

1. Wolfsbarsch nicht schuppen. Ausnehmen oder vom Fischhändler ausnehmen lassen, Seitenflossen abtrennen.
2. Außen und in der Bauchhöhle waschen, mit Küchenkrepp abtupfen.
3. Fenchel putzen, Fenchelkraut abzupfen, Knolle in Streifen schneiden, kräftig salzen.
4. Fisch innen salzen.

SO WIRD'S GEMACHT

1. Für die Kruste Salz, Eiweiß und Fenchelkraut zu einer formbaren Masse verarbeiten.

2. Salzmasse 2 cm dick in Form und Größe des Fisches auf das Backblech auftragen.

3. Fisch darauflegen.

4. Innen mit Fenchelstreifen füllen, andrücken.

5. Mit restlicher Salzmasse gleichmäßig bedecken, mit den Handflächen formgerecht glätten.

6. Backen. Salzkruste bei Tisch öffnen (aufklopfen) und abheben, Haut des Fisches ablösen, anschließend filetieren.

Backen: unterste Schiene, 180 °C Umluft
Backdauer: ca. 18 Minuten, anschließend ohne Hitze bei geöffneter Backrohrtür ca. 8 Minuten ziehen lassen

TIPPS

- Zum Anrichten bestreuen Sie den filetierten Wolfsbarsch mit Meersalz und beträufeln ihn mit Zitronensaft und Olivenöl.
- Anstelle des oft schwer erhältlichen Wolfsbarsches können Sie auch Zander, Lachs oder große Lachsforellen auf diese Weise zubereiten.

Süßes

Grundrezepte für Massen

Massen bilden die Basis für Rouladen, Schnitten, Torten und Kuchen. Sie sind schaumig, weich, streich- und dressierbar und enthalten weniger Mehl als Teige. Als Triebmittel dienen mit Kristallzucker cremigsteif geschlagenes Eiweiß oder schaumig gerührte Dotter. Leichten Sandmassen wird geschmolzene, schweren Sandmassen etwas mehr schaumig gerührte Butter beigemengt, wodurch sie saftiger und gehaltvoller werden.

Darauf kommt's an

- Verwenden Sie stets gut gekühlte Eier.
- Sieben Sie das Mehl, um Klümpchenbildung zu vermeiden und eine zusätzliche Lockerung der Masse zu erzielen.
- Rühren Sie handwarme Butter mit einer elektrischen Rührmaschine auf höchster Stufe schaumig.
- Stellen Sie vor dem Schneeschlagen alle Zutaten bereit.
- Schlagen Sie Eischnee in einem fettfreien Gefäß cremig-steif, ohne dass der Schnee ausflockt.
- Schieben Sie die Masse so schnell wie möglich ins vorgeheizte Rohr, damit sie nicht zusammenfällt.
- Stürzen Sie die gebackene Masse zum Auskühlen sofort auf mit Kristallzucker bestreutes Backtrennpapier oder auf einen Kuchenrost.

Biskuitmasse für Rouladen und Schnitten

ZUTATEN

für 1 Biskuitfleck 30 × 40 cm (1 Haushaltsblech)

100 g Mehl, glatt
6 Dotter
100 g Kristallzucker
1 EL Vanillezucker
½ KL Zitronenschale, gerieben
Prise Salz
4 Eiweiß

VORBEREITUNG

1. Backblech mit Backtrennpapier belegen.
2. Mehl sieben, alle Zutaten in der Reihenfolge der Verwendung bereitstellen.
3. Backrohr rechtzeitig vorheizen.

SO WIRD'S GEMACHT

1. Dotter mit 20 g Kristallzucker, Vanillezucker, Zitronenschale und Salz schaumig rühren.
2. Eiweiß mit 80 g Kristallzucker zu cremig-steifem Schnee schlagen.
3. Ein Drittel des Schnees flott mit einem Kochlöffel in die Dottermasse rühren.
4. Restlichen Schnee unter die Dottermasse heben, Mehl vorsichtig einrühren.
5. Masse mit einer Winkelpalette gleichmäßig ca. 15 mm dick auf das Blech aufstreichen und backen.
6. Nach dem Backen sofort auf mit Kristallzucker bestreutes Backpapier stürzen.

Backen: 2. Schiene von unten, 200 °C Ober-/Unterhitze
Backdauer: 8–10 Minuten

TIPPS

- Ziehen Sie das Backpapier erst vor der Weiterverarbeitung ab. So bleibt das Biskuit saftig.
- Überschüssiges Eiweiß kann man tiefkühlen und aufgetaut zu Schnee verarbeiten.

Biskuitmasse, alternative Methode

ZUTATEN

6 Eier
130 g Kristallzucker
1 EL Vanillezucker
Prise Salz
130 g Mehl, glatt
1 EL Öl oder Butter, zerlassen

SO WIRD'S GEMACHT

1. Eier mit Kristallzucker, Vanillezucker und Salz mit dem Handrührgerät sehr schaumig rühren.
2. Mehl vorsichtig unterheben, Öl (zerlassene Butter) einrühren.
3. Masse mit einer Winkelpalette auf ein mit Backpapier belegtes Blech aufstreichen, backen und stürzen wie oben beschrieben.

Biskuitmasse für Biskotten

ZUTATEN

6 Dotter
210 g Kristallzucker
½ TL Vanillezucker
6 Eiweiß
160 g Mehl
60 g Stärkemehl
Staubzucker zum Bestreuen

VORBEREITUNG

1. Dressiersack mit Lochtülle (Nr. 8) vorbereiten.
2. Backblech mit Backtrennpapier belegen.
3. Mehl mit Stärkemehl versieben.
4. Backrohr rechtzeitig vorheizen.

SO WIRD'S GEMACHT

1. Dotter mit 60 g Kristallzucker und Vanillezucker schaumig rühren.
2. Eiweiß mit restlichem Kristallzucker zu cremig-steifem Schnee schlagen.

3. Ein Drittel des Schnees flott unter die Dottermasse rühren.

4. Restlichen Schnee und die Mehl-Stärkemehl-Mischung vorsichtig unterheben.

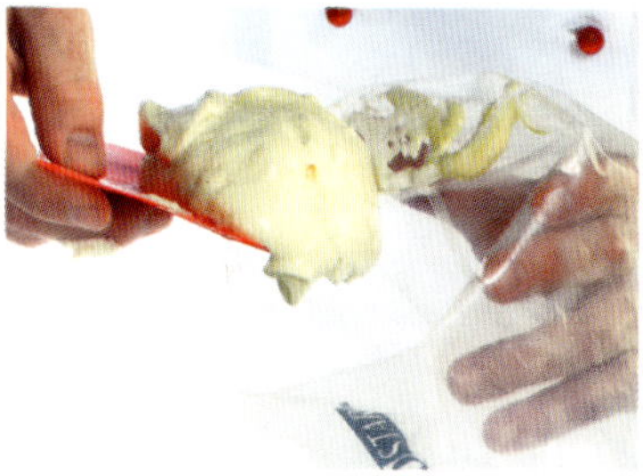

5. Masse in den Dressiersack füllen.

6. Biskottenförmig ca. 7 cm lang auf das vorbereitete Blech dressieren.

7. Mit Staubzucker besieben.

8. Bei leicht geöffneter Backrohrtür trocken ausbacken.

Backen: 2. Schiene von unten, 200 °C Ober-/Unterhitze
Backdauer: ca. 8 Minuten

Masse für Torten (leichte Sandmasse)

ZUTATEN

für 1 Torte Ø 24 cm

nach Bedarf Butter zum Ausstreichen
nach Bedarf Mehl zum Ausstauben
90 g Mehl, glatt
30 g Stärkemehl
40 g Butter
4 Dotter
3 Eier
110 g Kristallzucker
1 EL Vanillezucker
½ KL Zitronenschale, gerieben
Prise Salz

Backen: 2. Schiene von unten, 170 °C Ober-/Unterhitze
Backdauer: ca. 35 Minuten

VERWENDUNG

für Torten und Tortenböden

VORBEREITUNG

1. Tortenreifen in Papier einschlagen oder Spring- bzw. Kuchenform mit Butter ausstreichen und mit Mehl ausstauben.
2. Mehl mit Stärkemehl versieben, Butter schmelzen.
3. Backrohr rechtzeitig vorheizen.

SO WIRD'S GEMACHT

1. Dotter und Eier mit Kristallzucker, Vanillezucker, Zitronenschale und Salz schaumig rühren.

2. Mehl-Stärkemehl-Gemisch vorsichtig mit einem Kochlöffel unter die Eiermasse heben.

3. Zuletzt die flüssige Butter einrühren.

4. In die vorbereitete Tortenform füllen und verstreichen.

Masse für Kuchen (schwere Sandmasse)

ZUTATEN

für 1 Kastenform 30 × 10 × 8 cm

Butter zum Ausstreichen der Form
Mehl zum Bestauben
250 g Mehl, glatt
100 g Staubzucker
250 g Butter
1 EL Vanillezucker
Prise Salz
5 Dotter
1/16 l Milch
5 Eiweiß
150 g Kristallzucker

VORBEREITUNG

1. Kastenform mit weicher Butter ausstreichen, mit Mehl ausstauben.
2. Mehl und Staubzucker gesondert sieben.
3. Backrohr rechtzeitig vorheizen.

SO WIRD'S GEMACHT

1. Handwarme Butter mit Staubzucker, Vanillezucker und Salz schaumig rühren.

2. Dotter mit Milch vermengen, nach und nach unter den Abtrieb rühren.

3. Eiweiß mit Kristallzucker cremigsteif schlagen, ein Drittel davon unter den Abtrieb rühren.

4. Restlichen Eischnee unter die Buttermasse heben.

5. Gesiebtes Mehl vorsichtig einrühren.

6. Masse in die vorbereitete Kastenform füllen, backen.

Backen: 30 Minuten unterste Schiene, dann 25 Minuten 2. Schiene von unten, 160 °C Ober-/Unterhitze
Backdauer: ca. 55 Minuten

Kakaomasse

Reduzieren Sie bei der Zubereitung des links stehenden Rezeptes die Mehlmenge um 50 g. Vermischen Sie 50 g Kakao mit den restlichen 200 g Mehl und rühren Sie die Mischung vorsichtig unter die Masse.

Nussmasse

Reduzieren Sie bei der Zubereitung des links stehenden Rezeptes die Mehlmenge um 100 g. Vermischen Sie 100 g geriebene Walnüsse mit den restlichen 150 g Mehl und rühren Sie die Mischung vorsichtig unter die Masse.

Mohnmasse

Reduzieren Sie bei der Zubereitung des links stehenden Rezeptes die Mehlmenge um 100 g. Vermischen Sie 100 g geriebenen Mohn mit den restlichen 150 g Mehl und rühren Sie die Mischung vorsichtig unter die Masse.

Windmasse

ZUTATEN

6 Eiweiß
210 g Kristallzucker
210 g Staubzucker

VORBEREITUNG

1. Backblech vorheizen.
2. Backtrennpapier auf Blechgröße zuschneiden, Staubzucker sieben.
3. Backrohr und Backblech rechtzeitig vorheizen.

SO WIRD'S GEMACHT

1. Eiweiß mit Kristallzucker cremig-steif schlagen, Staubzucker mit einem Kochlöffel vorsichtig unterheben.

2. Masse wahlweise in einen Spritzsack mit glatter oder gezackter Tülle füllen, in beliebiger Form auf Backtrennpapier dressieren.

3. Je nach vorgesehenem Verwendungszweck dekorieren.

4. Backpapier auf ein erhitztes Backblech ziehen, bei eingehängter Backrohrtür ca. 8 Stunden trocknen lassen, vom Papier lösen.

Backen: 2. Schiene von unten, 60 °C Ober-/Unterhitze
Backdauer: ca. 8–10 Stunden

TIPPS

- Rohe Windmasse kann mit Lebensmittelfarben eingefärbt und/oder mit bunten Zuckerstreuseln bestreut werden.
- Windbäckerei stets trocken lagern.

VERWENDUNG

für Kleingebäck, Baiser, Vacherin, Torten und Dekorationszwecke

Grundrezepte für Teige

Teige sind durch den hohen Anteil an Mehl elastisch und formbar. Sie werden meist händisch oder in der Maschine mit dem Knethaken geknetet und nur selten gerührt (Palatschinken- und Backteig).

Blätterteig (Butterteig)

Darauf kommt's an

- Blätterteig besteht aus einem Vorteig aus Mehl, Butter, Ei, Salz und Rum und aus einem mit Mehl verkneteten Butterziegel.
- Dank des speziellen Verarbeitungsverfahrens (tourieren) enthält Blätterteig 144 Fett- und 145 Teigschichten, die ihn beim Backen stark soufflieren lassen.
- Vorteig und Butterziegel müssen die gleiche Temparatur aufweisen.
- Entscheidend ist, dass der Teig stets gleichmäßig ausgerollt, die Kühlzeit eingehalten und die Butter beim Ausrollen nicht durch den Vorteig gepresst wird.
- Im Handel erhältlicher Blätterteig wird mit Ziehmargarine hergestellt und darf nicht als Butterteig deklariert werden. Er ist qualitativ sehr gut, mit hausgemachtem Butter-Blätterteig jedoch weder im Geschmack noch beim »Soufflieren« vergleichbar.

Blätterteig

ZUTATEN

FÜR DEN VORTEIG

500 g Mehl, glatt
0,2 l Wasser
50 g Butter
8 g Salz
1 Ei
1 EL Rum
Mehl zum Bestauben

FÜR DEN BUTTERZIEGEL

50 g Mehl, glatt
400 g Butter

VORBEREITUNG

1. Mehl und Wasser im Kühlschrank vorkühlen.
2. Butter für den Butterziegel in kleine Stücke schneiden, kühlen.

SO WIRD'S GEMACHT

1. Für den Butterziegel Butter mit Mehl verkneten, einen flachen Ziegel formen, im Kühlschrank rasten lassen.

2. Für den Vorteig Mehl, Wasser, Butter, Salz, Ei und Rum zu einem glatten Teig verarbeiten.

3. Teig zu einer Kugel formen, oben kreuzweise einschneiden und mit Klarsichtfolie bedeckt 2 Stunden im Kühlschrank rasten lassen.

4. Teig auf bemehlter Arbeitsfläche rechteckig ausrollen, Mehl abkehren.

5. Gekühlten Butterziegel auf eine Hälfte des Teiges legen.

6. Andere Teighälfte über den Butterziegel spannen.

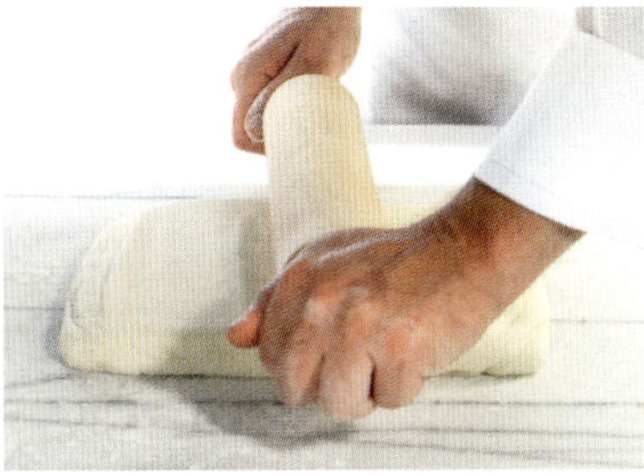

7. Mit dem Rollholz von der Mitte zum Rand nach allen Richtungen teilweise klopfend und rollend ausdünnen.

8. Ca. ½ Stunde im Kühlschrank rasten lassen, dann auf bemehlter Arbeitsfläche ca. 1 cm dick ausrollen, Mehl abkehren.

9. Einfache Tour: linkes Teigdrittel über das mittlere legen. Mehl abkehren, rechtes Drittel darüberlegen.

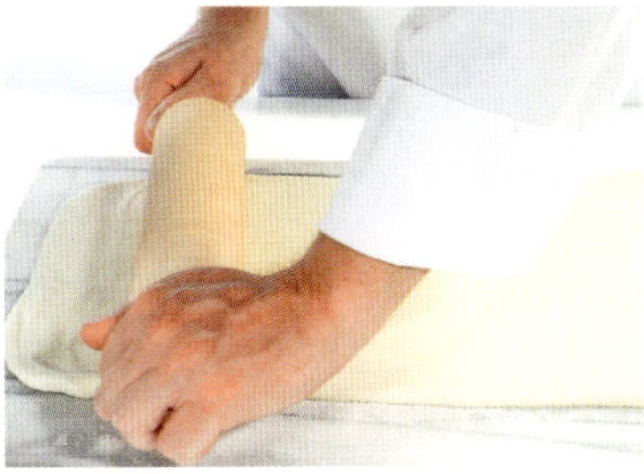

10. Teig wieder ca. 1 cm dick ausrollen, Mehl abkehren.

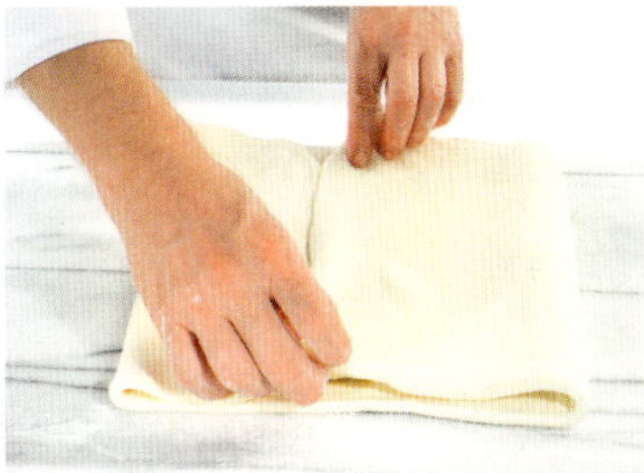

11. Doppelte Tour: Teig von links und rechts zur Mitte legen. Mehl abkehren.

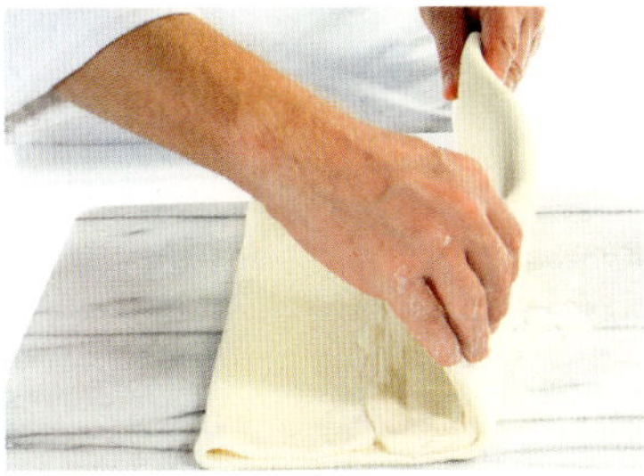

12. Linke über die rechte Teighälfte legen (Ende der doppelten Tour).

13. Zugedeckt im Kühlschrank mindestens ½ Stunde rasten lassen.
14. Danach einfache und doppelte Tour wiederholen; abschließend ausrollen.

TIPP

Blätterteig kann in Frischhaltefolie gehüllt einige Monate tiefgekühlt werden.

Blitzblätterteig (holländische Methode)

Bei der holländischen Methode wird 400 g gekühlte Butter in Größe von ca. 4 × 4 cm kurz in den Vorteig (siehe S. 204/05) eingearbeitet. Teig danach sofort mit 2 einfachen und 2 doppelten Touren versehen. Nach Kühlen, Rasten und Ausrollen kann der Teig verarbeitet werden.

VERWENDUNG

für flaches Blätterteiggebäck wie zum Beispiel Cremeblätter (Cremeschnitten), Tortenböden und Käsegebäck

Plunderteig

Darauf kommt's an

- Kühlen Sie Mehl und Flüssigkeit für den Vorteig im Kühlschrank vor, die Temperatur des Vorteiges sollte ca. 10 °C betragen.
- Vermischen Sie alle Zutaten für den Vorteig nur kurz (ca. 3 Minuten).
- Der Butterziegel sollte eine feste, formbare Konsistenz besitzen und die gleiche Temparatur wie der Vorteig aufweisen.
- Beim Tourieren rollen Sie den Teig nicht dünner als 8–10 mm aus.
- Vor dem Einschlagen des Teiges kehren Sie jeweils das Mehl ab, damit sich die Schichten verbinden.
- Halten Sie die Rastzeiten zwischen den Touren ein und decken Sie den Teig stets zu.
- Der Teig darf vor der Endverarbeitung für Gebäcke nicht aufgehen.

Plunderteig

ZUTATEN

FÜR DEN BUTTERZIEGEL

300 g Butter
30 g Mehl, glatt

FÜR DEN VORTEIG

40 g Germ
0,2 l Milch
500 g Mehl, glatt
40 g Staubzucker, gesiebt
1 Ei
1 Dotter
40 g Butter, weich
7 g Salz
1 EL Vanillezucker
Mehl zum Stauben

VORBEREITUNG

Butter in kleine Stücke teilen, kühlen.

SO WIRD'S GEMACHT

1. Kalte Butterstücke gleichmäßig mit Mehl verarbeiten, einen flachen Ziegel formen, im Kühlschrank rasten lassen.
2. Für den Vorteig Germ in kalter Milch auflösen, mit den restlichen Zutaten zu einem glatten Teig verarbeiten, zu einer Kugel formen, oben kreuzweise einschneiden, mit Klarsichtfolie abgedeckt 30 Minuten im Kühlschrank rasten lassen.
3. Vorteig auf bemehlter Arbeitsfläche rechteckig ausrollen, Mehl abkehren. Butterziegel auf eine Hälfte des Teiges legen, andere Teighälfte darüber spannen (siehe Blätterteig, S. 205, Schritte 5 und 6).
4. Mit dem Rollholz in alle Richtungen teilweise klopfend und rollend ausdünnen.
5. Ca. ½ Stunde im Kühlschrank rasten lassen, dann auf bemehlter Arbeitsfläche ca. 1 cm dick exakt rechteckig ausrollen, Mehl abkehren.
6. Einfache Tour: linkes Teigdrittel über das mittlere legen, Mehl abkehren, rechtes Drittel darüberlegen (siehe Blätterteig, Schritt 9).
7. Teig nochmals ca. 1 cm dick ausrollen, Mehl abkehren. Von links und rechts zur Mitte legen, Mehl abkehren (siehe Blätterteig, Schritt 11).
8. Doppelte Tour: linke über die rechte Hälfte des Teiges legen (siehe Blätterteig, Schritt 12).
9. Zugedeckt im Kühlschrank mindestens ½ Stunde rasten lassen. Doppelte Tour wiederholen; abschließend ausrollen.

Mürbteig

Mürbteig bezeichnet man auch als 1-2-3-Teig. Das bedeutet im Klartext: 1 Teil Kristallzucker, 2 Teile Butter, 3 Teile Mehl. Voraussetzung für das Gelingen dieses einfachen Auslegeteigs ist, dass alle Zutaten kühl und rasch verknetet werden.

Mürbteig

ZUTATEN

100 g Staubzucker, gesiebt
200 g Butter, kalt
300 g Mehl, glatt
2 Dotter
Salz
Vanillezucker
etwas Zitronenschale, gerieben
Mehl zum Bestauben

VORBEREITUNG

Butter in Würfel schneiden.

SO WIRD'S GEMACHT

Mit der Maschine verkneten:
Alle Zutaten mit einer Küchenmaschine im Kessel mit Knethaken gemeinsam verkneten. Anschließend im Kühlschrank rasten lassen.

Händisch verkneten:

1. Mehl auf einer Arbeitsfläche aufhäufen, eine Grube formen, restliche Zutaten in die Vertiefung legen.

2. Zutaten in der Mehlgrube mit den Händen gut vermischen.

3. Mit dem Mehl rasch und kühl zu einem Teig verkneten.

4. In Klarsichtfolie hüllen, im Kühlschrank rasten lassen.

VERWENDUNG

für Kleinbäckereien (Weihnachts- und Teegebäck), Böden für Torten und Schnitten etc.

Nussmürbteig (für Kleinbäckerei)

180 g Mehl (glatt oder »universal«), 180 g Butter, 140 g gesiebten Staubzucker, 140 g geriebene Walnüsse, 2 Dotter, 1 KL Zitronensaft wie im Grundrezept (siehe linke Seite) verarbeiten.
Da der Teig sehr weich ist, mindestens 1 Stunde kühl rasten lassen und sehr schnell verarbeiten.

Germteige

Germteig kann auf direkte Weise ohne Vorteig mit langer Ruhephase oder mit »indirekter Teigführung« mit einem »Dampfl« (Vorteig) hergestellt werden.

Darauf kommt's an

- Verwenden Sie immer frische Germ. Diese riecht angenehm, ist kompakt (ohne Risse) und weist keine braunen Verfärbungen auf.
- Wichtig ist, dass Milch und Dampfl eine Temperatur von ca. 30 °C aufweisen.
- Die Butter für den Teig soll eine feste, formbare Konsistenz besitzen.
- Bringen Sie Germ niemals direkt mit Fett oder Salz in Verbindung. Salz und Butter werden unmittelbar vor dem Kneten den anderen Zutaten beigemengt.
- Der Teig wird so lange geknetet, bis er glatt erscheint und sich von Arbeitsfläche oder Kesselwand löst.

Germteig für Buchteln (leichter Germteig)

ZUTATEN

¼ l Milch
nach Bedarf Mehl zum Bestauben
30 g Germ
500 g Mehl, glatt
2 Dotter
50 g Staubzucker, gesiebt
½ KL Zitronenschale, gerieben
Vanillezucker
50 g Butter, handwarm
5 g Salz

VORBEREITUNG

1. Milch auf 30 °C erwärmen.
2. Arbeitsfläche mit Mehl bestauben oder Küchenmaschine mit Knethaken vorbereiten.

SO WIRD'S GEMACHT

1. Germ in der Milch mit einem Schneebesen auflösen, mit Mehl, Dottern, Staubzucker, Zitronenschale und Vanillezucker vermischen.
2. Butter und Salz beimengen, Teig ca. 5 Minuten glatt kneten, bis er sich von Arbeitsfläche oder Kesselwand löst.
3. Teig mit Klarsichtfolie abdecken, ½ Stunde rasten lassen.

VERWENDUNG

für Buchteln und Streuselkuchen mit Früchten, Mohn- und Nussstrudel

Germteig für Striezel (feiner Germteig)

ZUTATEN

3/16 l Milch
nach Bedarf Mehl zum Bestauben
30 g Germ
350 g Mehl, glatt
2–3 Dotter
30 g Staubzucker, gesiebt
½ KL Zitronenschale, gerieben
1 KL Vanillezucker
30 g Butter, handwarm
5 g Salz

VORBEREITUNG

1. Milch auf 30 °C erwärmen.
2. Arbeitsfläche mit Mehl stauben oder Küchenmaschine mit Knethaken vorbereiten.
3. Dampfl zubereiten (siehe S. 54).

SO WIRD'S GEMACHT

1. Reifes Dampfl mit restlicher Milch, restlichem Mehl, Dotter, Staubzucker, Zitronenschale und Vanillezucker vermischen.

2. Butter und Salz beimengen, Teig ca. 5 Minuten glatt kneten, bis er sich von Arbeitsfläche oder Kesselwand löst.

3. Teig mit Klarsichtfolie abdecken, ½ Stunde rasten lassen.

VERWENDUNG

für Striezel, Egerländer und Bienenstich

Gerührter Germteig (schwerer Germteig)

ZUTATEN

0,2 l Milch
nach Bedarf Mehl zum Bestauben
120 g Staubzucker, gesiebt
160 g Butter, handwarm
½ KL Zitronenschale, gerieben
Vanillezucker
3 Dotter
1 Ei
4 g Salz
30 g Germ
400 g Mehl, glatt
nach Bedarf 30 g Rosinen, in Rum eingelegt

VORBEREITUNG

1. Milch auf 30 °C erwärmen.
2. Arbeitsfläche mit Mehl bestauben oder Küchenmaschine mit Knethaken vorbereiten.

SO WIRD'S GEMACHT

1. Butter mit Staubzucker, Zitronenschale, Vanillezucker und Salz schaumig rühren. Dotter und Ei langsam einrühren.

2. Aus Germ, Milch und Mehl ein Dampfl zubereiten (siehe S. 54).

3. Reifes Dampfl mit restlichem Mehl, restlicher Milch und Butterabtrieb ca. 3 Minuten glatt kneten.

4. Bei Bedarf Rosinen einarbeiten. Teig im Kessel mit Klarsichtfolie bedecken, ½ Stunde rasten lassen.

TIPP

Teige mit hohem Fettanteil nicht zu lange kneten, da sie sonst zäh werden.

VERWENDUNG

für Germgugelhupf

Brandteig

Darauf kommt's an

- Verwenden Sie einen flachen Topf und schütten Sie das Mehl auf einmal in das kochende, mit Butter und Salz versetzte Wasser.
- Rühren Sie am Anfang mit einem Schneebesen; sobald sich ein Teigklumpen gebildet hat, verwenden Sie einen Kochlöffel.
- Rühren Sie bei starker Hitze, bis sich der Teig von Geschirr und Kochlöffel löst und am Topfboden ein dünner Belag entsteht.
- Danach geben Sie den Teig sofort in eine Rührschüssel und rühren die verschlagenen Eier nach und nach unter den warmen Teig, bis dieser bindet und zu glänzen beginnt.

Brandteig (im Rohr zu backen)

ZUTATEN

0,2 l Wasser
70 g Butter
5 g Salz
140 g Mehl, glatt
4 Eier

SO WIRD'S GEMACHT

1. Wasser mit Butter und Salz in einer Kasserolle aufkochen. Mehl auf einmal in die Mischung schütten.

2. Anfangs mit Schneebesen, nach Klumpenbildung mit Kochlöffel rühren, bis sich der Teig von Geschirr und Löffel löst.

3. Teig in eine Rührschüssel umleeren, auf ca. 40 °C abkühlen lassen, Eier nach und nach einrühren, bis der Teig bindet und glänzt.

Brandteig (in Fett zu backen)

⅛ l Milch, 30 g Butter, 3 g Salz, 80 g glattes Mehl, 2 Eier auf gleiche Art verarbeiten wie im Rohr gebackenen Brandteig.

TIPP

Die Beigabe von 1 EL Rum wirkt dem Ansaugen des Gebäcks mit Backfett entgegen.

Strudel

Strudelteig

ZUTATEN

für 1 Strudel (8 Portionen)

200 g Mehl, glatt (Typ 480)
30 g Öl
2 g Salz
0,1 l Wasser, lauwarm
Öl zum Bestreichen
Mehl zum Bestauben
Butter zum Ausfetten

SO WIRD'S GEMACHT

1. Mehl auf eine Arbeitsfläche häufen, eine Grube formen. Öl, Salz und nach und nach Wasser in die Grube leeren, mit einer Gabel vermischen.

2. Anschließend mit der Hand zu einem glatten, seidigen Teig verarbeiten.

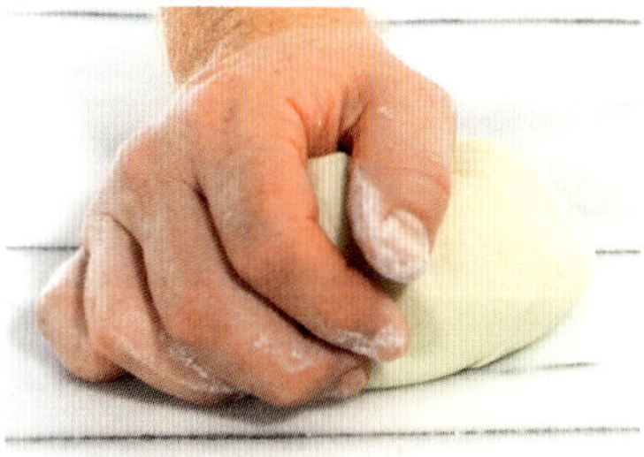

3. Teig zu einer Kugel formen, mit Öl bestreichen (oder mit Klarsichtfolie zudecken) und ½ Stunde rasten lassen.

4. Strudeltuch ausbreiten, mit Mehl gleichmäßig bestauben, Teig in der Mitte auflegen, mit Mehl bestauben, gleichmäßig und großflächig ausrollen.

5. Teig mit Öl bestreichen. Mit überhängendem Tuch locker bedecken, ca. 5 Minuten rasten lassen.

6. Handrücken mit Mehl bestauben, Teig mit beiden Händen hauchdünn in alle Richtungen ziehen, wenn möglich über die Tischkanten, und fixieren.

7. Zwei Drittel des Teiges mit Fülle belegen bzw. mit Masse bestreichen.

8. Restliche Teigfläche mit flüssiger Butter beträufeln, dicke Ränder abschneiden.

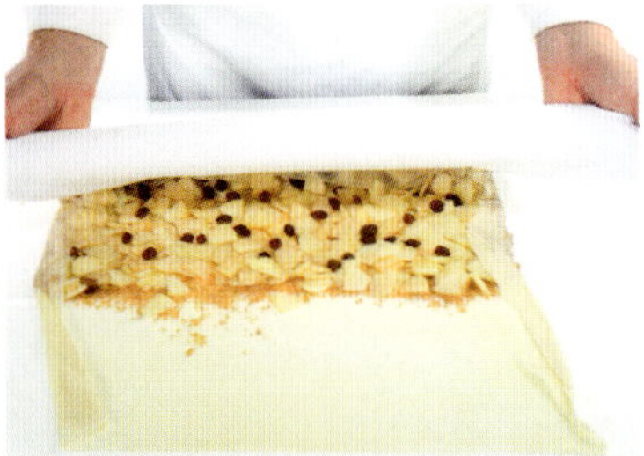

9. Durch Anheben des Strudeltuches an der belegten (bestrichenen) Seite straff einrollen, Enden verschließen (abdrehen).

10. Strudel auf ein gebuttertes Backblech (in eine Form) heben und backen.

TIPPS

- Ideal zum Ausziehen ist ein Tisch, der etwas kleiner als ein ausgezogener Strudelteig ist (ca. 50 × 50 cm).
- Damit Teig und Tuch beim Ausziehen nicht miteinander verkleben, sollte ein neues Tuch vor der Benützung mindestens einmal gewaschen werden.

VARIATIONEN

- Für Kernölstrudel verwenden Sie statt geschmacksneutralem Öl Kürbiskernöl.
- Für gekochte Strudel fügen Sie dem Teig 1 Ei oder etwas Eiweiß bei und verringern die Wassermenge. Zubereitung siehe S. 406.

Lebkuchen

Um Lebkuchenteig selbst herzustellen, bedarf es einigen Wissens über Zutaten, Herstellung und Lagerung. Der Aufwand lohnt sich jedoch, denn das Resultat übertrifft gängige Supermarktware geschmacklich bei weitem – und nicht zuletzt bietet sich die Gelegenheit, Lebkuchen individuellen Wünschen entsprechend zu gestalten, zum Beispiel mit einer persönlichen Widmung.

Darauf kommt's an

- Die für Lebkuchen verwendeten Triebmittel Ammonium und Pottasche müssen bis zum Verbrauch gut verschlossen gelagert werden.
- Beide sind in der Apotheke auf Gramm genau erhältlich.
- Beide müssen getrennt jeweils in 1 EL Milch verrührt in den Teig eingearbeitet werden.
- Lassen Sie Lebkuchenteig vor dem Ausarbeiten gut verschlossen mindestens 24 Stunden rasten.
- Rollen Sie ihn anschließend stärker als üblich (ca. 4–6 mm dick) aus.
- Gebackene Lebkuchen lagern Sie gut verschlossen bei ca. 18 °C.

Lebkuchenteig

ZUTATEN

15 g Kristallzucker
3 EL Wasser
350 g Honig
220 g Roggenmehl
220 g Weizenmehl
60 g Butter
2 Dotter
1 EL Vanillezucker
1 KL Zimt
½ KL Nelkenpulver
1 MS Kardamom
2 EL Milch
6 g Ammonium
6 g Pottasche

SO WIRD'S GEMACHT

1. Kristallzucker mit Wasser in einer Kasserolle aufkochen, Honig einrühren, vom Herd nehmen.
2. Roggen- und Weizenmehl mit der warmen Kristallzucker-Honig-Mischung in der Rührmaschine ca. 10 Minuten kneten. Masse auskühlen lassen.
3. Handwarme Butter, Dotter und Gewürze in den Teig einarbeiten.
4. Ammonium und Pottasche getrennt mit jeweils 1 EL Milch verrühren und in den Teig einarbeiten, 15 Minuten kneten.
5. Teig im Kühlschrank in einem gut verschließbaren Plastikgefäß mindestens 24 Stunden rasten lassen.

Palatschinken

Darauf kommt's an

- Rühren Sie Palatschinkenteig mit einem Schneebesen. Verwenden Sie keinen Mixstab, denn durch die hohe Drehzahl wird der Teig zäh.
- Verrühren Sie zuerst Mehl, Milch und Salz, damit sich keine Knötchen bilden; dann rühren Sie die Eier ein.
- Lassen Sie den Teig mindestens ½ Stunde rasten.
- Sollten sich Knötchen bilden, streichen Sie den Teig durch ein feines Sieb.
- Verwenden Sie eine flache, möglichst beschichtete Pfanne.
- Befetten Sie den Pfannenboden mit in Öl getränktem Küchenkrepp oder gießen Sie wenig Öl oder Butterschmalz in die Pfanne und verteilen dieses durch Drehen. Überschüssiges Fett gießen Sie zurück.
- Erhitzen Sie die Pfanne, gießen Sie den Teig mit einem Schöpfer von der Mitte ausgehend in die Pfanne. Heben Sie die Pfanne und schwenken Sie diese so, dass sich der Teig möglichst gleichmäßig dünn bis an die Pfannenränder ausbreitet.
- Wenden Sie Palatschinken nach dem Anbacken nur einmal und mit einer Palette.

Palatschinkenteig

ZUTATEN

je nach Größe der Pfanne für ca. 8–10 Stück

140 g Mehl, glatt
ca. ¼ l Milch
Prise Salz
½ KL Vanillezucker
2 Eier
1 Dotter
Öl oder Butterschmalz zum Backen

SO WIRD'S GEMACHT

1. Mehl, Milch, Salz und Vanillezucker im Schneekessel mit einem Schneebesen zu einem glatten Teig verrühren.

2. Eier und Dotter einrühren, Teig ca. ½ Stunde rasten lassen. Bei Bedarf mit etwas Milch verdünnen.

3. Butterschmalz oder Öl in einer flachen Pfanne erhitzen, überschüssiges Fett zurückgießen.

4. Teig dünn in die Mitte der Pfanne einfließen lassen, durch Drehen der Pfanne gleichmäßig verteilen, goldbraun anbacken.

5. Palatschinke mit einer Palette wenden, aus der Pfanne heben, zur Weiterverarbeitung warm stellen.

TIPP

Für pikante Palatschinkengerichte entfällt die Beigabe von Vanillezucker.

Backteig

Backteig süß

ZUTATEN

200 g Mehl, glatt
¼ l Milch
60 g Öl
3 Dotter
Vanillezucker
2 g Salz
3 Eiweiß
30 g Kristallzucker

SO WIRD'S GEMACHT

1. Mehl, Milch, Öl, Vanillezucker und Salz mit einem Schneebesen zu einem glatten Teig verrühren, danach Dotter einrühren.
2. Sollten sich Knötchen bilden, Teig durch ein feines Sieb streichen.
3. Kurz vor der Verwendung Eiweiß mit Kristallzucker zu cremig-steifem Schnee schlagen und vorsichtig unter den Teig heben.

VARIATION

Um Weinbackteig herzustellen, verwenden Sie anstelle von Milch Weißwein.

VERWENDUNG

für gebackene Früchte wie zum Beispiel Wiener Wäschermädel, Schlosserbuben, Apfelspalten (siehe S. 416/17)

Backteig pikant

ZUTATEN

200 g Mehl, glatt
¼ l Bier oder Mineralwasser
60 g Öl
2 g Salz
3 Dotter
3 Eiweiß

SO WIRD'S GEMACHT

1. Mehl, Bier (Mineralwasser), Öl und Salz mit einem Schneebesen zu einem glatten Teig verrühren, danach Dotter einrühren.
2. Sollten sich Knötchen bilden, Teig durch ein feines Sieb streichen.
3. Kurz vor der Verwendung Eiweiß zu cremig-steifem Schnee schlagen und vorsichtig unter den Teig heben.

VERWENDUNG

für gebackenes Gemüse, gebackenen Fisch und Fleisch

Füllen für Kaffeegebäck etc.

Mit der passenden Fülle zu jeder Hülle werden Ihre Bäckereien zu kleinen Meisterwerken: saftig und wohlschmeckend und zu jeder Gelegenheit passend.

Darauf kommt's an

- Aromen wie Vanillezucker, geriebene Zitronenschale, Zimt und Rum geben Sie gekochten Füllungen erst in überkühltem Zustand bei.
- Geschnittene oder geraspelte Äpfel vermischen Sie sofort mit Zitronensaft.

Topfenfülle

ZUTATEN

500 g Topfen, 20 % Fett, fein passiert
120 g Staubzucker, gesiebt
3 Dotter
30 g Vanillepuddingpulver
etwas Zitronenschale, abgerieben
40 g Rosinen

SO WIRD'S GEMACHT

1. Topfen, Staubzucker und Dotter mit einem Schneebesen verrühren, Vanillepuddingpulver und Zitronenschale einrühren.
2. Rosinen mit einem Kochlöffel vorsichtig untermengen. Fülle im Kühlschrank anziehen lassen.

TIPP

Rosinen können leicht aufplatzen und würden dann Topfenfülle unansehnlich färben. Daher mit einem Kochlöffel vorsichtig und nur kurz unter die Fülle mischen.

VERWENDUNG

für Kaffeegebäck aus Germ- und Blätterteig

Nussfülle

ZUTATEN

⅛ l Milch
80 g Kristallzucker
160 g Walnüsse, gerieben
60 g Brösel, süß (getrocknete, geriebene Biskuitreste oder geriebene Biskotten)
1 EL Rum
½ TL Zimt
Zitronenschale, gerieben

SO WIRD'S GEMACHT

1. Milch mit Kristallzucker aufkochen.
2. Walnüsse beigeben und unter Rühren sanft erhitzen.
3. Vom Herd nehmen, süße Brösel beimengen.
4. Überkühlen lassen, mit Rum, Zimt und Zitronenschale abschmecken.

VERWENDUNG

für Strudel, Potitzen und Kaffeegebäck

Mohnfülle

ZUTATEN

⅛ l Milch
50 g Honig
50 g Kristallzucker
30 g Grieß
150 g Mohn, frisch gemahlen
50 g Powidl
1 EL Rum
1 TL Vanillezucker
½ TL Zimt

SO WIRD'S GEMACHT

1. Milch mit Honig und Kristallzucker aufkochen.
2. Grieß einlaufen lassen und ca. 3 Minuten kochen.
3. Vom Herd nehmen, Mohn einrühren.
4. Überkühlen lassen, Powidl einrühren, mit Rum, Vanillezucker und Zimt abschmecken.

VERWENDUNG

für Strudel, Potitzen und Kaffeegebäck

Apfelfülle

ZUTATEN

50 g Rosinen
3 EL Rum
1 kg Äpfel, säuerlich
Saft einer Zitrone
Schale einer Zitrone, gerieben
150 g Kristallzucker
100 g Brösel, süß (getrocknete, geriebene Biskuitreste oder geriebene Biskotten)
½ TL Zimt

VORBEREITUNG

1. Am Vortag Rosinen in Rum einlegen.
2. Äpfel schälen.

SO WIRD'S GEMACHT

1. Äpfel bis zum Kerngehäuse mit einem Erdäpfelreißer reiben, sofort mit Zitronensaft und abgeriebener Zitronenschale vermischen.
2. Kristallzucker und Brösel mit Zimt vermengen, Rosinen abseihen, gemeinsam unter die Äpfel mischen.

TIPP

Anstelle der Rosinen können auch gehackte Walnüsse beigegeben werden.

VERWENDUNG

für gedeckten Apfelkuchen, Apfeltaschen etc.

Füllcremen

Füllcremen sind das saftige Innenleben von Schnitten, Rouladen oder Kleingebäck. Im Sinne der leichten Küche werden heute oftmals luftig-lockere Oberscremen anstelle der herkömmlichen mächtigen Buttercremen bevorzugt.

Beerenoberscreme

ZUTATEN

für 1 Torte Ø 24 cm

4 Blatt Gelatine
¼ l Schlagobers
80 g Staubzucker, gesiebt
Saft einer halben Zitrone
120 g Beerenmark (passierte Erd- oder Himbeeren)

VORBEREITUNG

1. Gelatineblätter in kaltem Wasser weichen.
2. Schlagobers cremig-steif schlagen, kalt stellen.

SO WIRD'S GEMACHT

1. Staubzucker und Zitronensaft mit einem Schneebesen in das Beerenmark einrühren.

2. Zu sämiger, gleichmäßiger Konsistenz rühren.

3. Gelatine ausdrücken, mit wenig Wasser lauwarm schmelzen, zügig unter das Beerenmark rühren.

4. Hälfte des Obers rasch einrühren, Rest vorsichtig unterheben. Gebäck sofort füllen.

VERWENDUNG

für Rouladen, Schnitten und Torten

TIPP

Fügen Sie der Creme je nach Größe ganze oder zerkleinerte Beeren bei.

Schokoladeoberscreme

ZUTATEN
für 1 Torte Ø 24 cm oder 2 Rouladen

½ l Schlagobers
150 g Kuvertüre

SO WIRD'S GEMACHT

1. Schlagobers in einer Kasserolle aufkochen, Kuvertüre zerkleinern, mit einem Schneebesen einrühren.
2. Kasserolle in Eiswasser stellen, Schokoladeobers mit dem Mixstab (Pürierstab) ca. 3 Minuten mixen.
3. Im Kühlschrank 24 Stunden kühlen, danach wie Schlagobers aufschlagen.

VERWENDUNG

für Torten, Schnitten und Rouladen

VARIATION

Verringern Sie den Schokoladeanteil um 50 g und rühren Sie 50 g zerkleinerten Nougat mit der Schokolade unter das heiße Obers.

Vanillecreme (Patisseriecreme)

ZUTATEN

½ l Milch
100 g Kristallzucker
50 g Vanillepuddingpulver
2 Dotter
2 EL Rum

SO WIRD'S GEMACHT

1. 0,33 l Milch mit Kristallzucker unter oftmaligem Umrühren mit einem Schneebesen aufkochen.

2. Verbleibende Milch mit Vanillepuddingpulver, Dotter und Rum mit einem Schneebesen verrühren.

3. Zügig in die kochende Milch einfließen lassen, unter ständigem Rühren nochmals kurz aufkochen.

4. Creme je nach Weiterverwendung auskühlen lassen oder kalt rühren.

VERWENDUNG

- für gebackene Mehlspeisen
- als Beimischung zu anderen Cremen (Buttercreme)
- als Vanillepudding in Gläser oder Formen abfüllen und mit Himbeersaft servieren

TIPPS

- Verfeinern Sie die Creme, indem Sie eine der Länge nach eingeschnittene Vanilleschote mit der Milch aufkochen. Vor dem Einrühren des Puddingpulvers schaben Sie das Mark aus der Schote.
- Um Hautbildung beim Erkalten zu verhindern, legen Sie Frischhaltefolie direkt auf die noch heiße Creme.
- Bei Weiterverarbeitung für Buttercreme etc. streichen Sie die Creme durch ein feines Sieb. Für Buttercreme wird die Vanillecreme lauwarm gerührt (siehe Buttercreme S. 228).

Vanillecreme mit Schlagobers

ZUTATEN

4 Blatt Gelatine
½ l Schlagobers
50 g Staubzucker, gesiebt
½ l Milch
100 g Kristallzucker
50 g Vanillepuddingpulver
2 Dotter
2 EL Rum

VORBEREITUNG

1. Gelatine in etwas Wasser einweichen.
2. Obers unter Hinzufügung des Staubzuckers schlagen.

SO WIRD'S GEMACHT

1. Zwei Drittel der Milch mit Kristallzucker unter oftmaligem Umrühren mit einem Schneebesen aufkochen.
2. Verbleibende Milch mit Vanillepuddingpulver, Dotter und Rum mit einem Schneebesen verrühren.
3. Zügig in die kochende Milch einfließen lassen, unter ständigem Rühren nochmals kurz aufkochen; abkühlen lassen.
4. Gelatine abtropfen und mit einem Schneebesen unter die warme Vanillecreme rühren.
5. Creme in der Küchenmaschine oder mit dem Handrührgerät kalt rühren. Geschlagenes Obers unterrühren.

VERWENDUNG

zum Füllen von Torten (Ø 24 cm)

Vanillecreme mit Eischnee

Stellen Sie Vanillecreme her (siehe linke Seite), verwenden Sie dabei 60 g Puddingpulver. Heben Sie den cremig-steifen Schnee von 2 Eiweiß und 2 EL Kristallzucker unter die noch heiße Creme.

VERWENDUNG

- zum Gratinieren (Überbacken) von Früchten und Beeren
- zum Füllen von Cremeschnitten

Weinoberscreme

ZUTATEN

3 Blatt Gelatine
⅛ l Weißwein
3 Dotter
1 KL Zitronensaft
80 g Kristallzucker
⅜ l Schlagobers

VORBEREITUNG

Gelatine in kaltem Wasser weichen.

SO WIRD'S GEMACHT

1. Weißwein, Dotter, Zitronensaft und Kristallzucker unter Rühren mit einem Schneebesen auf ca. 80 °C erhitzen.
2. Gelatineblätter abtropfen lassen; im heißen Weingemisch auflösen, kalt schlagen.
3. Obers cremig-steif schlagen, unter die Wein-Obers-Masse rühren.

VERWENDUNG

zum Beispiel zum Füllen von Biskuitrouladen

Vanillebuttercreme

ZUTATEN

400 g Butter, kalt
¼ l Milch
150 g Kristallzucker
20 g Vanillepuddingpulver
1 Dotter
3 EL Rum

VORBEREITUNG

Kalte Butter in ca. 3 cm große Würfel schneiden.

SO WIRD'S GEMACHT

1. Zwei Drittel der Milch mit Kristallzucker unter Rühren aufkochen.
2. Verbleibende Milch mit Vanillepuddingpulver, Dotter und Rum mit einem Schneebesen verrühren.
3. Anschließend schnell in die kochende Milch einfließen lassen, unter ständigem Rühren nochmals aufkochen, in der Küchenmaschine lauwarm rühren.
4. Butter nach und nach beigeben, auf niedriger Stufe schaumig rühren.

VERWENDUNG

zum Füllen von Torten, Schnitten und Rouladen

Zitronenbuttercreme

Schale von 2 unbehandelten Zitronen mit etwas Kristallzucker auf der Arbeitsplatte verreiben (siehe S. 53). Zitronenschale und -saft der Creme beifügen.

Nougatbuttercreme

Rühren Sie 50 g geschmolzene Schokolade und 100 g geschmolzenen Nougat unter die heiße Buttercreme.

Walnussbuttercreme

Heben Sie am Ende der Zubereitung 150 g geriebene Walnüsse unter die Creme.

Schokoladebuttercreme

Rühren Sie 150 g klein geschnittene Kuvertüre oder Kochschokolade in die heiße Creme (Punkt 3).

Kaffeebuttercreme

Ersetzen Sie die Hälfte der Milch durch starken schwarzen Kaffee und den Rum durch Kaffeelikör.

Glasuren

Gebäcke mit süßem Glanz zu versehen, ist eine Kunst für sich und bedarf Übung und Sorgfalt. Doch der Aufwand lohnt, denn mit Hilfe geschmacklich abgestimmter Glasuren glänzen und leuchten Torten und Gebäck und bleiben länger saftig.

Darauf kommt's an

- Die angegebenen Temperaturen müssen genau eingehalten werden. Daher ist für die Zubereitung vieler Glasuren ein entsprechendes Thermometer unabdingbar.
- Kuvertüre oder Kochschokolade schmelzen Sie im warmen Wasserbad.
- Alternativ können Sie Schokolade in Intervallen in der Mikrowelle schmelzen. Zwischendurch umrühren.
- Geschmolzene Kuvertüre oder Kochschokolade darf eine Temperatur von ca. 45 °C nicht überschreiten und sollte nicht mit Wasser in Berührung kommen.
- Zuckerkristalle am Rand des Kochgeschirrs lösen Sie mit einem nassen Pinsel.
- Eventuelle Unreinheiten des Zuckers heben Sie mit einem Sieb aus der Zuckerlösung (abschäumen).

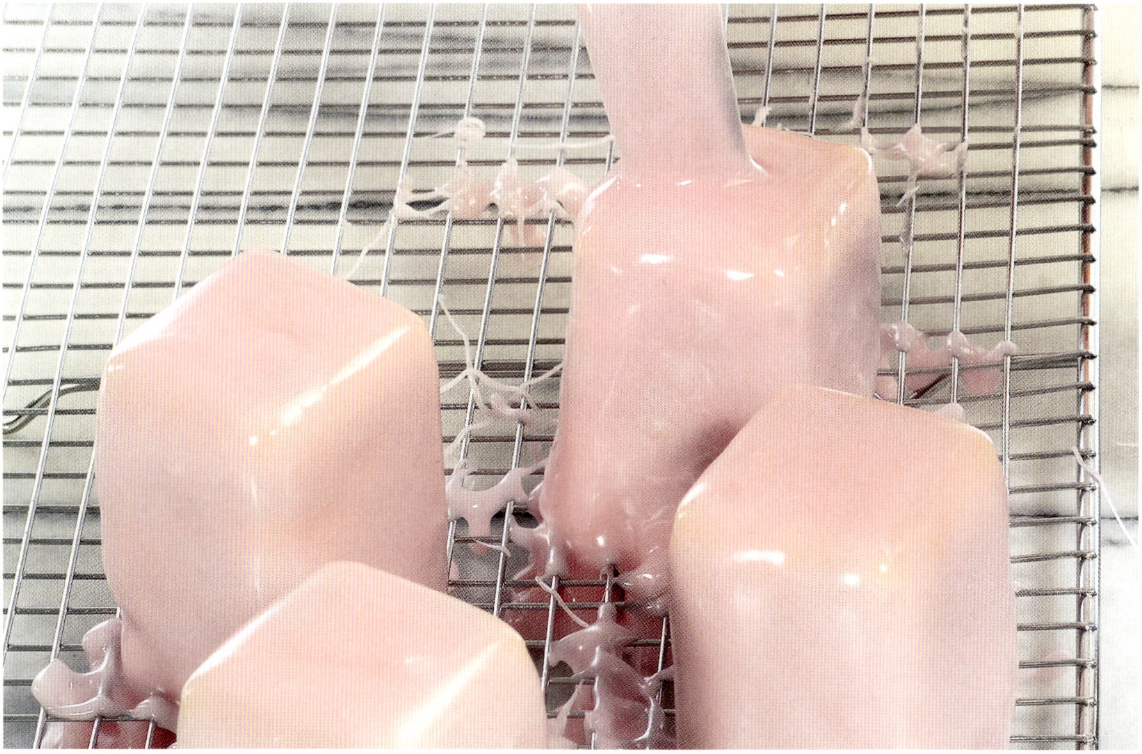

Kuvertüre temperieren

ZUTAT

Kuvertüre, fein gehackt

VORBEREITUNG

Warmes Wasserbad vorbereiten.

SO WIRD'S GEMACHT

1. Kuvertüre in einem Schneekessel im warmen Wasserbad schmelzen, auf ca. 45 °C erwärmen.
2. Unter oftmaligem Umrühren mit einer Gummispachtel (oder einem Kochlöffel) auf 28 °C abkühlen, dabei Schneekessel kurz in ein kaltes Wasserbad tauchen.
3. Kuvertüre für ca. 5 Sekunden im heißen Wasserbad erhitzen, durchrühren. Die Temperatur sollte jetzt ca. 32 °C betragen.
4. Als Probe Palettenspitze in Kuvertüre tauchen, Masse erstarren lassen. Optimal temperierte Kuvertüre wird nach ca. 3 Minuten fest und hat eine matt glänzende Oberfläche ohne grauen Schleier.

VERWENDUNG

vorwiegend zum Tunken von Teegebäck und Pralinen

TIPPS

- Um die Verarbeitungstemperatur von 32 °C zu halten, Kuvertüre kurz in ein warmes Wasserbad stellen.
- Das zu überziehende Gebäck sollte eine Temperatur von ca. 20 °C aufweisen.

Sacherglasur

ZUTATEN

für 1 Torte Ø 24 cm

300 g Kristallzucker
⅛ l Wasser
250 g Kuvertüre, gehackt

VORBEREITUNG

Warmes Wasserbad vorbereiten.

SO WIRD'S GEMACHT

1. Kristallzucker mit Wasser aufkochen.
2. Mit einem nassen Pinsel Zuckerkristalle vom Rand der Kasserolle wischen.
3. Oberfläche der Flüssigkeit mit einem Schaumlöffel abschäumen.

4. Kuvertüre einrühren, bis sie völlig geschmolzen ist. Bis zu einer Temperatur von 109 °C kochen (Thermometer verwenden).

5. Glasur vom Herd nehmen und durch ein Sieb gießen.

6. Ca. ein Viertel der Glasur auf eine Steinplatte gießen und mit einer Palette verstreichend bearbeiten (tablieren).

7. Verbliebene Glasur in der Kasserolle zwischendurch mit einem Kochlöffel langsam rühren, damit sich keine Haut bildet.

8. Dickflüssige tablierte Glasur zurück zur warmen Glasur geben und durchrühren.
9. Vorgang wiederholen, bis die gesamte Glasur dickflüssige Konsistenz und ca. 60 °C aufweist.

VERWENDUNG

zum Glasieren von Torten (zum Beispiel Sachertorte), Schnitten und Würfeln

TIPPS

- In der Fachsprache wird diese Glasur als Konserveglasur bezeichnet. Sie ist aufwendig in der Verarbeitung, zeichnet sich jedoch durch einen besonders zarten Schmelz aus.
- Falls Sie über keine Marmor- oder Steinplatte verfügen, tablieren Sie die Glasur mit der bauchigen Seite eines Kochlöffels an der Wand der Kasserolle.
- Mischen Sie einige Tropfen Öl unter die flüssige Glasur. Sie glänzt dann intensiver und lässt sich besser schneiden.

Schokoladeglasur

ZUTATEN

300 g Kuvertüre, gehackt
60 g Honig
¼ l Schlagobers

VORBEREITUNG

Warmes Wasserbad vorbereiten.

SO WIRD'S GEMACHT

1. Kuvertüre im warmen Wasserbad schmelzen.
2. Honig einrühren.
3. Raumtemperiertes flüssiges Schlagobers langsam mit einem Schneebesen einrühren.
4. Vor der Verwendung abkühlen lassen, bis die Glasur dickflüssig wird.

TIPP

Wird Kochschokolade verwendet, muss der Schlagobersanteil um ca. 3 EL erhöht werden.

VERWENDUNG

für Torten und Schnitten, die nur an der Oberfläche glasiert werden

Spritzschokolade

ZUTATEN

200 g Kuvertüre
Läuterzucker

SO WIRD'S GEMACHT

1. Kuvertüre schmelzen und mit etwas Läuterzucker (siehe S. 52) glatt verrühren bzw. bis zur Spritzfähigkeit eindicken.
2. Masse in ein vorbereitetes Pergamentstanitzel füllen, Spitze in gewünschter Spritzdicke abschneiden.

VERWENDUNG

Beschriftung und Verzierung von Torten, Schnitten und Kleingebäck

TIPPS

- Damit die Glasur im Stanitzel nicht abstockt, in der Mikrowelle nochmals vorsichtig erwärmen oder im mild erwärmten Backrohr spritzfähig erhalten.
- Der Handel bietet fertige, speziell präparierte Schokoladespritzmassen an, die während der gesamten Verarbeitungszeit spritzfähig bleiben.

Punschglasur

ZUTATEN

200 g Staubzucker, gesiebt
3–4 EL Orangensaft
Spritzer Rum
Lebensmittelfarbe, rosa

SO WIRD'S GEMACHT

1. Staubzucker mit Orangensaft und Rum dickflüssig anrühren, auf ca. 40 °C erwärmen.
2. Lebensmittelfarbe einrühren, Glasur gleichmäßig durchfärben.
3. Glasur mit einer Palette aufstreichen oder mit einem Pinsel auftragen; in letzterem Fall durch weitere Zugabe von Orangensaft dünnflüssiger machen.

VERWENDUNG

für Punschtorte, Punschschnitten, Punschwürfel und Petits Fours

TIPPS

- Punschglasur nur dezent einfärben, rosa Lebensmittelfarbe wirkt sehr intensiv!
- Fertige Punschglasur ist im Supermarkt erhältlich.

Fadenzuckerglasur

ZUTATEN

200 g Kristallzucker
1/16 l Wasser

SO WIRD'S GEMACHT

1. Kristallzucker mit Wasser bis zu einer Temperatur von 109 °C kochen (Thermometer verwenden).
2. Mit der bauchigen Seite eines Kochlöffels an der Geschirrwand tablieren (verreiben), bis die Flüssigkeit leicht milchig wird.
3. Mit einem Pinsel rasch auf das Gebäck auftragen.

VERWENDUNG

für Lebkuchen

Zitronenglasur

ZUTATEN

200 g Staubzucker, gesiebt
3–4 EL Zitronensaft

SO WIRD'S GEMACHT

1. Staubzucker mit Zitronensaft dickflüssig anrühren, auf ca. 40 °C erwärmen.
2. Mit einer Palette aufstreichen oder mit einem Pinsel auftragen; in letzterem Fall Glasur durch Zugabe von Zitronensaft dünnflüssiger machen.

VERWENDUNG

für Kuchen oder die Oberseite von Torten und Schnitten

Spritzglasur

ZUTATEN

200 g Staubzucker, gesiebt
etwas Eiweiß
Zitronensaft

SO WIRD'S GEMACHT

1. Gesiebten Staubzucker mit Eiweiß und einigen Tropfen Zitronensaft zu spritzfähiger, aber stabiler und nicht zerfließender Konsistenz verrühren.
2. Masse in ein Pergamentstanitzel füllen, Spitze in gewünschter Spritzdicke abschneiden.

VERWENDUNG

- zum Beschriften und Dekorieren von Torten und Kleingebäck
- für Arabesken, Ringe usw. als Dekor für Hochzeitstorten etc. auf Silikonmatten spritzen, vollständig getrocknet ablösen

VARIATION

Spritzglasur mit etwas Eiweiß zu dickflüssiger Konsistenz rühren und Gebäcke damit glasieren. Wird vor allem für Weihnachtsbäckerei (zum Beispiel Zimtsterne) verwendet und vor dem Backen auf den Teig aufgetragen.

Torten

Torten sind eine eigene Liga – sie krönen Feste und sind der Inbegriff des »besonderen Anlasses«. Dabei gibt es auch für Anfänger und Anfängerinnen geeignete einfache und dennoch effektvolle Rezepte. Speziell Hochzeits- und Geburtstagstorten erfordern jedoch ein gewisses Maß an Übung und handwerklichem Geschick.

Darauf kommt's an

- Profis bevorzugen Nirostatortenreifen, bei denen der fehlende Boden durch am Reifen fixiertes Backtrennpapier ersetzt wird; für den Hausgebrauch reichen Springformen.
- Formen ohne Teflonbelag streichen Sie mit einem Pinsel mit weicher Butter aus und bestauben sie mit Mehl.
- Beim Füllen der Masse in die Form streichen Sie die Masse von der Mitte aus mit einer Teigkarte zum Formrand hoch.
- Backen Sie Tortenmassen am besten am Vortag, denn Torten müssen zum Füllen und Fertigstellen kühl und schnittfähig sein.
- Vor dem Fertigstellen stellen Sie Torten auf einen in der Größe passenden Tortenkarton (im Handel erhältlich).
- Zum Füllen von Torten mit Topfenobers- oder Beerenoberscremen kleiden Sie Tortenformen innen mit einer 5 cm breiten, stabilen Folie (ersatzweise Pergamentpapier) aus. Die Form lässt sich nach dem Kühlen oder Frieren problemlos lösen, die Folie ziehen Sie ab.
- Unglasierte Torten können ohne Qualitätsminderung tiefgekühlt werden. Nach kurzem Antrosten in Klarsichtfolie verpacken.

PLACHUTTA
PLACHUTTA
PLACHUTTA
PLACHUTTA

Torten mit Obersfülle

Für Oberstorten verwenden Sie Biskuit aus leichter Sandmasse oder Biskuitmasse für Rouladen und Schnitten (halbe Menge). Zeichnen Sie auf die Rückseite von 2 Blatt Backpapier 2 Ringe in Tortengröße, bestreichen Sie diese mit Masse und backen sie mit Umluft gleichzeitig auf 2 Blechen 10 Minuten bei 200 °C. Stürzen Sie das Biskuit heiß auf mit Kristallzucker bestreutes Backpapier und stechen es erkaltet mit Tortenreifen oder -form nach.

Topfenoberstorte

ZUTATEN

für 1 Torte Ø 24 cm

Sandmasse, leicht
¼ l Schlagobers
4 Blatt Gelatine
250 g Topfen, 20 %, passiert
⅛ l Sauerrahm
130 g Staubzucker, gesiebt
Saft einer halben Zitrone
Schale einer halben Zitrone, gerieben
Staubzucker zum Bestreuen

VORBEREITUNG

1. Masse zubereiten, backen, auskühlen lassen, aus der Form lösen.
2. Erkaltet zweimal waagrecht durchschneiden (am besten mit einem Sägemesser).
3. Mittlere Schicht für einen anderen Verwendungszweck beiseite stellen oder tiefkühlen.
4. Tortenform innen mit einer 5 cm breiten, stabilen (Overhead-)Folie oder mit Pergamentpapier auskleiden.
5. Schlagobers schlagen und kühlen.
6. Gelatine in kaltem Wasser weichen.

SO WIRD'S GEMACHT

1. Unterste Biskuitschicht als Boden in die vorbereitete Form legen.
2. Für die Creme Topfen mit Sauerrahm, Staubzucker, Zitronensaft und Zitronenschale verrühren.
3. Gelatine aus dem Wasser heben, lauwarm schmelzen und mit 3 EL geschlagenem Obers zügig vermischen.
4. Gelatine-Obers in die Topfenmasse rühren, restliches Obers unterheben.
5. Creme auf dem Tortenboden verteilen.
6. Mit der verbleibenden Biskuitschicht bedecken, leicht andrücken und einige Stunden kühlen oder im Tiefkühlfach anfrosten.
7. Torte aus der Form lösen, Pergament (Folie) abziehen, mit Staubzucker bestreuen.

TIPP

½ l Schlagobers cremig-steif schlagen, Torte mit zwei Dritteln davon oben und seitlich einstreichen. Restliches Obers in einen Dressiersack mit Sterntülle (Nr. 8) füllen; rundum 14 Rosetten dressieren und mit halbierten Erdbeeren samt Grün belegen. Torte in der Mitte mit Milchschokoladespänen bestreuen.

Maroni-Obers-Torte

ZUTATEN

für 1 Torte Ø 24 cm

Sachermasse (S. 246/47, halbe Menge)
4 Blatt Gelatine
0,8 l Schlagobers
3 EL Ribiselmarmelade, passiert
½ kg Kastanienpüree (tiefgekühlt oder aus der Dose)
3 EL Rum
80 g Staubzucker, gesiebt
2 Pkg Vanillezucker
Staubzucker zum Bestreuen

VORBEREITUNG

1. Masse zubereiten, in einer vorbereiteten Form backen, auskühlen lassen, aus der Form lösen.
2. Erkaltet einmal waagrecht durchschneiden (am besten mit einem Sägemesser).
3. Tortenform innen mit einer 5 cm breiten stabilen Folie oder mit Pergamentpapier auskleiden.
4. Gelatine in kaltem Wasser weichen.
5. ½ l Schlagobers schlagen und kühlen.

SO WIRD'S GEMACHT

1. Eine Schicht der gebackenen Sachermasse in die vorbereitete Form legen, mit Ribiselmarmelade bestreichen.
2. Kastanienpüree mit Rum, Staub- und Vanillezucker glattrühren, 200 g davon für den Dekor bereitstellen.
3. Gelatineblätter abtropfen lassen, lauwarm schmelzen, mit 3 EL geschlagenem Obers zügig vermischen.
4. Gelatine-Obers mit der restlichen Kastanienmasse verrühren. Restliches geschlagenes Obers rasch unterheben.
5. Creme in die Form füllen, mit einer Teigkarte verstreichen.
6. Mit der verbleibenden Tortenschicht bedecken, leicht andrücken. Torte einige Stunden kühlen.
7. 0,3 l Schlagobers cremig-steif schlagen. Ein Drittel davon in einen Dressiersack mit glatter oder gezackter Tülle füllen.
8. Torte aus der Form lösen, Folie abziehen, oben und an der Seite mit geschlagenem Obers glatt einstreichen.
9. Mit dem Dressiersack 14 Schlagobersrosetten am Rand der Tortenoberseite aufspritzen.
10. Kastanienmasse durch eine Kartoffel- oder Kastanienpresse bzw. ein mittleres Reibeisen innerhalb des Obersrandes auf die Tortenoberfläche pressen.
11. Abschließend mit Staubzucker bestreuen.

TIPPS

- Statt Sachermasse können Sie auch eine leichte Sand- oder Biskuitmasse verwenden.
- Dekorieren Sie die Obersrosetten mit entsteinten, pochierten Weichseln oder je einem Häufchen Preiselbeerkompott.

Erdbeeroberstorte

ZUTATEN

für 1 Torte Ø 24 cm

Biskuit für Rouladen (S. 197, halbe Menge)
Kristallzucker zum Stürzen
Erdbeeroberscreme (S. 224)

FÜR DIE TRÄNKE

1/16 l Grand Marnier
1/16 l Läuterzucker (S. 52)

ZUM FERTIGSTELLEN

100 g Erdbeermarmelade
ca. 500 g Erdbeeren, frisch, zum Belegen
2 Packungen Tortengelee (22 g)

VORBEREITUNG

1. Zeichnen Sie mit Hilfe eines Tortenreifens auf die Rückseite von 2 Blatt Backtrennpapier 2 Ringe in Größe der Torte.
2. Masse herstellen, gleichmäßig auf die markierten Kreise des Backpapiers auftragen und mit Umluft auf 2 Blechen (oder nacheinander) bei 200 °C 10 Minuten backen.
3. Biskuit noch heiß auf ein mit Kristallzucker bestreutes Backpapier stürzen. Backpapier abziehen, erkaltetes Biskuit mit Tortenreifen nachstechen.
4. Für die Tränke Grand Marnier und Läuterzucker vermischen.
5. Tortenform innen mit einer 5 cm breiten stabilen Folie oder mit Pergamentpapier auskleiden.
6. Biskuit in die Form legen, mit einem Pinsel mit Tränke bestreichen.
7. Erdbeeren waschen, trocknen, entstielen, halbieren.

SO WIRD'S GEMACHT

1. Erdbeeroberscreme mit einer Teigkarte auf dem Biskuit in der Form verstreichen.

2. Mit dem zweiten Biskuit bedecken, leicht anpressen, mit Tränke beträufeln und einige Stunden kühlen oder tiefkühlen.

3. Erdbeermarmelade auf die Torte streichen.

4. Mit Erdbeeren belegen. Tortengelee laut Angabe auf der Packung kochen, überkühlen.

5. Erdbeeren dünn mit Gelee bestreichen, stocken lassen, restliches Gelee darüberstreichen, stocken lassen.

6. Torte mit einem kleinen Messer vom Reifen lösen, Reifen abheben, Folie abziehen.

TIPP

Sollte Ihnen das Gelieren zu aufwendig sein, spritzen Sie am Rand der Torte Rosetten aus geschlagenem Obers auf und belegen Sie diese mit Erdbeeren.

Erdbeer- oder Topfenoberstörtchen (Portionstörtchen)

Backen Sie einen Biskuitfleck (siehe Rouladen S. 197), stechen Sie Scheiben von Ø 7 cm aus und füllen Sie die Törtchen wie bei Erdbeeroberstorte (siehe S. 240/41) beschrieben in kleine Kunststoffringe.

Buttermilch-Weichsel-Torte

ZUTATEN

für 1 Torte Ø 24 cm

Sandmasse, leicht (S. 199)
ca. 5 cl Weichselsaft
5 cl Rum
0,35 l Buttermilch
150 g Staubzucker, gesiebt
Saft einer Zitrone
1 EL Vanillezucker
2 EL Rum
7 Blatt Gelatine
0,35 l Schlagobers
400 g Weichselkompott, entkernt
100 g Weichselmarmelade

FÜR DAS WEICHSELGELEE

3 Blatt Gelatine
¼ l Weichselsaft
40 g Staubzucker, gesiebt

VORBEREITUNG

1. Masse zubereiten, backen, auskühlen lassen, aus der Form lösen.
2. Erkaltet zweimal waagrecht durchschneiden (am besten mit einem Sägemesser).
3. Mittlere Schicht für einen anderen Verwendungszweck beiseite stellen oder tiefkühlen.
4. Tortenform innen mit einer 5 cm breiten stabilen Folie oder mit Pergamentpapier auskleiden.
5. Gelatineblätter in kaltem Wasser einweichen, Schlagobers schlagen und kühlen.
6. Weichseln abseihen, 5 cl Weichselsaft mit Rum mischen, ¼ l Saft für das Gelee beiseite stellen.

SO WIRD'S GEMACHT

1. Unterste Schicht des Biskuits als Boden in die vorbereitete Form legen.
2. Für die Creme Buttermilch mit Staubzucker, Zitronensaft, Vanillezucker und Rum verrühren.
3. Gelatineblätter abtropfen lassen, lauwarm schmelzen, mit 3 EL geschlagenem Obers zügig verrühren.
4. Restliches Obers und Weichseln unterheben. Creme auf dem Tortenboden verteilen.
5. Mit verbleibender Biskuitschicht bedecken, leicht andrücken.
6. Mit Weichselsaft-Rum-Mischung beträufeln, einige Stunden kühlen oder tiefkühlen.
7. Torte mit Weichselmarmelade bestreichen.
8. Für das Weichselgelee Gelatineblätter in kaltem Weichselsaft einweichen, anschließend Saft erwärmen, bis die Gelatine geschmolzen ist.
9. Gelatine-Saft überkühlen lassen, kurz vor dem Stocken über die Tortenoberfläche gießen.
10. Gelee abstocken lassen, Torte aus der Form lösen, Folie abziehen.

TIPP

Streuen Sie die Torte an der Seite mit gehobelten, gerösteten Mandeln ein.

VARIATION

Anstelle der Weichseln passt auch eine Waldbeerenmischung.

Joghurtoberstorte

ZUTATEN

für 1 Torte Ø 24 cm

Sandmasse, leicht (S. 199)
¼ l Obers
5 Blatt Gelatine
½ l Joghurt
Saft einer halben Zitrone
Schale einer halben Zitrone, gerieben
1 EL Vanillezucker
150 g Staubzucker
Staubzucker zum Bestreuen oder Obers, geschlagen, zum Einstreichen
Beeren oder Fruchtstücke zum Dekorieren

VORBEREITUNG

Siehe Topfenoberstorte (S. 238).

SO WIRD'S GEMACHT

1. Unterste Biskuitschicht als Boden in die vorbereitete Form legen.
2. Gelatine aus dem Wasser heben, lauwarm schmelzen.
3. Joghurt mit Gelatine, Zitronensaft und -schale, Vanillezucker und Staubzucker verrühren.
4. Anschließend sofort geschlagenes Obers einrühren.
5. Creme mit einer Palette auf dem Tortenboden verstreichen.
6. Mit der verbleibenden Biskuitschicht bedecken, leicht andrücken und einige Stunden kühlen oder im Tiefkühlfach anfrosten.
7. Torte aus der Form lösen, Pergamentpapier (Folie) abziehen.
8. Torte mit Staubzucker bestreuen oder mit geschlagenem Obers einstreichen und mit Beeren (Fruchtstücken) dekorieren.

Joghurt-Himbeer-Torte

Stellen Sie eine Joghurtoberstorte her. Erhöhen Sie dabei die Gelatinemenge um 1 Blatt und mischen Sie 250 g Himbeeren unter die Joghurtoberscreme, kurz bevor sie absteift.

VARIATIONEN

Statt Himbeeren können Sie auch Erdbeeren, Walderdbeeren, Heidelbeeren oder 250 g geschälte, klein geschnittene exotische Früchte wie Mango, Hawaiiananas, Kiwi oder Papaya unter die Joghurtoberscreme mischen.

Malakoffnocken

Creme für Malakofftorte herstellen (siehe rechte Seite) und mit den getränkten Biskotten in eine Wannenform füllen. Ca. 6 Stunden kühlen, am besten über Nacht. Mit einem nassen Löffel Nocken ausstechen. Mit Frucht- oder Beerensauce garnieren und als Dessert servieren.

Malakoffcreme

Creme für Malakofftorte herstellen (siehe rechte Seite), dabei Gelatinemenge um 2 Blatt reduzieren. Creme abwechselnd mit getränkten Biskotten in Gläser füllen und obenauf mit geschlagenem Obers, einer in Kuvertüre getauchten Biskotte und Frucht- oder Beerenbukett garnieren.

Malakofftorte

ZUTATEN

für 1 Torte Ø 24 cm

Biskuitmasse für Biskotten (S. 198) oder ca. 50 Biskotten (Handelsware)
Vanillecreme (S. 226)
3 Blatt Gelatine
80 g Mandeln oder Walnüsse, gerieben
2 cl Rum
0,4 l Schlagobers
40 g Kristallzucker

FÜR DIE TRÄNKE

ca. ⅛ l Rum
ca. 0,4 l Milch oder Filterkaffee

ZUM FERTIGSTELLEN

100 g Kuvertüre
0,2 l Schlagobers zum Einstreichen der Torte
ca. 80 g Mandeln, gehobelt

VORBEREITUNG

1. Tortenform innen mit einer 5 cm breiten stabilen Folie oder mit Pergamentpapier auskleiden.
2. Für die Tränke Rum mit Milch (Kaffee) mischen.
3. Gelatine in kaltem Wasser einweichen.
4. Gehobelte Mandeln im Backrohr bei 180 °C hell rösten.

SO WIRD'S GEMACHT

1. Bei Bedarf Biskottenmasse herstellen, auf Backtrennpapier dressieren, backen, 7 Biskotten als Dekor beiseite legen.
2. Vanillecreme kochen, Gelatine abtropfen lassen, in warmer Vanillecreme unter Rühren auflösen, kalt rühren.
3. Rum und Mandeln (Walnüsse) mit einem Schneebesen einrühren.
4. Schlagobers mit Kristallzucker cremig-steif schlagen, unter die Vanillecreme rühren.
5. Biskotten kurz in die Tränke tauchen und eng aneinander in die Form schlichten.
6. Vorgang wiederholen, bis die Torte 3 Creme- und 3 Biskottenschichten aufweist. Als letzte Schicht Biskotten verwenden.
7. Ca. 3 Stunden kühlen oder tiefkühlen.
8. Torte aus der Form lösen, Folie abziehen, auf Tortenkarton stellen.
9. Schlagobers für die Fertigstellung schlagen, Torte mit zwei Dritteln davon mit einer Palette rundum und oben einstreichen.
10. Restliches Schlagobers in Dressiersack mit Sterntülle (Nr. 10) füllen, entlang des Tortenrandes 14 Rosetten aufdressieren.
11. Kuvertüre schmelzen, Biskotten halbieren, zur Hälfte tunken, trocknen lassen, auf die Rosetten setzen.
12. Torte an der unteren Seitenkante und oben locker mit gerösteten Mandeln bestreuen.

TIPPS

- Profis backen aus Biskuitmasse für Rouladen (¼ Masse) einen Tortenboden, den sie in die Tortenform einlegen und mit Tränke befeuchten. Anschließend Form wie im Rezept beschrieben mit getränkten Biskotten und Creme füllen und Torte fertigstellen.
- Zum besseren Portionieren Torte frosten, halb antauen und portionieren, anschließend Tortenstücke fertig auftauen.

Schokoladentorten

Sachertorte

ZUTATEN

für 1 Torte Ø 24 cm
180 g Kuvertüre
180 g Mehl, glatt
ca. 250 g Marillenmarmelade zum Füllen und Einstreichen
bei Bedarf Butter zum Ausstreichen
bei Bedarf Mehl zum Bestauben
Kristallzucker zum Stürzen
180 g Butter, handwarm
80 g Staubzucker
1 EL Vanillezucker
8 Dotter
8 Eiweiß
150 g Kristallzucker
Sacherglasur (S. 232)

VORBEREITUNG

1. Kuvertüre zerkleinern, im Wasserbad schmelzen.
2. Mehl sieben, Marillenmarmelade mit einer Teigkarte durch ein Sieb streichen.
3. Tortenreifen in Papier einschlagen oder Springform mit Butter ausstreichen und mit Mehl ausstauben.
4. Backpapier mit Kristallzucker zum Stürzen der gebackenen Torte bestreuen.
5. Backrohr rechtzeitig vorheizen.

SO WIRD'S GEMACHT

Siehe Bildfolge rechts.

TIPPS

- Gelingt der Glasurvorgang nicht perfekt, Torte kurz in das heiße Backrohr stellen.
- Glasurreste mit wenig Wasser verrühren, so können sie beim nächsten Mal mitverarbeitet werden.
- Lagern Sie glasierte Sachertorten nicht im Kühlschrank, da sich auf der Glasur Wassertropfen bilden.

1. Butter, Staubzucker, Vanillezucker und Kuvertüre in der Küchenmaschine schaumig rühren. Dotter nach und nach beigeben.

2. Eiweiß mit Kristallzucker zu cremig-steifem Schnee schlagen.

3. Ein Drittel des Eischnees mit einem Kochlöffel zügig unter die Buttermasse rühren.

4. Restlichen Schnee und Mehl abwechselnd unter die Buttermasse heben.

5. Masse in eine Tortenform füllen, mit einer Teigkarte zum Formrand hochstreichen, backen.

6. Ausgekühlte Torte mit einem kleinen Messer aus der Form lösen, auf das bezuckerte Backpapier stürzen, in der Mitte waagrecht durchschneiden.

7. Unteren Teil mit kalter Marillenmarmelade bestreichen, auf einen Tortenkarton legen.

8. Tortenoberteil daraufsetzen, dünn mit heißer Marillenmarmelade einstreichen und auf ein Glasiergitter heben.

9. Sacherglasur zubereiten, richtig temperiert rasch über die Torte gießen, sofort mit 1–2 Strichen oben und seitlich glatt verstreichen.

10. Erstarren lassen, abgelaufene Glasur mit einem kleinen Messer abtrennen.

Backen: 2. Schiene von unten, 170 °C Ober-/Unterhitze
Backdauer: ca. 55 Minuten

ANRICHTEN

Mit leicht gesüßtem sehr cremig geschlagenem Schlagobers servieren.

Die besten Variationsideen zur Sachertorte (S. 246/47)

Sachergugelhupf

Dem Mehl 50 g gehackte Walnüsse und 50 g gehackte Kuvertüre beifügen und Sachermasse in eine gefettete, mit Mehl gestaubte Gugelhupfform füllen. Nach dem Backen mit Staubzucker bestreuen oder überkühlten Gugelhupf dünn mit Marillenmarmelade bestreichen und mit Sacherglasur überziehen.

Himbeerschnitten

Halbe Sachermasse in Viereckform (Kapselrahmen) backen; ausgekühltes Gebäck dünn mit Vanillecreme bestreichen und Oberfläche dicht mit Himbeeren belegen. Anschließend mit Staubzucker bestreuen oder mit Tortengelee überziehen.

Mandelkuchen

200 g Marzipanwürfel (1 × 1 cm) mit dem Mehl unter die Masse mischen. In einer gebutterten, mit gehobelten Mandeln ausgestreuten Rehrückenform backen. Ausgekühlt leicht mit Staubzucker bestreuen oder mit Sacherglasur überziehen.

Sacherwürfel

Sachermasse in einer Viereckform (Kapselrahmen) backen, erkaltet mit einem kleinen Messer aus der Form lösen. Waagrecht durchschneiden, unteren Teil mit kalter Marillenmarmelade bestreichen, Oberteil daraufsetzen und mit heißer Marillenmarmelade bestreichen. In 4 × 4 cm große Würfel schneiden, in Sacherglasur tunken und auf einem Kuchengitter trocknen lassen.

Trüffeltorte

ZUTATEN

für 1 Torte Ø 24 cm

Schokoladeoberscreme (S. 225)
30 g Nougat
Sachermasse (S. 246/47)
Kuvertüre zum Herstellen von Schokospänen
1/16 l Läuterzucker (S. 52)
1/16 l Cointreau
Staubzucker zum Bestreuen

VORBEREITUNG

1. Schokoladeoberscreme am Vortag zubereiten, dabei Nougat mit Kuvertüre in das kochende Obers rühren.
2. Sachermasse in einer vorbereiteten Form backen.
3. Von einem Kuvertüreblock mit einem großen, scharfen Messer Späne abschaben und kühlen.
4. Für die Tränke Läuterzucker und Cointreau mischen.

SO WIRD'S GEMACHT

1. Ausgekühlten Tortenkörper mit einem kleinen Messer aus der Form lösen, zweimal waagrecht durchschneiden.
2. Untere Scheibe in die Tortenform legen und mit einem Pinsel mit Tränke beträufeln.
3. Creme wie Schlagobers aufschlagen und ein Drittel davon mit einer Teigkarte auf dem Tortenboden verstreichen.
4. Mittlere Scheibe darauflegen, mit Tränke beträufeln.
5. Ein Drittel der Creme auf der mittleren Scheibe verstreichen, obere Scheibe darauflegen und leicht andrücken, aus der Form lösen.
6. Tortenkarton unterlegen, mit restlicher Creme oben und an der Seite mit einer Palette glatt einstreichen. Torte oben mit Schokospänen bestreuen.
7. Torte kühlen, mit Staubzucker bestreuen.

Florentiner Torte

ZUTATEN

für 1 Torte Ø 24 cm

Buttercreme (S. 228)
Saft von 2 Orangen
Schale von 2 Orangen, gerieben
2 EL Grand Marnier
Sachermasse (S. 246/47)
14 Orangenscheiben, halb, kandiert
ca. 50 g Mandeln, gehobelt, geröstet, zum Einstreuen der Torte

FÜR DIE TRÄNKE

1/16 l Läuterzucker (S. 52)
1/16 l Grand Marnier

VORBEREITUNG

1. Buttercreme zubereiten, Orangensaft, Orangenschale und Grand Marnier untermischen.
2. Sachermasse in einer vorbereiteten Form backen.

SO WIRD'S GEMACHT

1. Ausgekühlte Torte mit einem kleinen Messer aus der Form lösen, zweimal waagrecht durchschneiden.
2. Untere Scheibe in die Tortenform legen, Läuterzucker und Grand Manier mischen, mit einem Pinsel auf den Tortenboden träufeln.
3. Mit einer Teigkarte ein Drittel der Creme auf dem Tortenboden verstreichen.
4. Mittlere Scheibe darauflegen, mit Tränke beträufeln.
5. Weiteres Drittel der Creme aufstreichen, obere Scheibe darauflegen und leicht andrücken, aus der Form lösen.
6. Tortenkarton unterlegen, mit restlicher Creme oben und an der Seite mit einer Palette glatt einstreichen, 14 Cremerosetten aufspritzen.
7. Orangenscheiben auflegen. Mitte und Unterkante der Torte mit gehobelten, gerösteten Mandeln bestreuen.

Buttercremetorten

Kaffeecremetorte

ZUTATEN

für 1 Torte Ø 24 cm
Sandmasse, leicht (S. 199)
Kaffeebuttercreme (S. 228)
50 g Modelliermarzipan, mit Kakao beliebig stark eingefärbt (S. 354)
1/16 l Läuterzucker (S. 52)
1/16 l Kaffeelikör

VORBEREITUNG

1. Masse backen, erkalten lassen, mit einem kleinen Messer vorsichtig aus der Form lösen.
2. Kaffeebuttercreme zubereiten.
3. 14 Stück Kaffeebohnen-Imitationen aus Marzipan modellieren.
4. Für die Tränke Läuterzucker und Kaffeelikör verrühren.

SO WIRD'S GEMACHT

1. Torte zweimal waagrecht durchschneiden, untere Scheibe in die Tortenform legen und mit Tränke beträufeln.
2. Ca. ein Drittel der Creme mit einer Teigkarte gleichmäßig auf den Tortenboden streichen.
3. Mittlere Scheibe darauflegen, mit Tränke beträufeln.
4. Ca. ein Drittel der Creme aufstreichen, obere Scheibe abschließend darauflegen, leicht andrücken, tränken.
5. Torte aus der Form lösen, auf Tortenkarton oder -platte legen.
6. Torte seitlich und oben einstreichen, restliche Creme in einen Dressiersack mit Sterntülle (Nr. 10) füllen.
7. Am Rand der Torte 14 Rosetten aufspritzen, mit Marzipankaffeebohnen belegen.

Schokocremetorte

Schokolade- oder Nougatbuttercreme (siehe S. 228) verwenden. Tortenböden mit Rum-Läuterzucker tränken. Fertigstellung wie Kaffeecremetorte (siehe oben); anstelle von Kaffeebohnen kleine Schokoladeröllchen auflegen. Seitlich mit gehobelten, gerösteten Mandeln einstreuen.

Zitronencremetorte

Zitronenbuttercreme (siehe S. 228) verwenden. Tortenböden mit Zitronensaft-Läuterzucker tränken. Fertigstellung wie Kaffeecremetorte (siehe oben); anstelle von Kaffeebohnen halbe, kandierte Zitronenscheiben auflegen. Seitlich mit Kristallzucker-Zitronenschalen-Gemisch einstreuen.

Mandelcremetorte

Unter die Buttercreme (siehe S. 228) 150 g geschälte, leicht geröstete, geriebene Mandeln rühren. Tortenböden mit Läuterzucker tränken, der mit Amaretto aromatisiert wurde. Ganze Torte mit gestiftelten, gerösteten Mandeln einstreuen. Fertigstellen wie Kaffeecremetorte (siehe oben); statt Kaffeebohnen Marzipanblüten (siehe S. 356/57) auflegen.

Noch mehr Torten

Linzer Torte (gerührt)

ZUTATEN

für 1 Torte Ø 24 cm
nach Bedarf Butter zum Ausstreichen
nach Bedarf Mehl zum Bestauben
1 Backoblate
250 g Ribiselmarmelade
250 g Mehl, glatt
8 g Backpulver
150 g Haselnüsse
200 g Butter, handwarm
200 g Staubzucker, gesiebt
1 EL Vanillezucker
1 TL Zimt
½ TL Nelkenpulver
Schale einer Zitrone, gerieben
1 Ei
1 Dotter
¼ l Milch
300 g Brösel, süß (getrocknete, geriebene Biskuitreste oder Biskotten)
1 Ei zum Bestreichen
ca. 100 g Mandeln, gehobelt, zum Bestreuen
Staubzucker zum Bestreuen

VORBEREITUNG

1. Tortenreifen in Papier einschlagen oder Springform mit Butter ausstreichen und mit Mehl ausstauben.
2. Backoblate rund mit Ø 22 cm zuschneiden.
3. Ribiselmarmelade passieren, Mehl mit Backpulver versieben.
4. Haselnüsse im Backrohr bei 180 °C leicht rösten. Braune Haut auf einem groben Sieb abreiben, ausgekühlt durch eine Nussmühle drehen.
5. Backrohr rechtzeitig vorheizen.

SO WIRD'S GEMACHT

1. Handwarme Butter mit Staubzucker, Vanillezucker, Zimt, Nelkenpulver und Zitronenschale in der Küchenmaschine schaumig rühren.
2. Ei und Dotter versprudeln, nach und nach beigeben. Abwechselnd Milch und Mehl-Backpulver-Mischung langsam einrühren.
3. Haselnüsse mit Bröseln mischen und mit einem Kochlöffel unter die Buttermasse heben.
4. Zwei Drittel der Masse in einen Tortenreifen (Springform) füllen, mit Teigkarte verstreichen.
5. Backoblate darauflegen, dick mit Ribiselmarmelade bestreichen.
6. Restliche Masse in Dressiersack mit Tülle (Nr. 4) füllen, gitterförmig und als Rand über die Ribiselmarmelade dressieren.
7. Ei versprudeln, Gitter und Rand damit bestreichen, locker mit gehobelten Mandeln bestreuen und backen.
8. Ausgekühlt aus der Form schneiden, mit Staubzucker bestreuen.

Backen: 2. Schiene von unten, 160 °C Ober-/Unterhitze
Backdauer: ca. 50 Minuten

Linzer Schnitte

Masse in einen Kapselrahmen (22 × 22 cm) füllen. Gebäck nach dem Backen aus dem Rahmen lösen und in Stücke von 8 × 4 cm Größe schneiden.

TIPPS

- Für Kleingebäck Masse etwas flacher auf ein Backblech auftragen. Nach dem Backen in 4 × 2 cm große Stücke schneiden.
- Greifen Sie auf fertig geriebene Handelsware zurück, wenn Ihnen das Rösten und Reiben der Nüsse zu aufwendig ist.

Gebackene Topfentorte

ZUTATEN

für 1 Torte Ø 24 cm

Mürbteig (S. 208, halbe Menge)
30 g Mehl, glatt
30 g Maisstärkemehl
30 g Vanillepuddingpulver
Butter zum Ausstreichen
Mehl zum Bestauben
750 g Topfen, passiert, 20 %
⅛ l Milch
5 Dotter
etwas Zitronenschale, gerieben
Prise Salz
5 Eiweiß
120 g Kristallzucker
70 g Butter
Staubzucker zum Bestreuen

VORBEREITUNG

1. Mürbteig zubereiten und ½ Stunde im Kühlschrank rasten lassen.
2. Backblech mit Backtrennpapier belegen, runden Tortenkarton vorbereiten.
3. Mehl mit Stärkemehl und Vanillepuddingpulver versieben.
4. Tortenreifen mit Butter einstreichen und mit Mehl ausstauben.
5. Arbeitsfläche mit Mehl bestauben.
6. Backrohr rechtzeitig vorheizen.

SO WIRD'S GEMACHT

1. Mürbteig auf der Arbeitsfläche 2 mm stark und etwas größer als den Tortenreifen ausrollen, leicht mit Mehl stauben, auf ein Nudelholz aufrollen.
2. Teig auf das Backblech abrollen, mit Tortenreifen ausstechen und umstellen (nicht vorbacken).
3. Topfen mit Milch, Dotter, Mehl-Puddingpulver-Mischung, Zitronenschale und Salz in der Küchenmaschine verrühren.
4. Butter erhitzen, einrühren.
5. Eiweiß mit Kristallzucker zu cremig-steifem Schnee schlagen und mit einem Schneebesen unterheben.
6. Masse auf den Mürbteigboden im Tortenreifen füllen, mit einer Teigkarte verstreichen und backen.
7. Ausgekühlt aus dem Tortenreifen schneiden, auf einen Tortenkarton setzen und mit Staubzucker bestreuen.

Backen: 2. Schiene von unten, 150 °C Ober-/Unterhitze
Backdauer: ca. 70 Minuten

TIPPS

- Sie können den Mürbteig auch direkt auf dem Backpapier ausstechen. Anschließend ziehen Sie das Backpapier mit dem Teig im Reifen (in der Form) auf das Backblech.
- Anstelle eines Tortenreifens können Sie auch eine Springform ohne Boden verwenden.

VARIATION

Backen Sie den Mürbteigboden 10 Minuten vor. Streichen Sie Mohnfülle (siehe S. 223) auf den mit dem Tortenreifen umstellten, vorgebackenen Mürbteigboden und darüber die halbe Menge Topfenmasse.
Backen: 2. Schiene von unten, 120 °C Ober-/Unterhitze
Backdauer: ca. 40 Minuten

Kürbis-Mohn-Torte

ZUTATEN

für 1 Torte Ø 24 cm

280 g Kürbisfleisch, geschält, entkernt
250 g Mohn, gemahlen
100 g Dinkelvollkornmehl
80 g Kartoffelstärke
nach Bedarf Butter zum Einfetten
nach Bedarf Mehl zum Ausstauben
180 g Butter
70 g Staubzucker, gesiebt
1 Pkg Vanillezucker
½ KL Zimt, gemahlen
1 EL Inländer Rum
Prise Salz
7 Eier
⅛ l Sauerrahm
100 g Kristall- oder Vollzucker
Mehl, glatt, zum Stauben
Staubzucker zum Bestreuen

VORBEREITUNG

1. Kürbis fein raspeln.
2. Mohn, Dinkelmehl und Kartoffelstärke vermischen.
3. Tortenreifen in Papier einschlagen oder Springform mit Butter ausstreichen und mit Mehl ausstauben.
4. Backrohr rechtzeitig vorheizen.
5. Eier in Dotter und Eiweiß trennen.

SO WIRD'S GEMACHT

1. Weiche Butter mit Staubzucker, Vanillezucker, Zimt, Rum und Salz mit Handrührgerät oder Schneebesen schaumig rühren.
2. Dotter nach und nach beigeben, Kürbis und Sauerrahm einrühren.
3. Eiweiß mit Kristallzucker zu cremig-steifem Schnee schlagen, unter die Butter-Dotter-Kürbis-Mischung mengen.
4. Mohn-Mehl-Stärke-Mischung vorsichtig darunterheben.
5. Tortenform auf ein Backblech stellen, Masse einfüllen, mit einer Teigkarte zum Rand hochstreichen und backen.
6. Mit Mehl bestauben, umdrehen und auskühlen lassen.
7. Mit einem kleinen Messer aus der Form lösen, mit Staubzucker bestreuen.

Backen: 2. Schiene von unten, 170 °C Ober-/Unterhitze
Backdauer: ca. 65 Minuten

Pavlovatorte

ZUTATEN

für 1 Torte Ø 24 cm

4 Eiweiß
220 g Staubzucker
1 EL Vanillezucker
1 KL Maisstärkemehl, gestrichen
1 KL Zitronensaft
½ l Schlagobers
300 g Beeren, gemischt
Staubzucker zum Bestreuen

VORBEREITUNG

1. Backtrennpapier auf Backblechgröße zuschneiden, mit einem Tortenreifen einen Kreis mit Ø 24 cm zeichnen, Papier wenden.
2. Staubzucker sieben, mit Vanillezucker vermischen.
3. Backrohr und Backblech rechtzeitig vorheizen.

SO WIRD'S GEMACHT

1. Eiweiß cremig-steif schlagen, Vanille- und Staubzucker nach und nach unterheben, anschließend Zitronensaft vorsichtig einrühren.
2. Masse innerhalb des Kreises aufhäufen, eine leichte Mulde bilden und Masse mit einer Gabel zum Rand hochziehen.
3. Papier auf das heiße Blech ziehen. Backen. Hitze abschalten und im leicht geöffneten Rohr auskühlen lassen (die Torte sollte außen knackig, innen noch leicht cremig sein).
4. Schlagobers cremig-steif schlagen, in der Mulde verteilen, mit Beeren belegen und mit Staubzucker bestreuen.

Backen: 2. Schiene von unten, 130 °C Ober-/Unterhitze
Backdauer: 1 Stunde

Plachuttatorte

ZUTATEN

für 1 Torte Ø 24 cm

Schokoladeoberscreme (S. 225)
130 g Kuvertüre oder Kochschokolade
130 g Butter
110 g Staubzucker, gesiebt
6 Dotter
6 Eiweiß
110 g Kristallzucker
130 g Mehl, glatt, gesiebt
220 g Modelliermarzipan
Schokospäne oder -streusel zum Einstreuen des Randes

VORBEREITUNG

1. Schokoladeoberscreme am Vortag zubereiten und kühlen.
2. 4 Stück Backtrennpapier auf Backblechgröße zuschneiden. Mit Hilfe eines Tortenreifens (Ø 24 cm) jeweils einen Kreis darauf zeichnen, wenden.
3. Backrohr samt Backblech rechtzeitig vorheizen.

SO WIRD'S GEMACHT

1. Kuvertüre (Kochschokolade) zerkleinern, im Wasserbad schmelzen.
2. Handwarme Butter und Staubzucker mit dem elektrischen Handrührgerät schaumig rühren.
3. Nach und nach Dotter unterrühren, lippenwarme Kuvertüre zügig einrühren.
4. Eiweiß und Kristallzucker zu cremig-steifem Schnee schlagen.
5. Mit einem Kochlöffel ein Drittel des Eischnees zügig unter die Buttermasse rühren.
6. Restlichen Schnee und Mehl abwechselnd unter die Buttermasse heben.
7. Masse auf die Kreise verteilen, mit einer Winkelpalette gleichmäßig aufstreichen.
8. Masse auf dem Papier auf das heiße Backblech ziehen, einzeln (nacheinander) backen.
9. Vom Blech ziehen und erkalten lassen.
10. Tortenböden mit dem Tortenreifen ausstechen oder den Reifen auflegen, mit einem kleinen Messer nachschneiden und vom Papier lösen.
11. Schokoladeoberscreme mit der Küchenmaschine steif aufschlagen, ein Viertel der Creme zum Einstreichen bereitstellen.
12. Einen Tortenboden auf eine Tortenunterlage aus Karton oder Metall legen, mit Creme glatt einstreichen.
13. Weiteren Tortenboden aufsetzen, leicht anpressen, wieder mit Creme bestreichen.
14. Nach dem letzten Boden die Torte oben und seitlich mit Creme glatt einstreichen und einige Stunden kühlen.
15. Marzipan und Arbeitsfläche mit Staubzucker bestreuen.
16. Marzipan mit einem Rollholz ca. 3 mm dick ausrollen.
17. Mit Tortenreifen nachstechen, Marzipan von der Arbeitsfläche lösen und zentriert auf die Torte legen.
18. Unteren Tortenrand mit Schokospänen (Streuseln) einstreuen.

Backen: unterste Schiene, 230 °C Ober-/Unterhitze
Backdauer: ca. 5 Minuten pro Tortenboden

Schwarzwälder Kirschtorte

ZUTATEN

für 1 Torte Ø 24 cm
Sachermasse (S. 246/47)
Schokoladeoberscreme (S. 225, halbe Menge)

FÜR DIE TRÄNKE

2 EL Kirschbrand
6 cl Läuterzucker (S. 52)

FÜR DIE KIRSCHCREME

200 g Weichseln, entsteint, Glas oder Dose
3 Blatt Gelatine
40 g Staubzucker, gesiebt
2 EL Kirschbrand
¼ l Schlagobers

ZUM DEKORIEREN

½ l Schlagobers
14 Stück Weichseln, entsteint, Glas oder Dose
80 g Schokospäne

VORBEREITUNG

1. Sachermasse backen.
2. Schokoladeoberscreme zubereiten.
3. Für die Tränke Kirschbrand und Läuterzucker vermischen.
4. Weichseln abseihen, Saft und Fruchtfleisch trennen.
5. Gelatine in kaltem Wasser weichen.

SO WIRD'S GEMACHT

1. Erkaltete Torte zweimal waagrecht durchschneiden, einen Tortenboden mit einem Tortenreifen umstellen und mit der halben Menge Tränke befeuchten.

2. Schokoladeoberscreme aufschlagen und auf dem getränkten Tortenboden verstreichen.

3. Weiteren Tortenboden darauflegen, mit restlicher Tränke befeuchten und abgetropfte Weichseln darauf verteilen.

4. Geweichte Gelatineblätter leicht abpressen, lauwarm schmelzen, Staubzucker und Kirschbrand einrühren.

5. ¼ l Schlagobers steif schlagen, zügig mit der Gelatine verrühren.

6. Kirschoberscreme in den Tortenreifen füllen, mit dem letzten Tortenboden bedecken und im Kühlschrank ca. 5 Stunden kühlen.

TIPPS

- Die Kirschcreme können Sie in Gläser einfüllen und mit Biskotten garniert als Dessert servieren.
- Anstelle des Kirschbrandes können Sie Cherry Brandy verwenden, einen kräftigen Fruchtsaftlikör aus Kirschsaft mit leichtem Mandel-Nuss-Aroma.
- Für Kinder verwenden Sie anstelle des Kirschbrands Weichselsaft.

7. Obers zum Dekorieren schlagen, einen Teil davon für Rosetten beiseite stellen.

8. Torte aus dem Reifen nehmen, seitlich und oben mit Obers einstreichen, mit Schokospänen einstreuen.

9. Aus dem restlichen Obers mit einem Dressiersack 14 Rosetten aufspritzen, jede mit einer Weichsel belegen.

Punschtorte

ZUTATEN

für 1 Torte Ø 24 cm
Biskuitmasse für Rouladen und Schnitten (S. 197, doppelte Menge)
1/16 l Rum
1/8 l Wasser
150 g Kristallzucker
Saft einer Orange
Schale einer Orange, gerieben
250 g Marillenmarmelade
1 EL Kakao
600 g Punschglasur (S. 234)

VORBEREITUNG

1. Biskuitmasse herstellen und auf 2 mit Backtrennpapier ausgelegten Blechen fingerdick aufstreichen, im vorgeheizten Backrohr backen.
2. Überkühlen, Papier abziehen, mit einem Tortenreifen 2 Scheiben mit Ø 24 cm ausstechen.
3. Restliches Biskuit in 2 cm große Würfel schneiden.

SO WIRD'S GEMACHT

Siehe Bildfolge rechts.

TIPP

Profis verwenden zum Glasieren der Torte rosa eingefärbten Fondant, der im Fachhandel oder beim Konditor erhältlich ist.

1. Biskuitwürfel mit Rum beträufeln, durchmischen und 10 Minuten ziehen lassen.

2. Wasser mit Kristallzucker, Orangensaft, Orangenschale und 50 g Marillenmarmelade aufkochen und mit dem Kakao unter die Biskuitwürfel mischen.

3. Restliche Marmelade aufkochen; Biskuitboden mit kochend heißer Marmelade bestreichen, in einen Tortenreifen legen.

4. Biskuitwürfel-Punsch-Fülle auf dem Biskuitboden verteilen, leicht andrücken.

5. Mit kochend heißer Marillenmarmelade bestreichen, mit 2. Biskuitboden abdecken.

6. Mit Papier belegen, beschweren, einige Stunden kühlen.

7. Torte auf ein Glasiergitter stellen, hauchdünn mit kochend heißer Marillenmarmelade einstreichen.

8. Punschglasur im Wasserbad erwärmen, über die Torte gießen.

9. Glasur sofort mit einer Palette in einem Zug verstreichen, trocknen lassen.

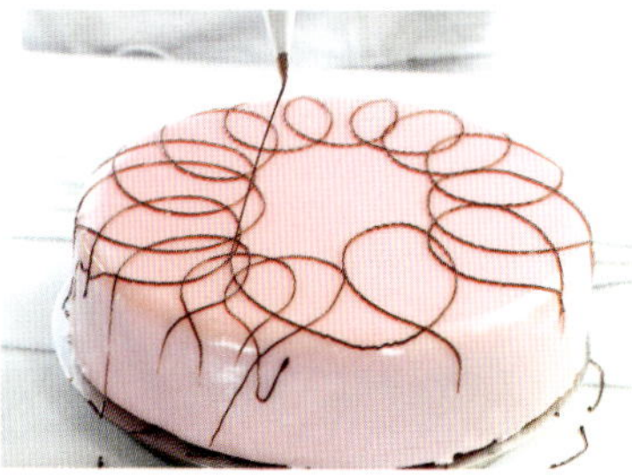

10. Torte mit einem Messer vom Gitter lösen, mit Schokolade verzieren.

Punschkrapfen

Anstelle eines Tortenreifens eine viereckige Form verwenden; gefülltes Biskuit aus der Form lösen, in Würfel von 4 x 4 cm schneiden, in die im Wasserbad unter oftmaligem Rühren auf 60 °C erwärmte Glasur tauchen und auf einem Gitter abtropfen lassen. Beliebig dekorieren (siehe S. 353).

Weintraubentarte

ZUTATEN

Zutaten für 1 Tarte Ø 24 cm, 2 cm hoch

Streusel (S. 53)
Mürbteig (S. 208, halbe Menge)
Mehl zum Bestauben
½ l Milch
50 g Kristallzucker
15 g Vanillecremepulver
1 EL Vanillezucker
8 Dotter
Prise Salz
500 g Weintrauben, rot und weiß, gewaschen
1 Pkg Tortengeelepulver
Kristallzucker zum Bestreuen

VORBEREITUNG

1. Backrohr rechtzeitig vorheizen.
2. Blech mit Backtrennpapier belegen.
3. Streusel auf dem Blech verteilen und bei 170 °C ca. 20 Minuten backen, lockern und auskühlen lassen.
4. Arbeitsfläche mit Mehl bestauben.
5. Mürbteig auf der Arbeitsfläche 2 mm dick ausrollen, Tarteform damit auslegen (siehe S. 55).
6. Mürbteig im vorgeheizten Backrohr bei 170 °C Ober-/Unterhitze ca. 15 Minuten anbacken.

SO WIRD'S GEMACHT

1. Kristallzucker mit zwei Dritteln der Milch auf ca. 90 °C erhitzen.
2. Vanillecremepulver, Vanillezucker, Dotter und Salz mit einem Schneebesen verrühren.
3. Die so entstandene Mischung in die heiße Milch gießen und nochmals auf 90 °C erhitzen.
4. Auf den heißen Tarteboden gießen, Tarte im auf 150 °C vorgeheizten Backrohr 25 Minuten backen.
5. Ausgekühlte Tarte mit Weintrauben belegen.
6. Tortengelee nach Packungsangabe herstellen und Weintrauben mit einem Pinsel damit abglänzen.
7. Gebackene Streusel in der Mitte der Tarte verteilen.
8. Abschließend Tarte anzuckern.

Backen: 170 °C bzw. 150 °C, Ober-/Unterhitze
Backdauer: Streusel 20 Minuten, Tarte insgesamt ca. 40 Minuten (15 Minuten anbacken, 25 Minuten fertig backen)

TIPPS

- Die Tarte darf beim Backen nicht aufgehen und sie soll keine Farbe annehmen.
- Für die Backprobe mit einem Messer in der Mitte einstechen, dabei darf keine Flüssigkeit mehr austreten.

VARIATIONEN

Anstelle von Weintrauben können Sie je nach persönlichem Geschmack auch Himbeeren oder eine Mischung verschiedener Beeren verwenden.

Rouladen

Rouladen bestehen aus saftig-zarter, rollfähiger Biskuitmasse, die je nach persönlichen Vorlieben mit Marmelade, Obers-, Topfen- oder Buttercremen gefüllt werden kann, frei nach dem Motto »einfach (und) gut«.

Darauf kommt's an

- Benützen Sie zum gleichmäßigen Aufstreichen der Masse auf das mit Backpapier belegte Blech eine Winkelpalette.
- Beachten Sie, dass zu dünne Stellen beim Backen austrocknen und beim Einrollen brechen.
- Gleiches gilt für zu lange gebackene Massen.
- Stürzen Sie gebackenes Biskuit noch heiß auf ein mit Kristallzucker bestreutes Backpapier.
- Bevor Sie Cremen auftragen, lassen Sie Biskuit vollkommen erkalten.
- Nach dem Rollen drehen Sie die gefüllte Roulade so, dass der Schluss unten zu liegen kommt.

Topfenobersroulade

ZUTATEN

für 12 Tranchen

Biskuitmasse für Rouladen (S. 197)
Kristallzucker zum Stürzen
250 g Erdbeeren
2 Blatt Gelatine
¼ l Schlagobers
150 g Topfen, 20 %, passiert
$\frac{1}{16}$ l Joghurt
Saft einer halben Zitrone
½ TL Vanillezucker
2 Eiweiß
60 g Kristallzucker
Kristallzucker zum Bestreuen

VORBEREITUNG

1. Biskuit backen, noch heiß auf ein mit Kristallzucker bestreutes Backpapier stürzen.
2. Erdbeeren waschen, abtropfen, trocknen, Stiel und Ansatz entfernen, vierteln.
3. Gelatine in kaltem Wasser weichen.
4. Schlagobers schlagen und kühlen.

SO WIRD'S GEMACHT

1. Topfen mit Joghurt, Zitronensaft und Vanillezucker verrühren.
2. Eiweiß mit Kristallzucker zu cremig-steifem Schnee schlagen.
3. Gelatineblätter ausdrücken, mit einigen Tropfen Wasser lauwarm schmelzen.
4. Ca. 3 EL geschlagenes Obers in die Gelatine rühren und der Topfenmasse beimengen.
5. Eischnee und restliches Obers vorsichtig mit dem Schneebesen unterheben.
6. Backpapier vom Biskuit abziehen, Innenseite mit Creme bestreichen (2 cm Rand freilassen).
7. Erdbeeren auf der Creme verteilen.
8. Im Kühlschrank stocken lassen, einrollen und nochmals für ca. 2 Stunden kühlen.
9. Anschließend mit Kristallzucker bestreuen.

VARIATIONEN

- Streuen Sie statt Erdbeeren gemischte Beeren nach Wahl auf die Topfencreme.
- Anstelle von Beeren lassen sich auch 250 g kleingeschnittene Früchte nach Wahl verwenden.
- Füllen Sie die Roulade mit Beerenoberscreme statt mit Topfenoberscreme (siehe S. 224).

Punschroulade

Biskuit backen (siehe S. 197). Ausgekühlten Biskuitboden mit einer dünnen Schicht Punschfülle (siehe Fülle für Punschtorte, S. 258/59) bedecken und verstreichen. Anschließend einrollen und kühlen.
Mit kochend heißer, passierter Marillenmarmelade bestreichen und mit Punschglasur (siehe S. 234) übergießen. Dekorieren wie Punschkrapfen (siehe S. 353).

Schokoladeobers-Roulade

ZUTATEN

für 12 Stück

Schokoladeoberscreme (S. 225, doppelte Menge)
Biskuitmasse für Rouladen (S. 197, 20 g Mehl durch mit Mehl versiebten Kakao ersetzen)
Kristallzucker zum Stürzen
2 Blatt Gelatine
2 EL Rum
nach Bedarf Schokospäne

VORBEREITUNG

1. Schokoladeoberscreme am besten am Vortag zubereiten.
2. Biskuit backen, noch heiß auf mit Kristallzucker bestreutes Backpapier stürzen.
3. Gelatine in kaltem Wasser einweichen.

SO WIRD'S GEMACHT

1. Schokoladeoberscreme cremig aufschlagen, ca. 10 % zum Einstreichen beiseite stellen.

2. Gelatine ausdrücken, mit Rum lauwarm schmelzen.

3. Ca. 3 EL Creme mit einem Schneebesen rasch in die Gelatine einrühren, Rest unterheben.

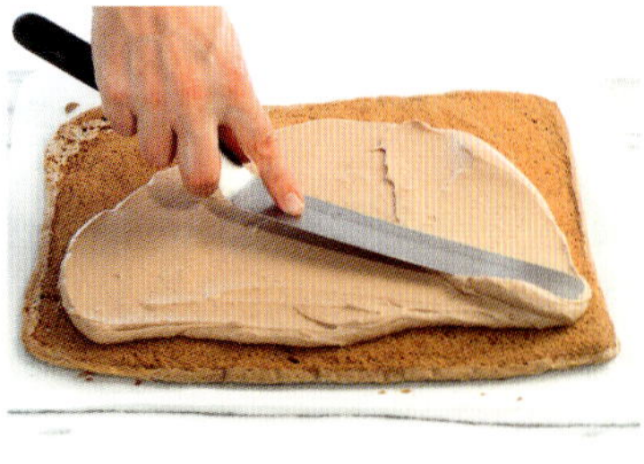

4. Backpapier vom Biskuit abziehen, Creme gleichmäßig aufstreichen (2 cm Rand frei lassen).

5. Im Kühlschrank stocken lassen, einrollen und nochmals ca. 2 Stunden kühlen.

6. Mit beiseite gestellter Creme einstreichen, mit Schokospänen bestreuen oder nach Wunsch dekorieren.

TIPPS

Abziehen: Um nach dem Einstreichen der Roulade mit Creme oder geschlagenem Obers eine glatte Oberfläche zu erzielen, ziehen Sie die Oberfläche mit einem Papier- oder Folienstreifen ab.

Überziehen: Hüllen Sie die mit Creme oder Obers zart bestrichene Roulade in dünn ausgerolltes Marzipan. Das schmeckt köstlich und hält die Roulade länger saftig.

VARIATIONEN

- Anstelle der Schokoladeoberscreme füllen und bestreichen Sie die Roulade mit Schokolade-, Kaffee- oder Walnussbuttercreme (siehe S. 228).
- Bestreichen Sie gebackenes kaltes Biskuit mit Weinoberscreme (siehe S. 227). Nach dem Einrollen und Kühlen Roulade mit Staubzucker bestreuen.

Roulade mit Marmeladefülle

ZUTATEN

für 12 Tranchen

Biskuitmasse für Rouladen (S. 197, 1½-fache Menge)
Kristallzucker zum Stürzen
250 g Marillenmarmelade, passiert
Staubzucker zum Bestreuen

SO WIRD'S GEMACHT

1. Biskuitmasse wie beschrieben zubereiten, backen.
2. Biskuit noch heiß auf mit Kristallzucker bestreutes Backpapier stürzen. Papier abziehen.
3. Passierte Marillenmarmelade mit einer Winkelpalette dünn auf die Unterseite streichen.
4. Straff einrollen.
5. Mit Staubzucker bestreuen.

VARIATIONEN

Statt Marillenmarmelade können Sie auch andere Marmeladesorten verwenden, besonders gut geeignet ist Erdbeermarmelade.

Kaffeecremeroulade

ZUTATEN

Biskuitmasse für Rouladen (S. 197)
Kaffeebuttercreme (S. 228)
100 g Mandeln, gehobelt, geröstet
80 g Modelliermarzipan
1 KL Kakaopulver

VORBEREITUNG

Modelliermarzipan gut mit Kakaopulver verkneten und daraus 12 Kaffeebohnen formen.

SO WIRD'S GEMACHT

1. Auf dem ausgekühlten Biskuitboden zwei Drittel der Creme verstreichen, einrollen.
2. Etwas Creme für 12 Rosetten in einen Dressiersack mit Sterntülle füllen, beiseite legen.
3. Roulade mit restlicher Creme einstreichen, mit einem Papier- oder Folienstreifen abziehen (siehe S. 265) und kühlen.
4. Mit Dressiersack 12 Rosetten aufdressieren, auf jede eine Kaffeebohne aus Marzipan setzen.
5. Beide Seiten der Roulade von unten 2 cm hoch mit gerösteten Mandelsplittern einstreuen.

Schnitten

Um Schnitten herzustellen, können Sie jede Tortenmasse auch in rechteckiger Form zubereiten. Einige Schnitten werden jedoch nach eigenständigen Rezepturen zubereitet. Die folgenden Rezepte zeigen Ihnen die besten Beispiele.

Darauf kommt's an

- Verwenden Sie zum Backen und Füllen der Massen viereckige Nirostarahmen (Kapselrahmen), Wannen oder tiefe Randbleche mit einer Höhe von ca. 5 cm.
- Wenn nicht anders angegeben, schneiden Sie Schnitten in gleichmäßige Stücke mit ca. 8 x 4 cm Größe.
- Das Messer tauchen Sie vor jedem Schnitt in warmes Wasser und klopfen es auf gefaltetem Küchenkrepp auf.

Kardinalschnitten

ZUTATEN

für 10 Stück

7 Eiweiß
200 g Kristallzucker
3 Dotter
2 Eier
1 KL Vanillezucker
Prise Salz
80 g Mehl, glatt
Staubzucker zum Bestreuen

FÜR DIE CREME

4 Blatt Gelatine
40 g Kristallzucker
0,1 l Kaffee, schwarz, stark
½ l Schlagobers

VORBEREITUNG

1. Dressiersack mit glatter Lochtülle (Nr. 20) für den Eischnee vorbereiten (ersatzweise unten auf 2 cm aufschneiden und keine Tülle verwenden).
2. Für die Biskuitmasse einen weiteren Dressiersack mit Lochtülle (Nr. 12) vorbereiten.
3. Auf einem Backblech 2 Streifen Backtrennpapier (15 × 36 cm) vorbereiten.
4. Backrohr rechtzeitig vorheizen.
5. Gelatine in kaltem Wasser weichen.
6. Eiweiß mit 140 g Kristallzucker zu cremig-steifem Schnee schlagen.

1. Eischnee in Dressiersack füllen, auf die Papierstreifen je 3 Streifen à Ø 2 cm dressieren, zwischen den Streifen 2 cm Abstand lassen.

2. Dotter, Eier, 60 g Kristallzucker, Vanillezucker und Salz schaumig rühren, Mehl unterheben, mit dem 2. Dressiersack in die Zwischenräume dressieren.

3. Mit Staubzucker besieben und backen; erkalten lassen, Gebäck umdrehen, Papier abziehen.

4. Gelatine ausdrücken, mit einigen Tropfen Kaffee lauwarm schmelzen, Kristallzucker darin auflösen, kalten Kaffee einrühren.

5. Obers schlagen, Kaffee-Gelatine-Mischung einrühren.

6. Creme mittels Dressiersack auf einen gebackenen Streifen dressieren.

7. Anderen Streifen darauflegen, leicht andrücken.

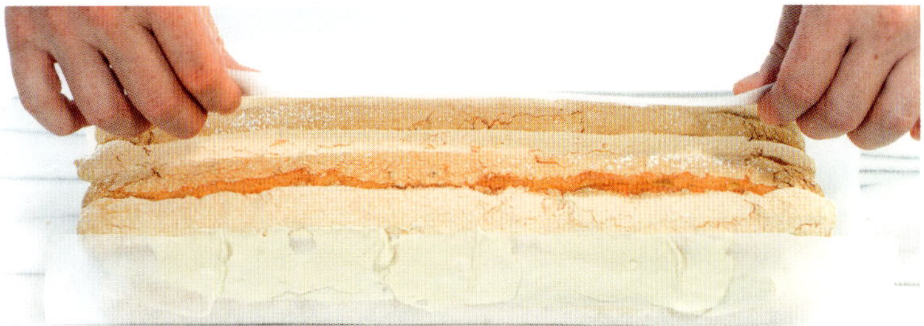

8. In Backpapier hüllen, ca. 3 Stunden kühlen; mit einem nassen Messer in 4 cm breite Scheiben schneiden, mit Staubzucker bestreuen.

Backen: 2. Schiene von unten, 160 °C Ober-/Unterhitze, Backrohr einen Spalt geöffnet
Backdauer: ca. 35 Minuten

VARIATION

Statt der traditionellen Kaffeeoberscreme können Sie Kardinalschnitten auch mit Beerenoberscreme (siehe S. 224) füllen.

Tiramisuschnitten

ZUTATEN

für 1 Kapselrahmen 24 × 24 cm

ca. 60 Biskotten (S. 198 oder Handelsware)
0,4 l Kaffee, schwarz
6 cl Rum
5 Blatt Gelatine
¼ l Schlagobers
6 Dotter
60 g Staubzucker, gesiebt
½ KL Orangenschale, gerieben
500 g Mascarpone
4 Eiweiß
80 g Kristallzucker
Kakao zum Bestreuen

VORBEREITUNG

1. Bei Bedarf Biskotten backen.
2. Ausgekühlten Kaffee mit Rum mischen.
3. Gelatine in kaltem Wasser weichen. Obers schlagen und kühlen.
4. Kapselrahmen auf eine mit Backpapier belegte feste Unterlage stellen.

SO WIRD'S GEMACHT

1. Dotter mit Staubzucker und Orangenschale schaumig rühren.
2. Mit einem Schneebesen unter den Mascarpone rühren.
3. Eiweiß mit Kristallzucker zu cremig-steifem Schnee schlagen.
4. Gelatine abpressen, mit einigen Tropfen Wasser im warmen Wasserbad schmelzen und unter den Mascarpone mischen.
5. Eiweiß mit dem geschlagenen Obers unter die Mascarponemischung heben.
6. Biskotten durch die Kaffee-Rum-Mischung ziehen und eng nebeneinander in den Rahmen legen.
7. Ein Drittel der Creme gleichmäßig darauf verstreichen. Abwechselnd Biskotten und Creme einschichten (je 3 Lagen).
8. Im Tiefkühlfach kurz anfrosten, Rahmen abziehen, mittels eines Siebes mit Kakao bestreuen, in halbgefrorenem Zustand in Schnitten schneiden.

TIPP

Wegen Salmonellengefahr ist das Verwenden von rohen Eiern, Eiweiß oder Dotter in ungebackenen Speisen problematisch. Der Fachhandel bietet pasteurisierte Eier, Eiweiß und Dotter in Tetrapackungen an.

Bananenschnitten

ZUTATEN

für 14 Stück, 8 × 4 cm

Biskuitmasse für Rouladen (S. 197)
Vanillebuttercreme (S. 228)
1/16 l Läuterzucker (S. 52)
1/16 l Rum
1,5 kg Bananen
Schokoladeglasur (S. 233)

VORBEREITUNG

1. Biskuitmasse zubereiten und backen.
2. Vanillebuttercreme zubereiten.
3. Für die Tränke Läuterzucker mit Rum mischen.
4. Backtrennpapier auf einer Unterlage (Brett oder Backblech) vorbereiten.

SO WIRD'S GEMACHT

1. Backpapier vom ausgekühlten Biskuit abziehen, Biskuit halbieren, auf vorbereitete Unterlage legen und mittels Pinsel mit Tränke befeuchten.
2. Mit einer Palette ein Drittel der Creme darauf verstreichen.
3. Andere Biskuithälfte darauflegen, mit Tränke befeuchten und dünn mit Creme bestreichen.
4. Bananen schälen, der Länge nach halbieren und eng nebeneinander auf die Creme legen.
5. Restliche Creme auf den Bananen glatt verstreichen und ca. 2 Stunden kühlen.
6. Schokoladeglasur zubereiten und lippenwarm mit einer Palette auf die Schnitten streichen. Glasur im Kühlschrank anziehen lassen.

TIPP

Bananenschnitten eignen sich nicht zum Tiefkühlen. Daher frisch oder für den nächsten Tag zubereiten.

Kuchen und Gugelhupf

Kaffee und Tee brauchen Begleitung. Was bietet sich besser an als Kuchen und Gugelhupf? Nicht nur wer einfache Rezepte schätzt und üppige Cremen scheut, wird in diesem Kapitel fündig werden.

Darauf kommt's an

- Kuchen bestehen vorwiegend aus Germ- und Mürbteigen oder aus Massen. Daher beachten Sie bitte die für die jeweiligen Grundrezepte geltenden Regeln.
- Bleche und Formen bestreichen Sie mittels Pinsel mit weicher (nicht flüssiger) Butter und streuen diese je nach Rezept mit Mehl, gehobelten Mandeln oder Bröseln aus.
- Einweg- und Silikonformen sind ungefettet zu benutzen.

Sandkuchen

ZUTATEN

für 1 Kastenform 30 × 10 × 8 cm

Butter zum Ausstreichen
Mehl zum Bestauben
270 g Mehl, glatt
100 g Staubzucker
250 g Butter
1 EL Vanillezucker
Prise Salz
5 Dotter
1/16 l Milch
5 Eiweiß
150 g Kristallzucker

VORBEREITUNG

1. Kastenform mit weicher Butter ausstreichen, mit Mehl ausstauben.
2. Mehl und Staubzucker gesondert sieben.
3. Backrohr rechtzeitig vorheizen.

SO WIRD'S GEMACHT

1. Handwarme Butter mit Staubzucker, Vanillezucker und Salz schaumig rühren.
2. Dotter mit Milch vermengen, nach und nach unter den Abtrieb rühren.
3. Eiweiß mit Kristallzucker zu cremig-steifem Schnee schlagen.
4. Mit einem Kochlöffel ein Drittel des Eischnees zügig unter den Butterabtrieb rühren.
5. Restlichen Eischnee unter die Buttermasse heben, vorsichtig gesiebtes Mehl einrühren.
6. Masse in vorbereitete Kastenform füllen, backen.

Backen: 160 °C Ober-/Unterhitze
Backdauer: 30 Minuten 2. Schiene von unten, 25 Minuten mittlere Schiene

Bischofsbrot

ZUTATEN

für 1 Kastenform 30 × 10 × 8 cm

180 g Früchte, kandiert, gewürfelt oder Backfrüchtemischung
50 g Rosinen
1/16 l Rum
80 g Walnüsse, gehackt
80 g Kuvertüre, gehackt
Sandkuchenmasse (s. oben)
Butter zum Ausstreichen
Mehl zum Bestauben

VORBEREITUNG

1. Einige Tage vor der Zubereitung des Kuchens 180 g kandierte Früchte (Backfrüchtemischung) und Rosinen in Rum einlegen.
2. Zugedeckt einige Tage im Kühlschrank lagern.

SO WIRD'S GEMACHT

1. Sandkuchenmasse wie beschrieben bis zum Einrühren des Mehles herstellen (Punkt 5).
2. Rosinen-Früchte-Mischung auf einem Sieb abtropfen, Walnüsse und Kuvertüre untermischen.
3. Gemeinsam mit dem Mehl unter die Sandkuchenmasse mischen.
4. Masse in vorbereitete Kastenform füllen, backen, nach ½ Stunde auf unterster Schiene fertig backen.

Backen: 160 °C Ober-/Unterhitze
Backdauer: 30 Minuten auf mittlerer Schiene, 25 Minuten auf unterster Schiene

Marillenkuchen (Gâteau)

ZUTATEN

Butter zum Ausstreichen
Mehl zum Bestauben
Sandkuchenmasse (S. 274, 1½-fache Menge)
1 kg Marillen, gewaschen, halbiert
Staubzucker zum Bestreuen

VORBEREITUNG

1. Randblech gut mit Butter befetten und mit Mehl bestauben.

SO WIRD'S GEMACHT

1. Sandkuchenmasse mit einer Palette auf das vorbereitete Randblech aufstreichen.
2. Masse gleichmäßig mit Marillenhälften belegen und backen.
3. Abschließend mit Staubzucker bestreuen.

Backen: 2. Schiene von unten, 170 °C Ober-/Unterhitze
Backdauer: ca. 35 Minuten

VARIATIONEN

- Bestreuen Sie den Kuchen vor dem Backen mit Streuseln (siehe S. 53).
- Verwenden Sie anstelle von Marillen geschälte, geviertelte Pfirsiche oder halbierte Zwetschken.

Topfensoufflékuchen mit Früchten

ZUTATEN

für 1 Wannenform 30 × 20 cm (halbe Blechgröße)

500 g Marillen, entkernt
80 g Kristallzucker
Spritzer Zitronensaft
Mürbteig (S. 208)
Butter zum Ausstreichen
Mehl zum Ausstauben
¼ l Milch
¼ l Schlagobers
Zitronenschale, gerieben
1 EL Vanillezucker
Prise Salz
80 g Vanillepuddingpulver
4 Dotter
500 g Topfen, 10 %, passiert
8 Eiweiß
160 g Kristallzucker
100 g Marillenmarmelade, passiert
ca. 250 g Erdbeeren, halbiert

VORBEREITUNG

1. Marillen waschen. Wasser mit Kristallzucker und Zitronensaft aufkochen, Marillen beigeben, kernig kochen, erkaltet auf einem Sieb abtropfen lassen.
2. Mürbteig zubereiten und ½ Stunde im Kühlschrank rasten lassen.
3. Wannenform mit Hilfe eines Pinsels mit weicher Butter ausstreichen, mit Mehl ausstauben.
4. Backrohr rechtzeitig vorheizen.

SO WIRD'S GEMACHT

1. Mürbteig auf bemehlter Arbeitsfläche ca. 3 mm dick ausrollen. Auf das Nudelholz aufrollen, in die Form abrollen und zurechtschneiden.
2. Teig mit einer Gabel in ca. 2 cm Abständen einstechen (stupfen). Sehr hell backen (ca. 7 Minuten).
3. Marillen gleichmäßig auf dem ausgekühlten Boden verteilen.
4. Halbe Milchmenge mit Schlagobers, Zitronenschale, Vanillezucker und Salz unter Rühren mit einem Schneebesen aufkochen.
5. Restliche Milch mit einem Schneebesen mit Puddingpulver und Dotter verrühren, in die kochende Milch-Obers-Mischung einfließen lassen und unter Rühren aufkochen.
6. Topfen einrühren, weiterrühren und nochmals aufkochen.
7. Eiweiß mit Kristallzucker zu cremig-steifem Schnee schlagen, mit dem Schneebesen unter die heiße Vanillecreme heben.
8. Sofort mit einer Teigkarte über die Marillen verstreichen und hell backen.
9. Ausgekühlten Kuchen mit kochend heißer Marillenmarmelade bestreichen (aprikotieren).
10. Kuchen portionieren, mit Erdbeerhälften belegen.

Backen: mittlere Schiene, 170 °C Ober-/Unterhitze
Backdauer: ca. 7 plus ca. 35 Minuten

TIPPS

- Zum Belegen können Sie Früchte und Beeren Ihrer Wahl verwenden.
- Glänzen Sie die Beeren mit Tortengelee ab.

Rehrücken

ZUTATEN

für 1 Rehrückenform 35 × 12 × 7 cm

Butter zum Ausstreichen
Mehl zum Ausstauben
120 g Kuvertüre
130 g Butter, handwarm
50 g Staubzucker, gesiebt
1 EL Vanillezucker
Prise Salz
6 Dotter
6 Eiweiß
100 g Kristallzucker
70 g Brösel, süß (Biskuitreste oder Biskotten, getrocknet, gerieben)
130 g Mandeln, gerieben
200 g Marillenmarmelade, passiert
Sacherglasur (S. 232)
ca. 100 g Mandeln, gestiftelt

VORBEREITUNG

1. Rehrückenform mittels Pinsel mit weicher Butter ausstreichen, mit Mehl ausstauben.
2. Kuvertüre im Wasserbad schmelzen.
3. Backrohr rechtzeitig vorheizen.

SO WIRD'S GEMACHT

1. Handwarme Butter mit Staubzucker, Vanillezucker und Salz in der Küchenmaschine schaumig rühren.
2. Dotter nach und nach beigeben, geschmolzene Kuvertüre einrühren.
3. Eiweiß mit Kristallzucker zu cremig-steifem Schnee schlagen. Mit einem Kochlöffel ein Drittel des Schnees unter die Buttermasse rühren.
4. Restlichen Eischnee und die mit den süßen Bröseln vermischten Mandeln unterheben.
5. Masse mit Hilfe einer Teigkarte in die vorbereitete Form füllen, verstreichen und backen.
6. Auf ein mit Backtrennpapier belegtes Kuchengitter stürzen.
7. Ausgekühlten Rehrücken waagrecht halbieren, mit 100 g Marmelade füllen.
8. Restliche Marmelade aufkochen und Kuchen mittels Pinsel damit bestreichen.

9. Rehrücken ohne Papier auf ein Kuchengitter stellen, mit Glasur überziehen.

10. Mandelstifte in die noch weiche Glasur stecken.

Backen: 2. Schiene von unten, 170 °C Ober-/Unterhitze
Backdauer: ca. 50 Minuten

Apfel-Streusel-Kuchen

ZUTATEN

für 1 Randblech 40 × 30 cm

Mürbteig (S. 208)
Streusel (S. 53)
Apfelfülle (S. 223)
Mehl zum Bestauben
70 g Brösel, süß (Biskuitreste oder Biskotten, getrocknet, gerieben)
Staubzucker zum Bestreuen

VORBEREITUNG

1. Mürbteig zubereiten und rasten lassen.
2. Streusel zubereiten und rasten lassen.
3. Apfelfülle zubereiten.
4. Backrohr rechtzeitig vorheizen.

SO WIRD'S GEMACHT

1. Mürbteig auf bemehlter Arbeitsfläche 3 mm dick ausrollen.
2. Teig auf das Rollholz aufrollen, in das Randblech abrollen, zurechtschneiden.
3. Mit einer Gabel mehrfach einstechen (stupfen) und farblos vorbacken (ca. 7 Minuten).
4. Süße Brösel darüberstreuen.
5. Apfelfülle gleichmäßig darauf verteilen, leicht anpressen. Streusel darauf verteilen.
6. Backen, ausgekühlt mit Staubzucker bestreuen und portionieren.

Backen: unterste Schiene, 170 °C Ober-/Unterhitze
Backdauer: ca. 30 Minuten

TIPP

Für eine Streusel-Schnellversion doppelte Menge Mürbteig herstellen, Hälfte durch ein grobes Sieb drücken. Teigbrösel statt Streusel über die Apfelfülle streuen.

Gedeckter Apfelkuchen

Obiges Rezept verwenden, jedoch doppelte Menge Mürbteig herstellen. Apfelfülle mit ausgerolltem Teig abdecken, mit einer Gabel stupfen und wie beschrieben backen. Mit Staubzucker bestreuen.

Apfelkuchen aus Sandmasse

1½-fache Menge Sandmasse (siehe S. 200) gleichmäßig auf ein mit weicher Butter befettetes und mit Mehl bestaubtes Randblech streichen. Ausgekühlte gedünstete Apfelfülle (siehe S. 223) darauf verteilen, mit ca. 100 g gehobelten Mandeln bestreuen und im vorgeheizten Backrohr auf der 2. Schiene von unten bei 160 °C ca. 50 Minuten backen.

Gugelhupf

Gugelhupf besteht aus Germteig oder aus Massen. Beim Befüllen der Form beachten Sie bitte, dass sie weder mit der Teigkarte noch mit dem Dressiersack berührt wird, da der Gugelhupf sonst an diesen Stellen hängen bleibt, wenn er aus der Form gestürzt wird.

Darauf kommt's an

- Wenn Sie keine Dressiersäcke haben, befüllen Sie die Gugelhupfform mit einer Teigkarte.
- Anstelle von Mehl können Sie die Form auch mit gehobelten Mandeln ausstreuen.
- Gugelhupf lässt sich gut tiefkühlen. Dazu hüllen Sie ihn in Frischhaltefolie. Nach dem Auftauen schmeckt Gugelhupf noch saftiger.

Germgugelhupf

ZUTATEN

für 1 Gugelhupf Ø 20 cm, 10 cm Höhe

Germteig, gerührt (S. 212)
Butter zum Ausstreichen
Mehl zum Ausstauben
16 Mandeln, geschält
Staubzucker zum Bestreuen

VORBEREITUNG

1. Gugelhupfform mittels Pinsel exakt mit weicher Butter ausstreichen, mit Mehl ausstauben.
2. In jede Rille vorsichtig eine Mandel einlegen.
3. Backrohr rechtzeitig vorheizen.

SO WIRD'S GEMACHT

1. Germteig nach der Rastzeit (½ Stunde) nochmals durchkneten.
2. Teig mit einer Teigkarte in die Gugelhupfform füllen, mit einem Tuch bedecken.
3. An einem warmen Ort (30 °C) ca. 20 Minuten aufgehen lassen.
4. Gugelhupf backen, auf ein Gitter stürzen, auskühlen lassen.
5. Mit Staubzucker bestreuen.

Backen: 170 °C Ober-/Unterhitze
Backdauer: 30 Minuten unterste, dann 25 Minuten mittlere Schiene

Marmorgugelhupf

ZUTATEN

für 1 Gugelhupf Ø 20 cm, 10 cm Höhe

Butter zum Ausstreichen
Mehl zum Ausstauben
200 g Mehl, glatt
20 g Maisstärkemehl
80 g Kuvertüre
250 g Butter, handwarm
50 g Staubzucker, gesiebt
Schale einer halben Zitrone, gerieben
1 KL Vanillezucker
Prise Salz
5 Dotter
5 Eiweiß
200 g Kristallzucker
3 EL Rum
Staubzucker zum Bestreuen

VORBEREITUNG

1. Gugelhupfform mittels Pinsel exakt mit weicher Butter ausstreichen, mit Mehl ausstauben.
2. Mehl mit Stärkemehl versieben.
3. Kuvertüre im Wasserbad schmelzen (max. 40 °C).
4. Backrohr rechtzeitig vorheizen.

SO WIRD'S GEMACHT

1. Butter mit Staubzucker, Zitronenschale, Vanillezucker und Salz in der Küchenmaschine schaumig rühren.
2. Dotter nach und nach beigeben.
3. Eiweiß mit Kristallzucker zu cremig-steifem Schnee schlagen.
4. Mit einem Kochlöffel Eischnee und Mehl-Stärkemehl-Mischung unter den Abtrieb heben.
5. Ein Drittel der Masse mit Rum und Kuvertüre verrühren.
6. Beide Massen jeweils in einen Dressiersack ohne Tülle füllen und abwechselnd (hell – dunkel – hell) in eine vorbereitete Form dressieren.
7. Kochlöffelstiel drei- bis viermal durch die Masse ziehen ohne die Form zu berühren.
8. Masse backen, auf ein Gitter stürzen, ausgekühlt mit Staubzucker bestreuen.

Backen: 160 °C Ober-/Unterhitze
Backdauer: 30 Minuten unterste, dann 20 Minuten mittlere Schiene

Waldviertler Mohngugelhupf

ZUTATEN

für 1 Gugelhupf Ø 20 cm, 10 cm Höhe

Butter zum Ausstreichen
Mehl zum Ausstauben
100 g Rohmarzipan
2 EL Rum
50 g Walnüsse, grob gehackt
110 g Walnüsse, gerieben
160 g Mohn, gemahlen
5 Eier
140 g Staubzucker, gesiebt
½ KL Zitronenschale, gerieben
1 EL Vanillezucker
Prise Salz
120 g Butter
Staubzucker zum Bestreuen

VORBEREITUNG

1. Gugelhupfform mittels Pinsel mit weicher Butter ausstreichen, mit Mehl ausstauben.
2. Rohmarzipan und Rum mit einem Schneebesen (Handmixer) weich und klumpenfrei rühren.
3. Gehackte und geriebene Walnüsse mit dem Mohn mischen.
4. Backrohr rechtzeitig vorheizen.

SO WIRD'S GEMACHT

1. Rohmarzipan, Eier, Staubzucker, Zitronenschale, Vanillezucker und Salz in der Küchenmaschine schaumig rühren.
2. Mohn-Walnuss-Mischung mit einem Kochlöffel unterheben.
3. Butter auf ca. 45 °C erhitzen, unter die Masse rühren.
4. Masse in die vorbereitete Form füllen und backen.
5. Auf ein Gitter stürzen, auskühlen lassen, mit Staubzucker bestreuen.

Backen: 150 °C Ober-/Unterhitze
Backdauer: 30 Minuten unterste, 25 Minuten mittlere Schiene

TIPP

Mohngugelhupf schmeckt besonders gut, wenn Sie ihn mit heißer Marillenmarmelade bestreichen und mit Schokoladeglasur (siehe S. 233) überziehen.

Kaisergugelhupf

ZUTATEN

für 1 Gugelhupf Ø 20 cm, 10 cm Höhe

Butter zum Ausstreichen
Mandeln, gehobelt, zum Ausstreuen
Sandmasse, schwer (S. 200)
80 g Kuvertüre
80 g Walnüsse
Staubzucker zum Bestreuen

VORBEREITUNG

1. Gugelhupfform mittels Pinsel mit weicher Butter ausstreichen, mit gehobelten Mandeln ausstreuen.
2. Kuvertüre und Walnüsse grob (ca. 1 cm groß) hacken.
3. Backrohr rechtzeitig vorheizen.

SO WIRD'S GEMACHT

1. Walnuss- und Schokoladestücke mit dem Mehl unter die Masse heben.

2. Masse mit Teigkarte (oder Dressiersack ohne Tülle) in die vorbereitete Form füllen und backen.

3. Auf ein Gitter stürzen, auskühlen lassen und anzuckern.

Backen: 160 °C Ober-/Unterhitze
Backdauer: 30 Minuten unterste, 20 Minuten mittlere Schiene

VARIATION

Mischen Sie anstelle von Schokolade- und Walnussstücken 80 g würfelig geschnittenes Marzipan und 80 g Aranziniwürfel unter die Masse.

Becherkuchen/Schnellrezepte

Becherkuchen sind einfach, schnell und unkompliziert. Dass solche Rezepte bestens funktionieren und auf diese Weise hergestelltes Gebäck auch noch köstlich schmeckt, macht diese Zubereitungsmethode so attraktiv. Als Maß verwenden Sie einfach gereinigte 250-g-Joghurt- oder -Sauerrahmbecher.

Eierlikörkuchen

ZUTATEN

für 1 Kastenform 30 × 10 × 8 cm
oder 1 Tortenform Ø 24 cm

Butter zum Ausstreichen
Mehl zum Ausstauben
½ Becher Mehl, glatt
½ Becher Maisstärkemehl
5 g Backpulver
5 Eier
1 Becher Kristallzucker
1 EL Vanillezucker
1 Becher Sonnenblumenöl
1 Becher Eierlikör
Staubzucker zum Bestreuen

VORBEREITUNG

1. Form mit weicher Butter ausstreichen, mit Mehl ausstauben.
2. Mehl, Stärkemehl und Backpulver versieben.
3. Glasiergitter mit Backtrennpapier belegen.
4. Backrohr rechtzeitig vorheizen.

SO WIRD'S GEMACHT

1. Eier mit Kristallzucker und Vanillezucker stark schaumig rühren. Sonnenblumenöl und Eierlikör langsam einrühren.
2. Mehl-Stärkemehl-Backpulver-Mischung mit einem Kochlöffel unterheben.
3. Masse in die Form füllen und backen.
4. Kuchen auf das Gitter stürzen, auskühlen lassen, mit Staubzucker bestreuen.

Backen: 170 °C Ober-/Unterhitze
Backdauer: 25 Minuten unterste Schiene, dann ca. 20 Minuten 2. Schiene von unten

TIPP

Bestreichen Sie den Kuchen mit passierter, kochend heißer Marillenmarmelade und streuen Sie Kokosraspeln darüber.

Dinkel-Joghurt-Kuchen

ZUTATEN

für 1 Wannenform 30 × 20 cm (½ Randblech)

Butter zum Ausstreichen
Mehl zum Ausstauben
1 Becher Joghurt
2 EL Rum
½ Becher Instantkakao oder Kuvertüre, fein gerieben
½ Becher Mandeln, gerieben
1 EL Vanillezucker
1 TL Zimt
½ Becher Dinkelvollkornmehl
½ Pkg (8 g) Backpulver
3 Eier
½ Becher Maiskeimöl
1 Becher Vollzucker
Staubzucker zum Bestreuen

VORBEREITUNG

1. Flache Wannenform mit weicher Butter ausstreichen, mit Mehl ausstauben.
2. Joghurt mit Rum verrühren.
3. Kakao (geriebene Kuvertüre) mit Mandeln, Vanillezucker und Zimt vermengen.
4. Mehl mit Backpulver sieben und gründlich vermischen.
5. Backrohr rechtzeitig vorheizen.

SO WIRD'S GEMACHT

1. Eier mit Maiskeimöl und Kristallzucker verrühren, bis der Kristallzucker aufgelöst ist (nicht aufschlagen).
2. Mit Rum vermischten Joghurt und Kakao-Mandel-Mischung abwechselnd beigeben.
3. Mehl mit einem Kochlöffel vorsichtig unterheben.
4. Masse in die Form füllen und backen. Ausgekühlt mit Staubzucker bestreuen.

Backen: mittlere Schiene, 160 °C Ober-/Unterhitze
Backdauer: ca. 25 Minuten

TIPP

Streichen Sie kochend heiße, passierte Marillenmarmelade auf den ausgekühlten Kuchen und glasieren Sie ihn danach mit Schokoladeglasur (siehe S. 233).

Rotweinkuchen

ZUTATEN

für 1 Kranzkuchenform Ø 26 cm

Butter zum Ausstreichen
Mehl zum Ausstauben
375 g Mehl, glatt
20 g Kakao
5 g Backpulver
100 g Kuvertüre
300 g Butter, handwarm
300 g Staubzucker, gesiebt
1 KL Zimt
1 EL Vanillezucker
Prise Salz
4 Eier
¼ l Rotwein
Staubzucker zum Bestreuen

VORBEREITUNG

1. Kuchenform mit weicher Butter ausstreichen, mit Mehl ausstauben.
2. Mehl, Kakao und Backpulver gemeinsam sieben.
3. Kuvertüre hacken, mit der Mehlmischung vermengen.
4. Backrohr rechtzeitig vorheizen.
5. Kuchengitter mit Backtrennpapier belegen.

SO WIRD'S GEMACHT

1. Butter mit Staubzucker, Zimt, Vanillezucker und Salz schaumig rühren.
2. Eier versprudeln und nach und nach einrühren.
3. Mehlmischung mit einem Kochlöffel unterheben und Rotwein einrühren.
4. Masse in die Form füllen und backen.
5. Kuchen auf das Gitter stürzen, auskühlen lassen, mit Staubzucker bestreuen.

Backen: 170 °C Ober-/Unterhitze
Backdauer: 30 Minuten unterste, dann 20 Minuten 2. Schiene von unten

TIPP

Bestreichen Sie den Kuchen mit passierter, kochend heißer Marillenmarmelade, überziehen Sie ihn mit Schokoladeglasur (siehe S. 233) und bestreuen Sie ihn mit gehobelten, gerösteten Mandeln.

Schoko-Blitzkuchen

ZUTATEN

für 1 Kastenform 30 × 10 × 8 cm

Butter zum Ausstreichen
Mehl zum Ausstauben
120 g Kuvertüre
120 g Butter
6 Eiweiß
120 g Kristallzucker
1 EL Vanillezucker
60 g Haselnüsse, gerieben
90 g Semmelbrösel
Staubzucker zum Bestreuen

VORBEREITUNG

1. Kuchenform mit weicher Butter ausstreichen, mit Mehl ausstauben.
2. Kuvertüre im Wasserbad schmelzen (max. 40 °C).
3. Butter schmelzen.
4. Kuchengitter mit Backtrennpapier belegen.
5. Backrohr rechtzeitig vorheizen.

SO WIRD'S GEMACHT

1. Eiweiß mit Kristallzucker und Vanillezucker zu cremig-steifem Schnee schlagen.
2. Geschmolzene Kuvertüre mit flüssiger Butter mischen und rasch unter den Schnee rühren.
3. Haselnüsse mit Bröseln vermischen, mit einem Kochlöffel unter den Schnee mischen.
4. Masse in die Form füllen und backen.
5. Kuchen auf das vorbereitete Gitter stürzen, auskühlen lassen und mit Staubzucker bestreuen.

Backen: 160 °C Ober-/Unterhitze

Backdauer: 20 Minuten unterste, dann 20 Minuten 2. Schiene von unten

TIPPS

- Mit gerösteten und danach geriebenen Haselnüssen schmeckt der Kuchen noch besser.
- Verbleibende Dotter können Sie für anderweitige Verwendung einfrieren.

Germteiggebäck

Rühr- und Knetmaschinen lassen das einst mühevolle »Abschlagen per Hand bis zum Blasenwerfen« heute zu einer schnellen und unkomplizierten Angelegenheit werden. Nach wie vor erfordert das fachgerechte Reifen und Behandeln von Germteigen jedoch ausreichend Zeit, eine gut temperierte Küche und frische Germ.

Darauf kommt's an

- Stoßen Sie Germteig nach dem Rasten mit der Hand noch einmal zusammen und lassen Sie ihn weitere 15 Minuten aufgehen.
- Für Krapfen, Brioche etc. teilen und wiegen Sie den Teig. Die so entstandenen Teigstücke (Teiglinge) lassen Sie vor dem Backen an einem warmen Ort bei ca. 30 °C aufgehen.
- Setzen Sie Germteigstücke stets mit genügend Abstand auf das Blech, da sie ihr Volumen beim Aufgehen um ca. 30 % vergrößern.
- Beachten Sie, dass der Teig nicht zu stark aufgeht, damit er beim Backen nicht zusammenfällt.
- Um »Hautbildung« zu verhindern, bestreichen Sie Germteigstücke mit Wasser oder bedecken sie mit Frischhaltefolie.
- Ungebackene Germteigstücke können Sie nach der Hälfte der Aufgehzeit einfrieren. Angefrostete Teigstücke hüllen Sie in Folien oder verpacken sie in verschließbaren Behältern.
- Bei Bedarf lassen Sie Teigstücke im Kühlschrank auftauen und anschließend aufgehen.

Buchteln

ZUTATEN

für 1 Wannenform 30 × 20 cm (24 Stück à 40 g)

ca. 250 g Powidl
1 MS Zimt
2 EL Rum
ca. 150 g Butter, flüssig
Germteig, leicht (S. 210)
Mehl zum Bestauben
Staubzucker zum Bestreuen

Backen: 2. Schiene von unten, 170 °C Ober-/Unterhitze
Backdauer: ca. 25 Minuten

TIPP

Bestreichen Sie die heißen Buchteln mit flüssiger Butter, sie saugen die Butter auf und bleiben saftiger.

VORBEREITUNG

1. Powidl mit Zimt und Rum vermischen.
2. Wannenform mit flüssiger Butter ausstreichen.
3. Backrohr rechtzeitig vorheizen.

SO WIRD'S GEMACHT

1. Teig nach der Rastzeit in Stücke von je 40 g teilen.

2. Teigstücke auf einer bemehlten Arbeitsfläche ca. 10 mm dick ausrollen.

3. Powidlmasse in der Mitte der Teigstücke mit einem Dressiersack oder einem Löffel aufdressieren.

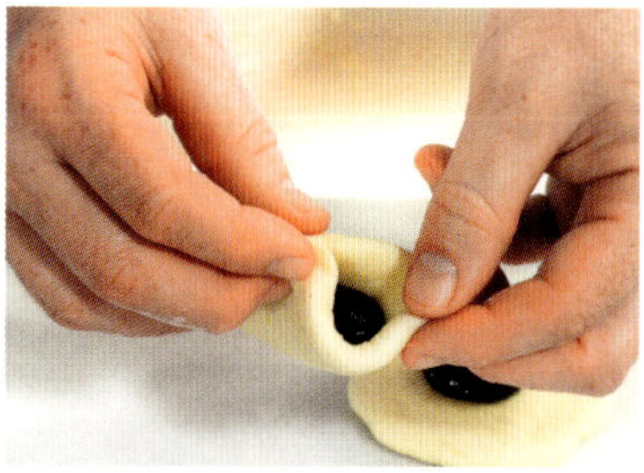

4. Teigstücke über der Fülle zusammendrücken.

5. In flüssige Butter tauchen, mit dem Schluss nach unten eng in die Wannenform schlichten.

6. An einem warmen Ort (30 °C) ca. 20 Minuten aufgehen lassen, backen. Etwas überkühlen, mit Staubzucker bestreuen.

Mohnstrudel

ZUTATEN

für 1 Strudel (ca. 10 Portionen)

Mohnfülle (S. 223)
1 Ei
⅛ l Milch
20 g Germ
250 g Mehl, glatt
50 g Staubzucker, gesiebt
1 EL Rum
Schale einer halben Zitrone, gerieben
40 g Öl
2 g Salz
Mehl zum Bestauben

VORBEREITUNG

1. Mohnfülle kochen und auskühlen.
2. Ei zum Bestreichen versprudeln.
3. Backblech mit Backtrennpapier belegen.
4. Backrohr rechtzeitig vorheizen.

SO WIRD'S GEMACHT

1. Milch auf 30 °C erwärmen, aus der halben Milchmenge, Germ und etwas Mehl ein Dampfl zubereiten (siehe S. 54).
2. Aufgegangenes Dampfl mit restlicher Milch, restlichem Mehl, Staubzucker, Rum und Zitronenschale in der Küchenmaschine mit dem Knethaken vermischen.
3. Zuletzt Öl und Salz einarbeiten und den Teig so lange kneten, bis er sich von der Kesselwand löst (ca. 5 Minuten).
4. Teig auf einer bemehlten Arbeitsfläche mit Frischhaltefolie abdecken, 25 Minuten rasten lassen.
5. Teig anschließend rechteckig ca. 4 mm stark ausrollen.
6. Fülle mit einer Teigkarte gleichmäßig auf dem Teig verteilen und verstreichen.
7. Anschließend Strudel straff einrollen.
8. Mit dem Teigschluss nach unten auf das Backblech legen, 20 Minuten an einem warmen Ort (30 °C) aufgehen lassen.
9. Mit Ei bestreichen, mit einer Gabel ca. fünfmal in Abständen einstechen (stupfen).
10. Strudel im vorgeheizten Rohr backen.

Backen: 2. Schiene von unten, 170 °C Ober-/Unterhitze
Backdauer: ca. 30 Minuten

TIPP

Falls sich die Fülle schwer verstreichen lässt, verdünnen Sie sie mit etwas Milch.

VARIATION

Nach dem gleichen Rezept lässt sich Nussstrudel zubereiten; einfach die Mohnfülle durch Nussfülle (siehe S. 222) ersetzen.

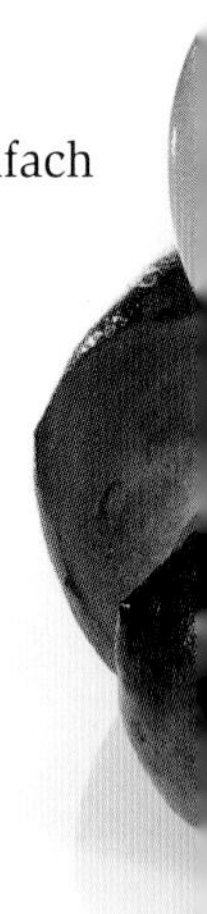

Pinzen

ZUTATEN

für 2 Stück à 500 g

100 g Erdäpfel, mehlig
1 Ei
3/16 l Milch
30 g Germ
550 g Mehl
10 g Kartoffel- oder Maisstärkemehl
100 g Staubzucker, gesiebt
3 Dotter
2 EL Rum
100 g Butter, handwarm
8 g Salz
Mehl zum Bestauben

VORBEREITUNG

1. Erdäpfel waschen, roh schälen und in leicht gesalzenem Wasser kochen, abseihen, ausdampfen, heiß passieren und erkalten lassen.
2. Ei versprudeln.
3. Backblech mit Backtrennpapier belegen.
4. Backrohr rechtzeitig vorheizen.

SO WIRD'S GEMACHT

1. Milch auf 30 °C erwärmen. Aus halber Milchmenge, Germ und etwas Mehl ein Dampfl zubereiten (siehe S. 54).
2. Aufgegangenes Dampfl mit passierten Erdäpfeln, restlichem Mehl, restlicher Milch, Stärke, Staubzucker, Dotter und Rum vermischen.
3. Zuletzt Butter und Salz einarbeiten und so lange kneten, bis der Teig sich von der Kesselwand löst (ca. 5 Minuten).
4. Mit Frischhaltefolie abdecken, 20 Minuten rasten lassen.
5. Teig halbieren, zu Kugeln formen (schleifen), auf das Backblech legen und an einem warmen Ort (30 °C) ca. 20 Minuten aufgehen lassen.
6. Mit Ei bestreichen, mit der in Wasser getauchten Spitze einer Schere dreimal von der Mitte bis zum Rand tief einschneiden und backen.

Backen: 2. Schiene von unten, 170 °C Ober-/Unterhitze
Backdauer: ca. 35 Minuten

TIPP

Pinzen sind zum Tiefkühlen geeignet, schmecken jedoch am besten frisch; gut in Frischhaltefolie gehüllt sind sie weitere 3–4 Tage verwendbar.

Striezel

ZUTATEN

für 1 Striezel

1 Ei
Germteig, fein (S. 211)
Mehl zum Bestauben
Hagelzucker zum Bestreuen

VORBEREITUNG

1. Ei versprudeln.
2. Backblech mit Backtrennpapier belegen.
3. Backrohr rechtzeitig vorheizen.

TIPP

In Frischhaltefolie verpackte Striezel eignen sich hervorragend zum Tiefkühlen. Bei Zimmertemperatur auftauen.

SO WIRD'S GEMACHT

1. Teig mit Frischhaltefolie abdecken, 20 Minuten rasten lassen. Nochmals durchkneten, weitere 20 Minuten rasten lassen.

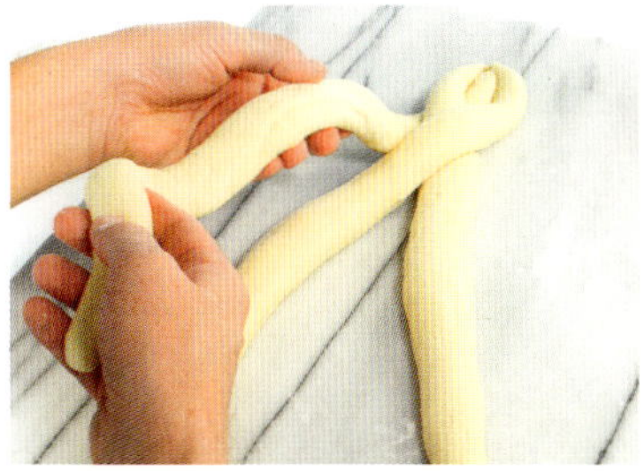

2. 3 gleich schwere Stränge formen, an einem Ende fest zusammendrücken.

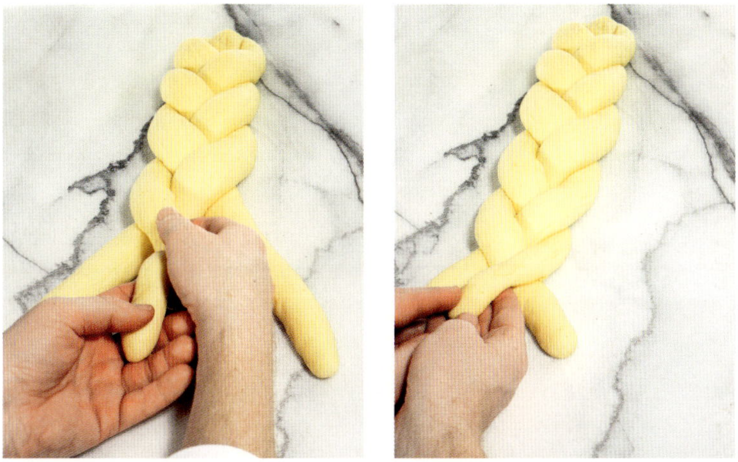

3. Abwechselnd linken und rechten Strang über den mittleren legen; Striezel auf das Blech legen, warm (30 °C) ca. 20 Minuten aufgehen lassen.

4. Striezel mit Ei bestreichen, mit Hagelzucker bestreuen und backen.

Backen: 2. Schiene von unten, 170 °C Ober-/Unterhitze
Backdauer: ca. 30 Minuten

Egerländer

Teilen Sie feinen Germteig (siehe S. 211) in Stücke à 40 g, schleifen Sie diese zu Kugeln und lassen Sie sie an einem warmen Ort zugedeckt aufgehen.
Danach ein Glas (ca. Ø 6 cm) mit dem Boden in Mehl tauchen und in die Mitte der Teigkugeln bis zum Boden eindrücken. Diese Vertiefung mit Topfenfülle (siehe S. 222), Nussfülle (siehe S. 222) und Powidl füllen und mit Streuseln (siehe S. 53) bestreuen.

Nussstollen

ZUTATEN
für 2 Stollen à 450 g

FÜR DIE FÜLLE

100 g Rohmarzipan
50 g Walnüsse, gerieben
2 EL Rum

FÜR DEN TEIG

150 g Butter, handwarm
40 g Staubzucker, gesiebt
1 EL Vanillezucker
Schale einer halben Zitrone, gerieben
½ KL Zimt
½ KL Kardamom
5 g Salz
1 EL Rum
1 Dotter
⅛ l Milch
30 g Germ
375 g Mehl
Mehl zum Bestauben
ca. 100 g Butter, geschmolzen, zum Bestreichen
100 g Walnüsse, gehackt, zum Bestreuen
100 g Vanille-Staubzucker zum Bestreuen

VORBEREITUNG

1. Für die Fülle Rohmarzipan mit geriebenen Walnüssen und Rum verkneten.
2. In 4 gleichmäßige Teile schneiden, daraus 4 Stränge à 30 cm formen (rollen), die an den Enden etwas dünner sein sollen.
3. Backblech mit Backtrennpapier belegen.
4. Backrohr rechtzeitig vorheizen.

SO WIRD'S GEMACHT

1. Handwarme Butter mit Staubzucker, Vanillezucker, Zitronenschale, Zimt, Kardamom und Salz in der Rührmaschine mit dem Schneebesen schaumig rühren.
2. Rum und Dotter in die Butter einrühren, beiseite stellen.
3. Milch auf 30 °C erwärmen. Aus der halben Milchmenge, Germ und etwas Mehl ein Dampfl zubereiten (siehe S. 54).
4. Aufgegangenes Dampfl, restliche Milch und restliches Mehl zum Butterabtrieb geben.
5. Kneten, bis sich der Teig von der Kesselwand löst (ca. 3 Minuten). Teig in Stücke zu je 370 g teilen.
6. Teigstücke zu Kugeln formen (schleifen), mit Frischhaltefolie bedecken, 25 Minuten rasten lassen.

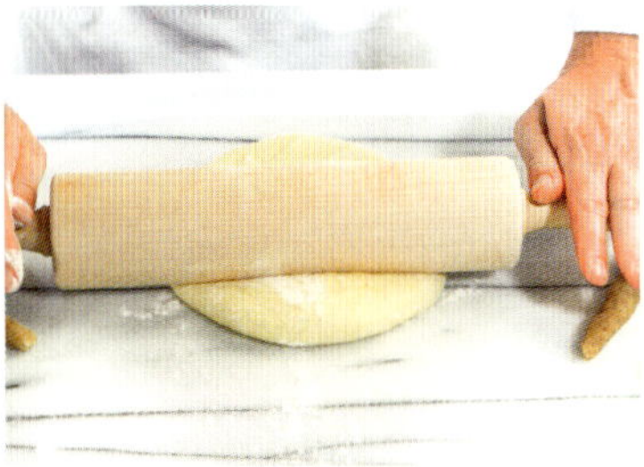

7. Teigstücke auf bemehlter Arbeitsfläche oval ausrollen (ca. 35 x 15 cm).

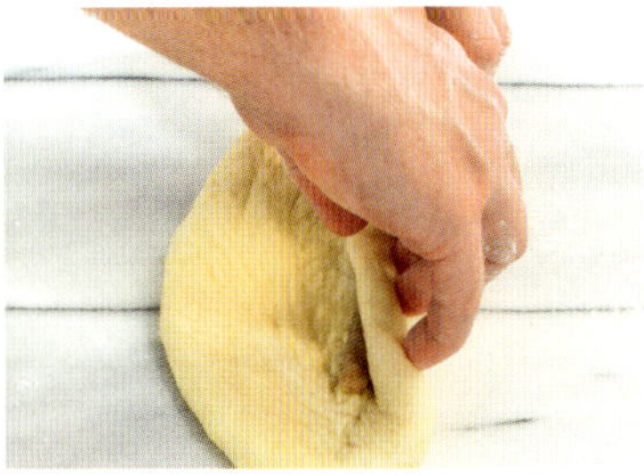

8. Seitlich einen Streifen Fülle auflegen und Teig darüberschlagen.

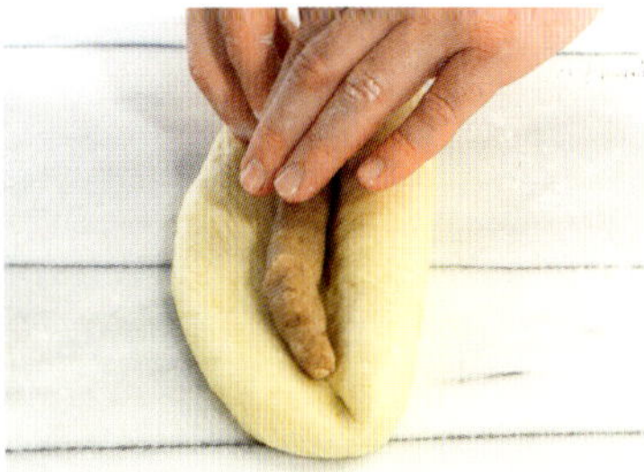

9. Daneben einen weiteren Streifen Fülle legen; Teig darüberschlagen.

10. Linke Teighälfte Kante an Kante über die rechte legen. Der Stollen sollte eine ovale Form behalten.

11. Von der Mitte zum linken Rand mit dem Rollholz etwas flachdrücken.

12. Auf das Blech legen, an einem warmen Ort (30 °C) ca. 20 Minuten aufgehen lassen, mit Butter bestreichen.

13. Anschließend mit Walnüssen bestreuen und backen.

14. Heiß mit Butter bestreichen und dick mit Vanille-Staubzucker bestreuen. Ausgekühlt nochmals mit Staubzucker bestreuen.

Backen: 2. Schiene von unten, 160 °C Ober-/Unterhitze
Backdauer: ca. 40 Minuten

VARIATION

Statt Marzipanfülle zu verwenden, mischen Sie 300 g kandierte Früchte, 100 g Rosinen und 100 g gehackte Walnüsse unter den Teig.

Bienenstich

ZUTATEN

für 15 Stück

nach Bedarf Mehl zum Stauben
nach Bedarf Butter zum Einstreichen
Germteig, fein (S. 211, halbe Menge)
40 g Butter
40 g Kristallzucker
15 g (ca. 1 EL) Honig
25 g (ca. 2 EL) Milch
75 g Mandeln, gehobelt

FÜR DIE FÜLLE

½ l Milch
60 g Vanillepuddingpulver
1 Dotter
3 Eiweiß
70 g Kristallzucker

VORBEREITUNG

1. Milch auf 30 °C erwärmen.
2. Arbeitsfläche mit Mehl stauben oder Küchenmaschine mit Knethaken vorbereiten.
3. Backblech mit Backtrennpapier belegen oder mit Butter bestreichen.
4. Backrohr rechtzeitig vorheizen.

SO WIRD'S GEMACHT

1. Germteig zubereiten und rasten lassen.
2. Teig ca. 20 × 30 cm groß ausrollen, auf das Backblech legen, mit einem Kapselrahmen umstellen.
3. Für den Belag Butter mit Kristallzucker, Honig und Milch aufkochen, Mandeln einrühren und kurz rösten.
4. Masse gleichmäßig auf dem Teig verstreichen.
5. Bienenstich an einem warmen Ort (ca. 30 °C) ca. 20 Minuten aufgehen lassen.
6. Im vorgeheizten Backrohr ca. 25 Minuten backen.
7. Nach dem Erkalten waagrecht mit einem Sägemesser durchschneiden.
8. Unterteil in den Kapselrahmen zurücklegen, Oberteil in gleich große Stücke schneiden.
9. Für die Fülle zwei Drittel der Milch aufkochen.
10. Restliche Milch mit Puddingpulver und Dotter mit einem Schneebesen verrühren.
11. In die kochende Milch gießen und unter Rühren nochmals aufkochen.
12. Eiweiß mit Kristallzucker zu cremig-steifem Schnee schlagen und unter die heiße Vanillecreme mischen.
13. Creme auf dem gebackenen Unterteil verstreichen, Oberteile darauflegen.
14. Nach dem Abkühlen Kapselrahmen abziehen, Bienenstich entsprechend den Oberteilen in Stücke schneiden.

Backen: 2. Schiene von unten, 180 °C Ober-/Unterhitze
Backdauer: ca. 25 Minuten

VARIATION

Variieren Sie die Fülle, indem Sie anstelle des Eischnees 0,2 l leicht gezuckertes, geschlagenes Obers unterheben und zügig 3 Blatt geweichte, geschmolzene Gelatine unterrühren.

Streuselkuchen

ZUTATEN

für 30 Stück

nach Bedarf Mehl zum Stauben
nach Bedarf Butter zum Einstreichen
ca. 150 g Ribiselmarmelade
Germteig, fein (S. 211)
Streusel (S. 53)
ca. 50 g Staubzucker, gesiebt
2 EL Vanillezucker

VORBEREITUNG

1. Arbeitsfläche mit Mehl stauben oder Küchenmaschine mit Knethaken vorbereiten.
2. Backbleche mit Backtrennpapier belegen oder mit Butter bestreichen.
3. Ribiselmarmelade durch ein Sieb streichen.
5. Backrohr rechtzeitig vorheizen.

SO WIRD'S GEMACHT

1. Germteig zubereiten und rasten lassen.
2. Teig auf Blechgröße (ca. 40 × 30 cm) ausrollen.
3. Auf das Backblech legen, mit Ribiselmarmelade bestreichen.
4. Streusel zubereiten, über die Ribiselmarmelade streuen und backen.
5. Staubzucker mit Vanillezucker mischen und den ausgekühlten Kuchen damit bestreuen.

Backen: 2. Schiene von unten, 170 °C Ober-/Unterhitze
Backzeit: ca. 20 Minuten

VARIATIONEN

Anstelle der Ribiselmarmelade können Sie auch Powidl, Vanillecreme (siehe S. 226, halbe Menge) oder Topfenfülle (siehe S. 222, halbe Menge) verwenden.

Zwetschkenfleck

ZUTATEN

für 30 Stück

1,5 kg Zwetschken, gewaschen
nach Bedarf Mehl zum Stauben
nach Bedarf Butter zum Einstreichen
Germteig, fein (S. 211)
ca. 50 g Biskuitbrösel (Biskuitreste oder Biskotten, getrocknet, gerieben)
50 g Kristallzucker
1 KL Zimt
Staubzucker zum Bestreuen

VORBEREITUNG

1. Zwetschken entkernen und einschneiden, sodass vier zusammenhängende Viertel entstehen.
2. Arbeitsfläche mit Mehl stauben oder Küchenmaschine mit Knethaken vorbereiten.
3. Backbleche mit Backtrennpapier belegen oder mit Butter bestreichen.
4. Backrohr rechtzeitig vorheizen.

SO WIRD'S GEMACHT

1. Germteig zubereiten und rasten lassen. Anschließend auf Blechgröße (ca. 40 × 30 cm) ausrollen.
2. Auf das Backblech legen, mit Biskuitbröseln bestreuen. Zwetschken dicht auflegen und backen.
3. Kristallzucker mit Zimt mischen und 10 Minuten vor Ende der Backzeit über die Zwetschken streuen. Überkühlt mit Staubzucker bestreuen.

Backen: 2. Schiene von unten, 170 °C Ober-/Unterhitze
Backzeit: ca. 25 Minuten

Kärntner Reinling (Reindling)

ZUTATEN

für 1 Spring- oder Gugelhupfform

Butter zum Ausstreichen
Mehl zum Ausstauben
100 g Butter oder Schweineschmalz
35 g Germ
¼ l Milch
500 g Mehl
1 Ei
2 Dotter
Prise Salz
40 g Staubzucker
Mehl zum Bestauben
150 g Butter zum Bestreichen des Teiges
Staubzucker zum Bestreuen

FÜR DIE FÜLLE

150 g Kristallzucker
1 EL Zimt, gemahlen
120 g Rosinen
15 g Walnüsse, grob gerieben

VORBEREITUNG

1. Form mit Butter ausstreichen, mit Mehl ausstauben.
2. Butter (Schmalz) für den Teig schmelzen.
3. Milch lauwarm erhitzen.
4. Für die Fülle Kristallzucker mit Zimt vermischen.
5. Backrohr rechtzeitig vorheizen.

SO WIRD'S GEMACHT

1. Aus ¹⁄₁₆ l lauwarmer Milch, Germ und 50 g Mehl ein Dampfl zubereiten (siehe S. 54).
2. Flüssige Butter, Mehl, Ei und Dotter, Salz, Kristallzucker und restliche Milch mit dem reifen Dampfl vermischen.
3. In der Maschine mit Knethaken kneten oder mit einem Kochlöffel abschlagen, bis der Teig glatt erscheint und sich von der Schüssel löst.
4. Teig nochmals zugedeckt an einem warmen Ort ca. 20 Minuten aufgehen lassen, zusammenstoßen, nochmals aufgehen lassen.
5. Arbeitsfläche mit Mehl bestauben, Teig rechteckig fingerdick ausrollen.
6. Butter schmelzen, Teig kräftig damit bestreichen.
7. Rosinen und Nüsse auf den Teig verteilen, dabei an der oberen Längsseite einen Rand von ca. 3 cm frei lassen und mit Wasser bestreichen.
8. Zimt-Zucker gleichmäßig darüberstreuen. Teig der Länge nach von unten nach oben straff einrollen und schneckenförmig in die Form einlegen.
9. Nochmals ca. 20 Minuten zugedeckt gehen lassen.
10. Goldbraun backen, lauwarm stürzen und mit Staubzucker bestreuen.

Backen: 2. Schiene von unten, 180 °C Ober-/Unterhitze
Backdauer: ca. 50 Minuten

TIPPS

- Der Kärntner Festtagskuchen wurde ursprünglich in einer flachen Rein (Kasserolle) gebacken, daher auch der Name Reinling. Heute verwendet man aus optischen Gründen in der Regel eine Gugelhupfform.
- Reinling wird nicht nur als Kaffeegebäck aufgetragen, sondern gilt auch als ideale Beigabe zu Osterschinken, Kren, hart gekochten Eiern und hausgemachten Selchwürsten.

Savarin

ZUTATEN

für 10 Portionsformen Ø 8 cm

Butter zum Ausstreichen
Mehl zum Ausstauben
1⁄16 l Milch
20 g Germ
250 g Mehl, glatt
50 g Staubzucker, gesiebt
Schale einer halben Zitrone, gerieben
3 Dotter
3 Eier
80 g Butter, handwarm
3 g Salz
ca. 200 g Marillenmarmelade zum Bestreichen

FÜR DIE TRÄNKE

½ l Wasser
¼ l Orangensaft
250 g Kristallzucker
Saft einer Zitrone
Schale einer Orange, gerieben
3 cl Orangenlikör

VORBEREITUNG

1. Formen mittels Pinsel mit weicher Butter ausstreichen, mit Mehl ausstauben.
2. Backrohr rechtzeitig vorheizen.
3. Kuchengitter zum Stürzen vorbereiten.

SO WIRD'S GEMACHT

1. Milch auf 30 °C erwärmen, mit Germ und etwas Mehl ein Dampfl zubereiten (siehe S. 54).
2. Aufgegangenes Dampfl mit restlichem Mehl, Staubzucker, Zitronenschale, Dottern und Eiern vermischen.
3. Zuletzt handwarme Butter und Salz einarbeiten und mit dem Bischof in der Maschine kneten.
4. Mit Frischhaltefolie abdecken, 10 Minuten rasten lassen.

5. Teig mit einem Dressiersack mit Lochtülle (Nr. 12) halbvoll in die Formen dressieren.

6. An einem warmen Ort (30 °C) mit einem Tuch bedeckt ca. 20 Minuten aufgehen lassen. Backen und auf ein Gitter stürzen.

7. Für die Tränke alle Zutaten gemeinsam aufkochen, Savarins warm in die Tränke tauchen, ansaugen und abtropfen lassen.

8. Mit kochend heißer Marillenmarmelade bestreichen.

Backen: 2. Schiene von unten, 170 °C Ober-/Unterhitze
Backdauer: ca. 20 Minuten

ANRICHTEN

Mit geschlagenem Obers, geschnittenen Früchten, Beeren oder Eiscreme garnieren.

Brandteiggebäck

Durch die Triebkraft der Eier entstehen beim Backen von Brandteig Hohlräume, die sich ideal zum Füllen mit Cremen oder geschlagenem Obers eignen. Oberstes Gebot ist Frische: Füllen Sie Brandteiggebäck im letzten Moment und verzehren Sie es am gleichen Tag; zum Tiefkühlen ist es nicht geeignet.

Darauf kommt's an

- Für Brandteig muss das Backblech nicht gefettet werden, da der Teig viel Fett enthält, sodass das Ablösen nach dem Backen kein Problem darstellt.
- Dressieren Sie die Masse mit fingerbreitem Abstand zwischen Tülle und Backblech erhaben auf.
- Beginnen Sie den Backvorgang mit Wasserdampf. Wenn Ihr Herd über keine entsprechende Vorrichtung verfügt, stellen Sie dazu einen flachen Topf mit kochendem Wasser auf den Boden des Backrohrs. In dieser Backphase dürfen Sie die Backrohrtür nicht öffnen.
- Entfernen Sie nach 10 Minuten den Wassertopf und backen Sie bei leicht geöffneter Backrohrtüre fertig.

Brandteigkrapfen

ZUTATEN

für 20 Stück

Brandteig für im Rohr gebackene Gebäcke (S. 213)
Vanillecreme mit Obers (S. 227)
Staubzucker zum Bestreuen

VORBEREITUNG

1. Brandteig und Vanillecreme zubereiten.
2. Backrohr vorheizen, einen flachen Topf mit kochendem Wasser hineinstellen.

SO WIRD'S GEMACHT

1. Brandteig mittels Dressiersack mit Sterntülle (Nr. 10) als Rosetten auf das Backblech dressieren, mit Wasserdampf backen.
2. Nach ca. 10 Minuten Wassertopf entfernen, Backrohrtür leicht öffnen und fixieren (zum Beispiel mit einem Kochlöffelstiel), 15 Minuten fertig backen.
3. Brandteigkrapfen horizontal durchschneiden.
4. Creme mit einem Dressiersack mit Sterntülle (Nr. 12) ca. 3 cm hoch auf die Unterteile dressieren.
5. Oberteile aufsetzen und mit Staubzucker bestreuen.

Backen: 2. Schiene von unten, 210 °C Ober-/Unterhitze
Backdauer: ca. 25 Minuten

Profiteroles

ZUTATEN

für 25 Stück

Brandteig für im Rohr gebackene Gebäcke (S. 213)
Vanillecreme mit Obers (S. 227) oder Füllcreme nach Wahl
Schokoladesauce (S. 426)

VORBEREITUNG

1. Brandteig zubereiten.
2. Backrohr vorheizen, einen flachen Topf mit kochendem Wasser hineinstellen.

SO WIRD'S GEMACHT

1. Brandteig rosettenförmig in Walnussgröße auf das Blech spritzen.
2. Ca. 15 Minuten backen.
3. Mit einem kleinen glatten Ausstecher oder einer Spritztülle in die Unterseite ein Loch stechen.
4. Nach dem Abkühlen mit einem Dressiersack und glatter Tülle Vanilleoberscreme (Creme nach Wahl) in den Hohlraum spritzen.
5. Profiteroles portionsweise auf Teller setzen, mit Schokoladesauce überziehen.

TIPP

Profiteroles eignen sich ungefüllt als Suppeneinlage und mit pikanten Cremen gefüllt hervorragend als Partygebäck.

Eiskrapfen

ZUTATEN

für 25 Stück

Brandteig für im Rohr gebackene Gebäcke (S. 213)
Vanilleeis zum Füllen

VORBEREITUNG

1. Brandteig zubereiten.
2. Backrohr vorheizen, einen flachen Topf mit kochendem Wasser hineinstellen.

SO WIRD'S GEMACHT

1. Brandteig mit ca. Ø 4 cm rosettenförmig auf das vorbereitete Blech dressieren.
2. Ca. 15 Minuten backen, zum Abkühlen auf ein Kuchengitter setzen.
3. Erkaltete Krapfen horizontal durchschneiden und mit Vanilleeis füllen.

ANRICHTEN

Reichen Sie zu Eiskrapfen heiße Schokoladesauce und geschlagenes, leicht gesüßtes Obers.

Croquembouche

ZUTATEN

für 1 Pyramide

Brandteig für im Rohr gebackene Gebäcke (S. 213, doppelte Menge)
Mürbteig (S. 208, halbe Menge)
Mehl zum Bestauben
3 Blatt Gelatine
½ l Schlagobers
1 EL Vanillezucker
500 g Kristallzucker

VORBEREITUNG

1. Brand- und Mürbteig zubereiten.
2. Gelatine in kaltem Wasser weichen.
3. 2 Backbleche mit Backtrennpapier belegen. Backrohr rechtzeitig vorheizen.

SO WIRD'S GEMACHT

1. Mürbteig auf bemehlter Arbeitsfläche rund und ca. 3 mm dick ausrollen. Mit einem Tortenreifen (Ø 24 cm) ausstechen, Scheibe auf ein Backblech legen und backen.
2. Brandteig in Dressiersack mit glatter Tülle füllen, ca. 2 cm große Krapferl mit Abständen auf das Backblech dressieren und backen.
3. Gelatine abtropfen lassen, lauwarm schmelzen, mit 3 EL Schlagobers verrühren.
4. Restliches Schlagobers mit Vanillezucker cremig-steif aufschlagen und Gelatine zügig einrühren.
5. Obers in einen Dressiersack mit kleiner, glatter Tülle füllen.
6. Überkühlte Krapferl mit dem Dressiersack von unten durchstechen, mit Obers füllen.
7. Kristallzucker in einer Pfanne zu hellem Karamell schmelzen. Krapferl vorsichtig mit der Oberseite zur Hälfte in Karamell tauchen.
8. Am Rand des Mürbteigbodens beginnend diesen kreisförmig mit Krapferln belegen.
9. Krapferl eng aneinander liegend aufschichten, bis eine kegelförmige Pyramide entsteht. Restlichen Karamell mit einer Gabel in Fäden über den Kegel ziehen.

Backen: Krapferl 2. Schiene von unten, 210 °C Ober-/Unterhitze; Mürbteig unterste Schiene, 180 °C Ober-/Unterhitze
Backdauer: Krapferl 25 Minuten, Mürbteig 15 Minuten

Eclairs

ZUTATEN

für 15 Stück

Brandteig für im Rohr gebackene Gebäcke (S. 213)
Vanillecreme mit Eischnee (S. 227)
150 g Marillenmarmelade
Schokoladeglasur (S. 233)

VORBEREITUNG

1. Brandteig und Vanillecreme zubereiten.
2. Backrohr vorheizen, einen flachen Topf mit kochendem Wasser hineinstellen.

SO WIRD'S GEMACHT

1. Brandteig mittels Dressiersack mit Sterntülle (Nr. 10) zu 8 cm langen Stangen auf das Blech dressieren und backen.

2. Ausgekühlte Brandteigstangen mit der Oberseite in passierte, kochend heiße Marillenmarmelade tauchen, kurz antrocknen lassen.

3. Anschließend mit der Oberseite in Schokoladeglasur tunken. Glasur erstarren lassen und Eclairs horizontal aufschneiden.

4. Mit einem Dressiersack mit Sterntülle (Nr. 12) Vanillecreme mit Eischnee auf die Unterteile dressieren, kurz kühlen, mit dem glasierten Deckel belegen.

Blätterteiggebäck

Wie hieß es doch ehemals in einem Werbeslogan: »Butter kann durch nichts ersetzt werden.« Das gilt auch für Blätterteig: Denn keiner schmeckt feiner als ein mit echter Butter zubereiteter Blätterteig.

Palmblätter

ZUTATEN

für 30 Stück

600 g Blätterteig (S. 204/05 oder Fertigware)
Staubzucker zum Bestreuen
30 g Walnüsse, fein gerieben
200 g Feinkristallzucker
1 TL Zimt

VORBEREITUNG

1. Blätterteig auf einer mit Staubzucker bestreuten Arbeitsfläche 3 mm stark und 50 cm breit ausrollen.
2. Nüsse, Kristallzucker und Zimt mischen.
3. Blech mit Backpapier auslegen.

SO WIRD'S GEMACHT

1. Nuss-Kristallzucker-Gemisch gleichmäßig auf dem Teig verteilen.

2. Mischung mit dem Rollholz festrollen.

3. Teig von beiden Seiten eng zur Mitte hin jeweils 4-fach zusammenlegen, gegenseitig zusammenklappen, sodass der Teig 8 Schichten erhält.

4. In ca. 5 mm breite Scheiben schneiden, mit größerem Abstand auf das Blech setzen, 15 Minuten rasten lassen, ca. 15 Minuten anbacken, mit einer Palette wenden, fertig backen.

TIPP

Am besten lauwarm servieren.

Backen: 2. Schiene von unten, 180 °C Ober-/Unterhitze
Backdauer: insgesamt ca. 20 Minuten

Cremeschnitten

ZUTATEN

für 18 Stück 8 × 4 cm

500 g Blätterteig (S. 204/05 oder Fertigware)
Mehl zum Bestauben
Vanillecreme mit Eischnee (S. 227)
50 g Ribiselmarmelade, passiert
100 g Zitronenglasur (S. 234)

VORBEREITUNG

1. 2 Stück Backtrennpapier in Blechgröße zuschneiden, Blech mit einer Lage belegen.
2. Kapselrahmen (viereckiger Nirostarahmen 24 × 24 cm) auf eine mit Backtrennpapier belegte, feste Unterlage stellen.
3. Backrohr rechtzeitig vorheizen.

SO WIRD'S GEMACHT

1. Teig auf bemehlter Arbeitsfläche in Größe von 26 × 52 cm ca. 2 mm stark ausrollen.
2. Ca. 15 Minuten rasten lassen, Teig halbieren (26 × 26 cm), mit einer Gabel mehrmals einstechen (stupfen).
3. Vorbereitetes Blech mit einer Teighälfte belegen, Backpapier darüberlegen, weiteres Backblech daraufstellen, damit der Teig plan bleibt.
4. Flachen Topf mit kochendem Wasser ins Rohr stellen, Teig backen, nach ca. 10 Minuten oberes Blech und Backpapier entfernen, fertig backen. Anschließend andere Teighälfte ebenso backen.

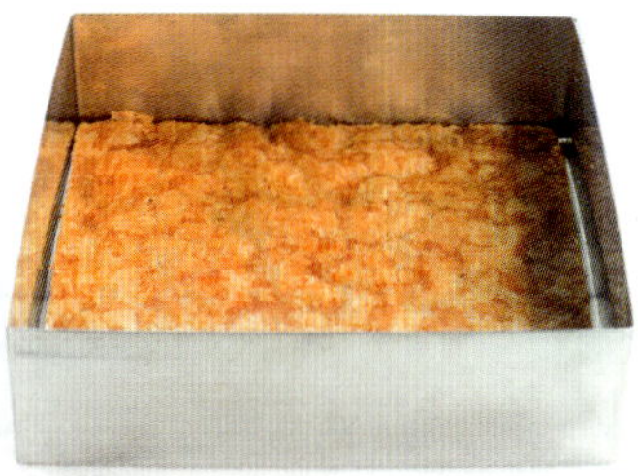

5. Teigblätter auf 24 x 24 cm zuschneiden, eines in die Form legen.

6. Vanillecreme mit Eischnee zubereiten. Noch warm in den Kapselrahmen einstreichen und kühlen.

7. Anderes gebackenes Teigblatt umdrehen, mit heißer Ribiselmarmelade bestreichen.

8. Zitronenglasur im Wasserbad unter ständigem Rühren auf ca. 40 °C erwärmen. Teigblatt dünn glasieren, stocken lassen.

9. Glasiertes Cremeblatt in 8 x 4 cm große Stücke schneiden.

10. Kapselrahmen abheben. Glasierte Teigstücke auf die Creme auflegen, nachschneiden.

Backen: 2. Schiene von unten, 180 °C Ober-/Unterhitze
Backdauer: ca. 25 Minuten

TIPPS

- Cremeschnitten mit einem in heißes Wasser getauchten Sägemesser schneiden.
- Sie können Cremeschnitten auch mit Vanillecreme mit Obers (siehe S. 227) füllen.

Schaumrollen

ZUTATEN

für 10 Stück

Butter zum Einfetten
500 g Blätterteig (S. 204/05 oder Fertigware)
1 Ei
Fülle nach Wahl
8 Eiweiß
450 g Kristallzucker
⅛ l Wasser

VORBEREITUNG

1. Schaumrollenröhrchen leicht mit Butter einfetten.
2. Backblech mit Backtrennpapier belegen.
3. Backrohr rechtzeitig vorheizen. Flachen Topf mit kochendem Wasser ins Rohr stellen.
4. Teig auf bemehlter Fläche 40 cm hoch und 2 mm dick ausrollen. 5 Minuten zugedeckt rasten lassen.

SO WIRD'S GEMACHT

1. Teig mit Teigrad in 40 cm lange und 3 cm breite Streifen schneiden.

2. Teigstreifen mittels Pinsel mit Wasser bestreichen.

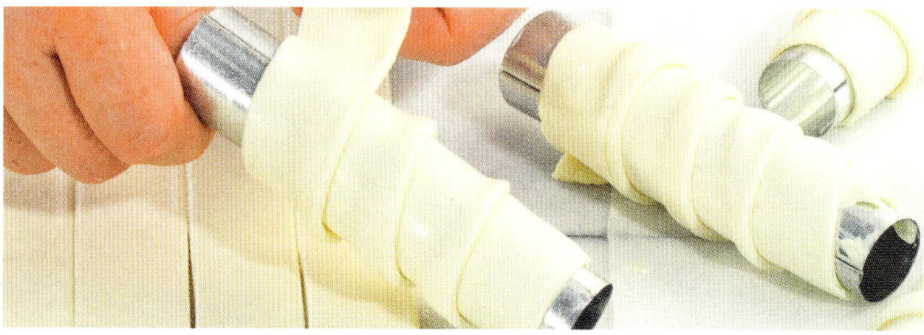

3. Teigstreifen leicht versetzt auf die Röhrchen aufrollen, Anfang festdrücken. Die mit Wasser bestrichene Seite ist oben.

4. 15 Minuten rasten lassen, Ei verschlagen, Rollen damit bestreichen. auf das Backblech setzen und backen.

5. Schaumrollen in noch warmem Zustand vom Röhrchen lösen.

6. Eiweiß mit 150 g Zucker zu Schnee schlagen. Währenddessen 300 g Zucker mit Wasser auf 119 °C kochen, langsam in den Schnee gießen, Küchenmaschine 10 Minuten auf niedriger Stufe weiterlaufen lassen.

7. Schaum mit einem Dressiersack in die Rollen füllen; mit Staubzucker bestreuen.

Backen: 2. Schiene von unten, 180 °C Ober-/Unterhitze
Backdauer: ca. 25 Minuten

TIPPS

- Blätterteigstreifen beim Aufrollen nicht ziehen, sonst reißt der Teig beim Backen.
- Rollen alternativ mit leicht gezuckertem, geschlagenem Obers oder Schokoladeoberscreme (siehe S. 225) füllen.

Fruchtpölster

ZUTATEN

für 15 Stück

600 g Blätterteig (S. 204/05 oder Fertigware)
Mehl zum Bestauben
300 g Vanillecreme (S. 226)
30 Marillenhälften, Konserve oder frisch pochiert
1 Pkg Tortengelee

SO WIRD'S GEMACHT

1. Blätterteig auf einer bemehlten Arbeitsfläche ca. 2,5 mm dick ausrollen, in 12 × 8 cm große Rechtecke schneiden, Vanillecreme aufdressieren.
2. Marillenhälften auflegen, leicht andrücken, backen, überkühlen. Tortengelee laut Packungsangabe herstellen, Früchte abglänzen.

Backen: 2. Schiene von unten, 170 °C Ober-/Unterhitze
Backdauer: ca. 30 Minuten

Fruchtpölster mit Beeren

Blätterteigrechtecke mit aufdressierter Vanillecreme backen, überkühlt mit heißer Marillenmarmelade bestreichen, mit ca. 750 g gemischten Beeren belegen, mit Tortengelee überziehen.

Plundergebäck

Plunderteig unterscheidet sich von Blätterteig in erster Linie dadurch, dass der Vorteig aus Germteig besteht. Er wird auch im Handel angeboten, allerdings in einer mit selbstgemachtem Teig nicht vergleichbaren Qualität. Ausgeformtes Plundergebäck kann auf Vorrat hergestellt werden. Zu diesem Zwecke wird es, bevor man es aufgehen lässt, tiefgekühlt. Bei Bedarf können Sie es auftauen, aufgehen lassen und wie frisch hergestellten Plunderteig backen.

Zimtschnecken

ZUTATEN

für 15 Stück

ca. 70 g Butter
Plunderteig (S. 207, halbe Menge)
Mehl zum Bestauben
300 g Walnüsse, gerieben
150 g Kristallzucker
1 KL Zimt, gemahlen
50 g Rosinen, in Rum eingelegt
ca. 100 g Marillenmarmelade
ca. 80 g Zitronenglasur (S. 234)

VORBEREITUNG

1. Teig zubereiten.
2. Butter schmelzen.
3. Blech mit Backtrennpapier belegen.
4. Backrohr rechtzeitig vorheizen.
5. Rechtzeitig ein kleines Gefäß mit heißem Wasser ins Backrohr stellen.
6. Zitronenglasur herstellen.

SO WIRD'S GEMACHT

1. Plunderteig auf einer bemehlten Arbeitsfläche von unten nach oben auf 45 cm Höhe ca. 2 mm dick ausrollen.
2. Nüsse, Kristallzucker und Zimt vermengen.
3. Teig mit flüssiger Butter bestreichen, dicht mit Nussgemisch bestreuen. Fülle mit dem Nudelholz festrollen.
4. Rosinen abtropfen lassen, locker auf die Fülle streuen.
5. Teig von oben nach unten eng einrollen, mit einem Messer mit Sägekerbung in 2,5 cm breite Scheiben schneiden.
6. Auf das Backblech setzen, dabei jeweils Teigende unter die Schnecke legen (fixieren).
7. Leicht flachdrücken, an einem warmen Ort 20 Minuten aufgehen lassen und backen.
8. Sofort nach dem Backen mit kochend heißer Marillenmarmelade bestreichen.
9. Schnecken mit einem Pinsel mit Zitronenglasur glasieren.

Backen: mittlere Schiene, 190 °C Ober-/Unterhitze
Backdauer: ca. 20 Minuten

Topfengolatschen

ZUTATEN

für 20 Stück

Topfenfülle (S. 222)
Mehl zum Bestauben
Plunderteig (S. 207)
1 Ei zum Bestreichen
Staubzucker zum Bestreuen

VORBEREITUNG

1. Teig und Topfenfülle zubereiten.
2. Topfenfülle in einen Dressiersack ohne Tülle füllen.
3. Blech mit Backtrennpapier belegen.
4. Backrohr vorheizen.
5. Rechtzeitig ein kleines Gefäß mit heißem Wasser ins Backrohr stellen.

SO WIRD'S GEMACHT

1. Gekühlten Plunderteig auf bemehlter Arbeitsfläche rechteckig 3 mm dick ausrollen, 5 Minuten rasten lassen.
2. Teig mit einem Teigrad in 11 × 11 cm große Quadrate schneiden.
3. Ei versprudeln, Ecken der Quadrate damit bestreichen.
4. In die Mitte Topfenfülle aufdressieren. Jeweils 2 Ecken diagonal leicht überlappend über der Fülle zusammenlegen.
5. Aus Teigresten Quadrate von 3 × 3 cm zuschneiden, mit Ei bestreichen, auf die Mitte der Golatschen legen und leicht andrücken.
6. Auf das Backblech setzen, an einem warmen Ort 20 Minuten aufgehen lassen und backen.
7. Leicht überkühlt mit Staubzucker bestreuen.

Backen: mittlere Schiene, 200 °C Ober-/Unterhitze
Backdauer: ca. 15 Minuten

Vanille-Marillen-Golatschen

Füllen Sie nach obigem Rezept zubereitete Golatschen statt mit Topfenfülle mit Vanillecreme (siehe S. 227) und legen Sie anstelle der Teigquadrate eine Marille obenauf. Nach dem Backen bestreichen Sie das Gebäck mit kochend heißer, passierter Marillenmarmelade und glasieren es mit Fondant.

Powidlzipf

Rand der nach obigem Rezept zubereiteten Teigquadrate mit versprudeltem Ei bestreichen. 400 g Powidl mit 2 EL Rum und 1 KL Zimt mischen. Diese Fülle in die Mitte der Teigquadrate aufdressieren. Teigstücke zu Dreiecken zusammenlegen, mit versprudeltem Ei bestreichen, mit gestiftelten Mandeln bestreuen, aufgehen lassen und backen. Noch warm mit kochend heißer Marillenmarmelade bestreichen.

Hippen

Hippen werden als klassische Beigabe zu Eiscreme, Parfaits, Cremen und Mousses gereicht. Zu Stanitzeln oder Schüsseln geformte und innen mit flüssiger Kuvertüre ausgestrichene Hippen lassen sich dekorativ mit Mousses, Eis- oder Oberscremen füllen.

Darauf kommt's an

- Hippen backen Sie auf einem dünn mit Öl bestrichenen und mit Mehl bestaubten oder mit Backtrennpapier belegten Backblech. Ideal sind im Handel erhältliche Silikonmatten.
- Hippenmassen streichen Sie am besten mit einer Winkelpalette hauchdünn auf das vorbereitete Blech oder die Silikonmatte.
- Nach dem Backen können Sie Hippen in noch heißem Zustand formen. Dazu legen Sie abgelöste Hippen in beliebig große Tassen, kleine Schüsseln, über halbrunde Terrinenformen oder drehen sie auf Stanitzelhölzer.
- Für Hohlhippen rollen Sie rechteckig gebackene Hippenmasse über Rundhölzer, die Sie nach dem Erstarren abziehen.
- Besonders dekorativ lassen sich Hippen gestalten, indem Sie die Masse in Schablonen einstreichen, die Sie aus Karton oder dünnem Kunststoff stern-, blumen- oder tropfenförmig etc. zuschneiden oder im Fachhandel kaufen.
- Bereits fest erstarrte Hippen legen Sie zum Formen kurz ins temperierte Backrohr.

Hippenmasse (Grundrezept)

ZUTATEN

für ca. 12 Stück

nach Bedarf Öl zum Bestreichen
nach Bedarf Mehl zum Bestauben
100 g Butter, handwarm
100 g Mehl, glatt
100 g Staubzucker, gesiebt
2 Eiweiß
1 TL Vanillezucker

VORBEREITUNG

1. Backblech mit Öl hauchdünn bestreichen, mit Mehl bestauben oder mit Backtrennpapier belegen bzw. eine Silikonmatte bereitlegen. Hippenschablone bereitlegen.
2. Backrohr rechtzeitig vorheizen.

SO WIRD'S GEMACHT

1. Alle Zutaten vermengen und glatt rühren.
2. Masse durch ein Sieb streichen und mindestens ½ Stunde rasten lassen.
3. Mit Hilfe einer Winkelpalette Masse dünn durch die Schablone auf das Blech auftragen, Schablone abheben. Vorgang wiederholen, bis die Masse aufgebraucht ist.
4. Hippen goldgelb backen, vom Blech lösen, noch heiß in gewünschte Form bringen.

Backen: 2. Schiene von unten, 200 °C Ober-/Unterhitze
Backdauer: ca. 5 Minuten

TIPP

Auf Vorrat gebackene Hippen lagern Sie in Konfektdosen.

Kakaohippen

ZUTATEN

für 15 Stück

100 g Butter
5 cl Milch
120 g Staubzucker
30 g Glucose oder Honig
120 g Mandeln, weiß, gerieben
1 TL Kakaopulver, gesiebt

VORBEREITUNG

Wie im Grundrezept beschrieben (siehe oben).

SO WIRD'S GEMACHT

1. Alle Zutaten in einer Kasserolle miteinander verrühren.
2. Bei schwacher Hitze erwärmen, bis die Masse bindet (ca. 60 °C).
3. Dünn auf das vorbereitete Blech streichen und backen.
4. Vom Blech heben und in größere Stücke brechen.

Backen: 2. Schiene von unten, 180 °C Ober-/Unterhitze
Backdauer: ca. 7 Minuten

Krokanthippen

ZUTATEN

für ca. 20–30 Stück

150 g Mandeln, gehobelt
150 g Kristallzucker
⅛ l Eiweiß
30 g Mehl, glatt
140 g Butter, geschmolzen
2 cl Grand Marnier
1 KL Orangenschale, gerieben

VORBEREITUNG

Wie im Grundrezept beschrieben (siehe oben).

SO WIRD'S GEMACHT

Wie im Grundrezept beschrieben, jedoch ohne Rasten.
Backen: 2. Schiene von unten, 180 °C Ober-/Unterhitze
Backdauer: ca. 8 Minuten

Kleinbäckerei

Ob als Weihnachts-, Hochzeits- oder Teegebäck, Kleinbäckerei fasziniert durch die Vielfalt an Rezepten, die von Generation zu Generation vererbt wird. Dieses Kapitel bietet Variationsmöglichkeiten von Mürbteiggebäcken, Lebkuchen und Bäckereien aus Sand- und Windmasse, mit deren Hilfe Sie sich ein umfangreiches Repertoire aneignen können.

Darauf kommt's an

- Kleinbäckerei stellen Sie je nach Rezept aus Teigen oder Massen her, daher beachten Sie bitte die bei den entsprechenden Grundrezepten angeführten Hinweise.
- Gleichmäßiges Ausrollen, Aufstreichen, Ausstechen, Schneiden, Formen und Dressieren sind nicht nur für die Optik, sondern auch und vor allem für den Backvorgang von Bedeutung.
- Beobachten Sie regelmäßig den Backfortschritt: Sobald der Rand der Gebäckstücke Farbe bekommen hat, ist die notwendige Backdauer erreicht.
- Kleinbäckerei lagern Sie am besten in gut verschlossenen Dosen im Kühlschrank oder tiefgekühlt.

Weihnachtsklassiker

Vanillekipferl

ZUTATEN

für ca. 50 Stück

220 g Butter, kalt
30 g Vanillezucker
280 g Mehl, glatt
100 g Staubzucker, gesiebt
150 g Haselnüsse, gerieben
1 EL Vanillezucker
Salz
Mehl zum Bestauben
ca. 150 g Vanille-Staubzucker zum Wälzen

VORBEREITUNG

1. Butter in Würfel schneiden.
2. Backblech mit Backtrennpapier belegen.
3. Backrohr rechtzeitig vorheizen.

SO WIRD'S GEMACHT

1. Alle Zutaten rasch zu einem Teig verarbeiten, einen Ziegel formen und zugedeckt ca. 1 Stunde im Kühlschrank rasten lassen.
2. Teig auf bemehlter Arbeitsfläche zu gleichmäßigen, ca. 2–3 cm dicken Rollen formen. Diese in ca. 1 cm breite Stücke schneiden.
3. Teigstücke zu Kipferln formen, auf das Blech setzen und backen.
4. Noch heiß in Vanille-Staubzucker wälzen.
5. Ausgekühlt nochmals anzuckern und in gut verschließbare Dosen schlichten.

Backen: 2. Schiene von unten, 180 °C Ober-/Unterhitze
Backdauer: ca. 15 Minuten

Kokosbusserl

ZUTATEN

für ca. 50 Stück

5 Eiweiß
270 g Staubzucker, gesiebt
220 g Kokosraspeln
60 g Kristallzucker
40 g Glucose (ersatzweise Honig)

VORBEREITUNG

1. Backblech mit Backtrennpapier belegen.
2. Backrohr rechtzeitig vorheizen.

SO WIRD'S GEMACHT

1. Über einem Wasserbad 3 Eiweiß und Staubzucker mit einem Schneebesen warm aufschlagen (40 °C), abkühlen lassen.
2. Mit Rührmaschine und Schneebesen zu festem Schnee schlagen.
3. Kokosraspeln, Kristallzucker und 2 Eiweiß mit Glucose (Honig) vermischen, unter den Eischnee mengen.
4. Masse bei mäßiger Hitze bis ca. 40 °C in einer Kasserolle auf dem Herd rösten.
5. Masse in einen Dressiersack mit glatter Tülle (Nr. 8) füllen.
6. Busserl auf das vorbereitete Blech dressieren und backen. Ausgekühlt in gut verschließbare Dosen schlichten.

Backen: 2. Schiene von unten, 180 °C Ober-/Unterhitze
Backdauer: ca. 12 Minuten

TIPP

Tunken Sie den Boden der ausgekühlten Busserl in temperierte Kuvertüre. Das schmeckt hervorragend und die Busserl sind dann länger haltbar.

Lebkuchensterne

ZUTATEN

1 Ei
3 EL Milch
ca. 250 g Kuvertüre
Lebkuchenteig (S. 216)
Roggenmehl zum Bestauben
Fadenzuckerglasur (S. 234)

VORBEREITUNG

1. Teig zubereiten.
2. Ei mit Milch verrühren.
3. Kuvertüre zerkleinern, im Wasserbad temperieren.
4. Backblech mit Backtrennpapier belegen.
5. Backrohr rechtzeitig vorheizen.

SO WIRD'S GEMACHT

1. Teig auf bemehlter Arbeitsfläche mit einem Rollholz ca. 4 mm dick ausrollen, mit einem Sternausstecher (Ø ca. 5–7 cm) Sterne ausstechen und vorsichtig auf das Blech legen.
2. Mit Ei-Milch-Mischung bestreichen, backen, vom Blech nehmen, überkühlen lassen.
3. Lebkuchen an der Unterseite mit temperierter Kuvertüre bestreichen und diese stocken lassen.
4. Fadenzuckerglasur zubereiten.
5. Oberseite der Lebkuchen mit Fadenzuckerglasur bestreichen und trocknen lassen.

Backen: 2. Schiene von unten,
150 °C Ober-/Unterhitze
Backdauer: ca. 20 Minuten

Eisenbahner

ZUTATEN

für ca. 50 Stück

200 g Himbeermarmelade zum Füllen
Mürbteig (S. 208)
Mehl zum Bestauben
130 g Rohmarzipan
20 g Staubzucker, gesiebt
15 g Butter, handwarm
25 g Glucose oder Honig
1 EL Eiweiß

VORBEREITUNG

1. Teig zubereiten.
2. Himbeermarmelade mit einer Teigkarte durch ein Sieb streichen.
3. Backblech mit Backtrennpapier belegen.
4. Backrohr rechtzeitig vorheizen.

SO WIRD'S GEMACHT

1. Teig auf einer bemehlten Arbeitsfläche rechteckig 3 mm dick ausrollen, leicht mit Mehl bestauben, auf das Rollholz aufrollen, auf das Backblech abrollen.

2. Mit einer Gabel mehrfach einstechen (stupfen) und backen.

3. Noch warm in 4 cm breite Streifen schneiden. Hälfte der ausgekühlten Streifen mit heißer Himbeermarmelade bestreichen.

4. Mit den restlichen Streifen belegen und kühl stellen.

5. Rohmarzipan mit Staubzucker, Butter, Glucose (Honig) und Eiweiß zu einer glatten Masse verarbeiten.

6. Marzipanmasse mit einem Dressiersack mit Sterntülle (Nr. 6) entlang der Ränder der gefüllten Teigstreifen aufdressieren. Einige Stunden trocknen lassen.

7. Nachbacken, bis die Marzipanmasse hellbraune Färbung aufweist; nach dem Auskühlen Innenraum zwischen den Marzipanstreifen mit heißer Himbeermarmelade füllen.

8. Abstocken lassen, in 2,5 cm breite Schnitten schneiden.

Backen: 2. Schiene von unten, ca. 12 Minuten 180 °C Ober-/Unterhitze, dann oberste Schiene ca. 5 Minuten 300 °C (Grill)

TIPP

Zum Überbacken (Abflämmen) der Marzipanmasse können Sie anstelle des Nachbackens bei 300 °C einen Heißluftfön verwenden.

Mürbteigbäckereien

Mürbteig eignet sich nicht nur hervorragend für die allseits bekannten Weihnachtsbäckerein. Im Folgenden präsentieren wir Ihnen eine Reihe unwiderstehlicher Köstlichkeiten, die es wert sind, das ganze Jahr Saison zu haben.

Nussini

ZUTATEN

für ca. 40 Stück

Mürbteig (S. 208, halbe Menge)
200 g Walnüsse
Mehl zum Bestauben
200 g Ribiselmarmelade, schwarz
100 g Butter
70 g Kristallzucker
1 EL Vanillezucker
3 EL Wasser
ca. 200 g Kuvertüre

VORBEREITUNG

1. Teig zubereiten.
2. 100 g Walnüsse reiben, 100 g Walnüsse hacken.
3. Backblech mit Backtrennpapier belegen.
4. Backrohr rechtzeitig vorheizen.

SO WIRD'S GEMACHT

1. Mürbteig auf bemehlter Arbeitsfläche 4 mm stark rechteckig ausrollen, Teig mit Mehl bestauben, auf das Rollholz aufrollen, auf das Backblech abrollen.
2. ½ Stunde kühl rasten lassen, danach ca. 10 Minuten backen.
3. Mit Marmelade bestreichen.
4. Für den Belag Butter mit Kristallzucker, Vanillezucker und Wasser aufkochen. Geriebene und gehackte Walnüsse einrühren.
5. Masse über den mit Marmelade bestrichenen Mürbteigfleck verstreichen und ca. 15 Minuten backen.
6. Ausgekühlt in Dreiecke mit einer Seitenlänge von 3 cm schneiden und 2 Ecken in temperierte Kuvertüre tunken.

Backen: 2. Schiene von unten, 170 °C Ober-/Unterhitze
Backdauer: ca. 25 Minuten

TIPP

Damit der Belag nicht vom Mürbteigboden abrinnen kann, verwenden Sie eine rechteckige Form (ca. 20 x 20 cm) oder ein Randblech. In diesem Fall benötigen Sie die doppelte Menge an Zutaten.

Florentiner

ZUTATEN

für ca. 50 Stück

Mürbteig (S. 208)
Mehl zum Bestauben
90 g Butter
1/16 l Schlagobers
120 g Kristallzucker
2 EL Honig
120 g Mandeln, gehobelt
60 g Aranzini, fein gehackt
ca. 200 g Kuvertüre

VORBEREITUNG

1. Teig zubereiten.
2. Backblech mit Backtrennpapier belegen.
3. Backrohr rechtzeitig vorheizen.

SO WIRD'S GEMACHT

1. Mürbteig auf bemehlter Arbeitsfläche ca. 2 mm dick ausrollen.
2. Scheiben (Ø 3 cm) ausstechen, mit gleichmäßigen Abständen auf das Blech legen und farblos ca. 8 Minuten backen.
3. Für den Belag Butter, Schlagobers, Kristallzucker und Honig aufkochen, ca. 3 Minuten kochen lassen. Mandeln und Aranzini beigeben und kurz durchrösten.
4. Mit einem Löffel kleine Häufchen auf die Mürbteigscheiben setzen und ca. 8 Minuten hell backen.
5. Auskühlen lassen, Kuvertüre temperieren (siehe S. 231), Gebäck zur Hälfte tunken.

Backen: 2. Schiene von unten, 170 °C Ober-/Unterhitze
Backdauer: insgesamt ca. 16 Minuten.

TIPPS

- Statt Florentiner zu tauchen, können Sie die Rückseite mit dickflüssiger Kuvertüre bestreichen und mit einer gezackten Teigkarte ein wellenartiges Muster in die Schokolade einritzen. Anschließend mit der Schokoladeseite nach oben abstocken lassen.
- Sie können die Masse auch ohne Teig als Plätzchen backen und überkühlt in Schokolade tauchen.

Florentiner, einfache Methode

ZUTATEN

Mürbteig (S. 208)
Mehl zum Bestauben
90 g Butter
1/16 l Schlagobers
120 g Kristallzucker
2 EL Honig
120 g Mandeln, gehobelt
60 g Aranzini, fein gehackt
ca. 200 g Kuvertüre

VORBEREITUNG

1. Teig zubereiten.
2. Backblech mit Backtrennpapier belegen.
3. Backrohr rechtzeitig vorheizen.

SO WIRD'S GEMACHT

1. Mürbteig auf bemehlter Arbeitsfläche rechteckig ausrollen, ca. 8 Minuten auf dem Blech hell vorbacken, erkalten lassen.
2. Aranzinimasse wie oben beschrieben herstellen. Teig ganzflächig mit der Masse bestreichen. Ca. 8 Minuten fertig backen.
3. Nach dem Abkühlen in beliebig große Rechtecke schneiden und in geschmolzene Kuvertüre tunken oder damit glasieren.

Backen: 2. Schiene von unten, 170 °C Ober-/Unterhitze
Backdauer: insgesamt ca. 16 Minuten.

Butterbrezeln

ZUTATEN

für ca. 30 Stück

Mürbteig (S. 208)
Mehl zum Bestauben
250 g Milchkuvertüre
oder Kuvertüre

VORBEREITUNG

1. Teig zubereiten.
2. Backblech mit Backtrennpapier belegen.
3. Backrohr rechtzeitig vorheizen.

SO WIRD'S GEMACHT

1. Mürbteig auf bemehlter Arbeitsfläche zu ca. 15 cm langen und 5 mm starken Rollen formen.
2. Kleine Brezeln formen, mit gleichmäßigen Abständen auf das Backblech legen, hell backen.
3. Ausgekühlte Brezeln in temperierte Kuvertüre tunken.

Backen: 2. Schiene von unten, 170 °C Ober-/Unterhitze
Backdauer: ca. 10 Minuten

TIPP

Bestreuen Sie die fertigen Brezeln mit gehackten Pistazien.

Schneekissen

ZUTATEN

für ca. 60 Stück

Mürbteig (S. 208)
Mehl zum Bestauben
3 Eiweiß
50 g Kristallzucker
20 g Maisstärkemehl
110 g Mandeln, weiß, gerieben
80 g Staubzucker, gesiebt
ca. 100 g Mandeln, gehobelt

VORBEREITUNG

1. Teig zubereiten.
2. Backblech mit Backtrennpapier belegen.
3. Backrohr rechtzeitig vorheizen.

SO WIRD'S GEMACHT

1. Mürbteig auf bemehlter Arbeitsfläche ca. 4 mm dick rechteckig ausrollen, auf ein (oder mehrere) mit Backtrennpapier belegtes Backblech legen.
2. Ca. 5 Minuten farblos backen und noch warm in 3 × 3 cm große Stücke schneiden.
3. Eiweiß mit Kristallzucker und Stärke zu cremig-steifem Schnee schlagen.
4. Geriebene Mandeln und Staubzucker vermischen und unter den Schnee heben.
5. Masse mittels Dressiersack mit Lochtülle (Nr. 8) auf die Mürbteigquadrate dressieren, mit gehobelten Mandeln bestreuen und fertig backen.

Backen: 2. Schiene von unten, 160 °C Ober-/Unterhitze
Backdauer: insgesamt ca. 20 Minuten

TIPP

Bestreichen Sie ein Kissen an der Unterseite mit heißer Marillen-, Himbeer- oder Ribiselmarmelade und fügen Sie es mit der Unterseite eines weiteren Schneekissens zusammen.

Rubine

ZUTATEN

für ca. 30 Stück

Mürbteig (S. 208)
Mehl zum Bestauben
0,1 l Milch
60 g Kristallzucker
1 EL Vanillezucker
Schale einer halben Zitrone, gerieben
1 KL Zimt, gemahlen
200 g Walnüsse, gerieben
2 EL Rum
80 g Marillenmarmelade, passiert
ca. 40 g Kokosraspeln
150 g Erdbeermarmelade, passiert

VORBEREITUNG

1. Teig zubereiten.
2. Backblech mit Backtrennpapier belegen.
3. Backrohr rechtzeitig vorheizen.

SO WIRD'S GEMACHT

1. Mürbteig auf bemehlter Arbeitsfläche ca. 3 mm dick ausrollen, mit einem glatten Ausstecher (Ø 3 cm) ca. 60 Scheiben ausstechen.
2. In gleichmäßigen Abständen auf das Backblech legen, ca. 10 Minuten hell backen.
3. Für die Fülle Milch, Kristallzucker, Vanillezucker, Zitronenschale und Zimt aufkochen.
4. Walnüsse und Rum einrühren, unter ständigem Rühren sämig kochen, erkalten lassen.
5. Hälfte der Mürbteigscheiben umdrehen, Nussfülle mit einem Dressiersack und glatter Tülle (Nr. 5) aufdressieren, mit den restlichen Mürbteigscheiben bedecken, leicht anpressen.
6. Marillenmarmelade mit etwas Wasser verdünnen, flach auf einem Teller verteilen.
7. Gefüllte Scheiben an der Seite zuerst durch die Marmelade, dann durch Kokosraspeln rollen.
8. Flach auflegen, oben einen Tupfer Erdbeermarmelade aufdressieren.

Backen: 2. Schiene von unten, 180 °C Ober-/Unterhitze
Backdauer: ca. 8 Minuten

Nougatsterne

ZUTATEN

für ca. 20 Stück

Mürbteig (S. 208)
1 Ei, versprudelt
ca. 100 g Pinienkerne, grob gehackt
Mehl zum Bestauben
150 g Haselnussnougat
Kakao zum Besieben

VORBEREITUNG

1. Teig zubereiten.
2. Backrohr rechtzeitig vorheizen.

SO WIRD'S GEMACHT

1. Mürbteig auf bemehlter Arbeitsfläche ca. 2 mm dick ausrollen.
2. Sterne ausstechen, auf ein mit Backtrennpapier belegtes Blech legen.
3. Hälfte der Sterne mit versprudeltem Ei bestreichen, mit Pinienkernen bestreuen, gemeinsam mit der anderen Hälfte backen.
4. Nougat schmelzen, verrühren, auf die unbestreuten Sterne dressieren, bestreute Sterne daraufsetzen und zur Hälfte mit Kakao besieben.

Backen: 2. Schiene von unten, 170 °C Ober-/Unterhitze
Backdauer: ca. 8 Minuten

Schönbrunner Taler

ZUTATEN

für ca. 30 Stück

Mürbteig (S. 208)
Mehl zum Bestauben
ca. 400 g Ribisel- oder Preiselbeermarmelade, passiert
Spritzglasur (S. 235)

VORBEREITUNG

1. Teig zubereiten.
2. Backblech mit Backtrennpapier belegen.
3. Backrohr rechtzeitig auf 180 °C vorheizen.

SO WIRD'S GEMACHT

1. Mürbteig auf bemehlter Arbeitsfläche ca. 3 mm dick ausrollen, mit einem Ausstecher Scheiben mit Ø 5 cm ausstechen, in gleichmäßigen Abständen auf das Backblech legen, backen.
2. Gebackene Böden mit Marmelade zusammensetzen.
3. Spritzglasur in ein Stanitzel füllen, Spitze abschneiden und spiralförmig so aufdressieren, dass Zwischenräume entstehen. Trocknen lassen.
4. Marmelade in ein Stanitzel füllen, Spitze aufschneiden und die Marmelade spiralförmig in die Zwischenräume einspritzen.

Backen: 2. Schiene von unten, 180 °C Ober-/Unterhitze
Backdauer: ca. 10 Minuten

Pistazienherzen

ZUTATEN

für ca. 30 Stück

Mürbteig (S. 208)
200 g Rohmarzipan
50 g Pistazien, gerieben
2 EL Rum
300 g Marzipan, grün gefärbt (S. 354)
50 g Marillenmarmelade, passiert

VORBEREITUNG

1. Teig zubereiten.
2. Rohmarzipan mit geriebenen Pistazien und Rum verkneten.
3. Backblech mit Backtrennpapier belegen.
4. Backrohr rechtzeitig vorheizen.

SO WIRD'S GEMACHT

1. Mürbteig auf bemehlter Arbeitsfläche ca. 2 mm dick ausrollen, in 30 Stücke teilen.
2. Kleine Herzen ausstechen, auf das Backblech legen und backen.
3. Je 2 Herzen mit Pistazienmarzipan zusammensetzen, anpressen.
4. Grün gefärbtes Marzipan dünn ausrollen. Herzen ausstechen, zart mit Marillenmarmelade bestreichen, auf die Mürbteigherzen kleben.

Backen: 2. Schiene von unten, 170 °C Ober-/Unterhitze
Backdauer: ca. 8 Minuten

Linzer Augen

ZUTATEN

für ca. 30 Stück

Mürbteig (S. 208)
Mehl zum Bestauben
Staubzucker zum Bestreuen
ca. 300 g Marillenmarmelade, passiert

VORBEREITUNG

1. Teig zubereiten.
2. Backblech mit Backtrennpapier belegen.
3. Backrohr rechtzeitig vorheizen.

SO WIRD'S GEMACHT

1. Mürbteig auf bemehlter Arbeitsfläche ca. 3 mm dick ausrollen, mit einem gezackten Ausstecher Scheiben (Ø 3 cm) ausstechen.
2. In gleichmäßigen Abständen auf das Blech legen.
3. Bei der Hälfte der Scheiben in der Mitte mit einem kleinen Ausstecher ein Loch ausstechen.
4. Scheiben auf das Backblech legen, hell backen, überkühlen lassen.
5. Gelochte Scheiben mit Staubzucker bestreuen, nicht gelochte mit Marmelade bestreichen.
6. Gelochte Oberteile aufsetzen, leicht anpressen.

Backen: 2. Schiene von unten, 180 °C Ober-/Unterhitze
Backdauer: ca. 8 Minuten

VARIATION

Füllen Sie die Linzer Augen je zur Hälfte mit Marillen- und Ribiselmarmelade.

Kokosschifferl

ZUTATEN

für ca. 20 Stück

⅛ l Schlagobers
125 g Kuvertüre
3 EL Rum
50 g Kokosraspeln
Mürbteig (S. 208)
Mehl zum Bestauben
ca. 50 g Kokosraspeln zum Bestreuen
30 g Aranzini zum Dekorieren

VORBEREITUNG

1. Teig zubereiten.
2. Obers aufkochen. Kuvertüre hacken, beigeben, schmelzen, Rum und Kokosraspeln einrühren, auskühlen lassen.
3. Backrohr rechtzeitig vorheizen.

SO WIRD'S GEMACHT

1. Mürbteig auf bemehlter Arbeitsfläche ca. 3 mm dick ausrollen.
2. Portionieren, in kleine Schiffchenformen legen, anpressen, Ränder abtrennen, mit einer Gabel dreimal einstechen (stupfen) und backen.
3. Ausgekühlte Schoko-Kokos-Creme einfüllen, glatt streichen und stocken lassen.
4. Zur Hälfte mit Kokosraspeln bestreuen und mit Aranzini dekorieren.

Backen: 2. Schiene von unten, 170 °C Ober-/Unterhitze
Backdauer: ca. 8 Minuten

Mandelringe

ZUTATEN

für ca. 30 Stück

ca. 100 g Mandeln, geschält
1 Ei
Mürbteig (S. 208)
Mehl zum Bestauben
300 g Rohmarzipan
1 KL Orangenschale, gerieben
3 EL Orangenlikör

VORBEREITUNG

1. Teig zubereiten.
2. Mandeln fein hacken.
3. Ei versprudeln.
4. Backblech mit Backtrennpapier belegen.
5. Backrohr rechtzeitig vorheizen.

SO WIRD'S GEMACHT

1. Mürbteig auf bemehlter Arbeitsfläche ca. 2 mm dick ausrollen, mit einem runden, glatten Ausstecher 30 Kreise (Ø 3 cm) ausstechen.
2. Mit einem 2. Ausstecher (Ø 1,5 cm) Löcher ausstechen, sodass Ringe entstehen.
3. Ringe auf das Blech setzen, Hälfte mit Ei bestreichen, mit gehackten Mandeln bestreuen und gemeinsam mit den unbestreuten Ringen backen.
4. Rohmarzipan mit Orangenschale und -likör verrühren, mit einem Dressiersack mit Lochtülle (Nr. 6) auf die nicht bestreuten Ringe dressieren, Oberteile aufsetzen, leicht anpressen.

Backen: 2. Schiene von unten, 180 °C Ober-/Unterhitze
Backdauer: ca. 8 Minuten

Kleinbäckerei aus Sandmasse

Kleine Bäckereien aus Sandmasse sind einfach herzustellen und eignen sich besonders gut als Beigabe zu Tee und Kaffee.

Madeleines

ZUTATEN

für ca. 50 Stück Ø 3 cm

Butter zum Ausstreichen
Mehl zum Ausstauben
Sandkuchenmasse (S. 200)
100 g Mandeln, geschält, gerieben

VORBEREITUNG

1. Madeleineform mit weicher Butter ausstreichen, mit Mehl ausstauben.
2. Backrohr rechtzeitig vorheizen.

SO WIRD'S GEMACHT

1. Sandkuchenmasse zubereiten, mit Mandeln verrühren.
2. Masse in einen Dressiersack ohne Tülle füllen und in die Form eindressieren, backen und anschließend stürzen.

Backen: 2. Schiene von unten, 170 °C Ober-/Unterhitze
Backdauer: ca. 12 Minuten

TIPP

Bestreuen Sie Madeleines vor dem Backen mit gehobelten Mandeln.

Früchtebrot

ZUTATEN

für 3 Formen 30×3×3 cm

Butter zum Ausstreichen
Mehl zum Ausstauben
Bischofsbrotmasse (S. 275)
Marillenmarmelade zum Einstreichen
ca. 250 g Kuvertüre

VORBEREITUNG

1. Formen mit weicher Butter ausstreichen, mit Mehl ausstauben.
2. Backrohr rechtzeitig vorheizen.

SO WIRD'S GEMACHT

1. Masse mit einem Dressiersack ohne Tülle in die Form dressieren und backen, stürzen, überkühlen.
2. Marillenmarmelade aufkochen, mit einer Teigkarte durch ein Sieb streichen und Kuchen mittels Pinsel damit einstreichen.
3. Früchtebrot auf ein Kuchengitter stellen, mit temperierter Kuvertüre glasieren, abstocken lassen, in 1,5 cm breite Scheiben schneiden.

Backen: 2. Schiene von unten, 170 °C Ober-/Unterhitze
Backdauer: ca. 20 Minuten

TIPPS

- Sollten Sie nicht über Formen in der oben angeführten Größe verfügen, backen Sie die Masse 3 cm hoch in Kapselrahmen und schneiden Sie sie nach dem Erkalten in 3 cm breite Streifen.
- Hüllen Sie Früchtebrot, statt es zu glasieren, in dünn ausgerolltes Marzipan.

Marillenmuffins

ZUTATEN

für ca. 30 Stück, Ø 3 cm, Höhe ca. 3 cm

Butter zum Ausstreichen
Mehl zum Ausstauben
100 g Marillen, entkernt
Sandkuchenmasse (S. 200)
10 g Butter
10 g Kristallzucker

VORBEREITUNG

1. Muffinformen mit weicher Butter ausstreichen, mit Mehl ausstauben.
2. Marillen in kleine Würfel schneiden.
3. Backrohr rechtzeitig vorheizen.

SO WIRD'S GEMACHT

1. Butter in einer Pfanne schmelzen, Kristallzucker einrühren.
2. Marillenwürfel beigeben, kurz und kernig glasieren, erkalten lassen.
3. Sandmasse mit Marillen verrühren.
4. Mit einem Dressiersack ohne Tülle bis knapp unter den Rand in die Formen füllen, backen.

Backen: 2. Schiene von unten, 170 °C Ober-/Unterhitze
Backdauer: ca. 15 Minuten

TIPP

Der Handel bietet zum Backen von Muffins spezielle Bleche oder Silikonmatten und backfähige Papierkapseln an.

VARIATIONEN

- Tränken Sie gebackene Muffins noch warm mit einer Läuterzucker-Marillenlikör-Mischung.
- Variieren Sie Muffinmasse nach Belieben, zum Beispiel mit kleingeschnittenen Trockenfrüchten, getrockneten Beeren oder Heidelbeeren.
- Bestreuen Sie fertig gebackene Muffins mit Streuseln oder glasieren Sie sie abschließend mit Kuvertüre oder Spritzglasur.

Schokomuffins

Rühren Sie 100 g geschmolzene Kuvertüre nach der Ei-Beigabe unter die Muffins-Masse und fügen Sie anschließend zusammen mit dem Mehl 100 g in kleine Stücke gehackte Kuvertüre hinzu. Backen wie Marillenmuffins.

Nougatmuffins

Stellen Sie die Muffinmasse ohne Marillen her. Nach dem Backen höhlen Sie die Muffins etwas aus und füllen die Öffnung mit geschmolzenem Nougat.

Kleinbäckerei aus Windmasse

Schoko-Wind-Törtchen

ZUTATEN

für ca. 30 Stück

Schokoladeoberscreme (S. 225)
Windmasse (S. 202)
ca. 100 g Mandeln, gehobelt, geröstet, zum Bestreuen

VORBEREITUNG

1. Schokoladeoberscreme am Vortag zubereiten.
2. Backrohr rechtzeitig vorheizen, Blech vorwärmen.
3. Auf der unbeschichteten Seite von in Backblechgröße zugeschnittenem Backtrennpapier Kreise (Ø 4 cm) zeichnen, Papier wenden.

SO WIRD'S GEMACHT

1. Masse mit Dressiersack mit Lochtülle (Nr. 6) schneckenförmig in Größe der gezeichneten Kreise auf das Backtrennpapier dressieren.
2. Papier auf das vorgewärmte Blech ziehen, Törtchen mit gehobelten Mandeln bestreuen und im Rohr trocknen, anschließend auskühlen lassen.
3. Schokoladeoberscreme aufschlagen, ebenso schneckenförmig auf die Hälfte der Windmassescheiben dressieren. Restliche Scheiben obenauf legen.

Backen: 2. Schiene von unten, 60 °C Ober-/Unterhitze
Backdauer: ca. 8–10 Stunden

Fruchtschüsserl

ZUTATEN

für ca. 30 Stück

ca. 500 g Früchte nach Wahl (Kiwi, Hawaiananas, Bananen etc.) und/oder Beeren nach Wahl
Windmasse (S. 202)
ca. 50 g Kuvertüre, temperiert
1 Pkg Tortengeleepulver

VORBEREITUNG

1. Früchte schälen, trocken tupfen, große Früchte in maximal 2 cm große, ansprechend aussehende Stücke teilen.
2. Backrohr vorheizen, Backblech vorwärmen.
3. Auf der unbeschichteten Seite von in Backblechgröße zugeschnittenem Backtrennpapier Kreise (Ø 4 cm) zeichnen, Papier wenden.

SO WIRD'S GEMACHT

1. Masse mittels Dressiersack mit Lochtülle (Nr. 6) schneckenförmig in Größe der Kreise auf das Backtrennpapier dressieren.
2. Am Rand Punkte aufdressieren, sodass kleine Schüsserl entstehen.
3. Papier auf das vorgewärmte Blech ziehen; Schüsserl im Backrohr trocknen, anschließend auskühlen lassen.
4. Schüsserl innen mit temperierter Kuvertüre ausstreichen, stocken lassen.
5. Schüsserl mit Früchten (Beeren) belegen.
6. Tortengelee laut Packungsangabe zubereiten, Früchte mit einem Pinsel damit abglänzen.

Backen: 2. Schiene von unten, 60 °C Ober-/Unterhitze
Backdauer: ca. 8–10 Stunden

Vacherin

ZUTATEN

Windmasse (S. 202)
Obers, geschlagen,
oder Beerenobers- oder Schokoladeoberscreme (S. 225)
Beeren, gemischt, zum Garnieren

VORBEREITUNG

Backblech vorwärmen.

SO WIRD'S GEMACHT

1. Masse in Dressiersack mit glatter Tülle füllen.
2. Auf ein Backtrennpapier 12 Kreise mit je Ø 7 cm aufzeichnen.
3. Mit Dressiersack Masse schneckenförmig von innen nach außen auf die Kreise aufdressieren.
4. Backpapier auf vorgewärmtes Blech ziehen, Masse im Rohr bei eingehängter Backrohrtür ca. 8 Stunden trocknen lassen.
5. Scheiben vorsichtig vom Backpapier lösen.
6. Jeweils 2 oder 3 Scheiben mit Fülle nach Wunsch zusammensetzen.
7. Im Kühlschrank absteifen lassen und mit Beeren garnieren.

Backen: 2. Schiene von unten, 60 °C Ober-/Unterhitze bei eingehängter Backrohrtür
Backdauer: ca. 8–10 Stunden

Windtorte

Windmasse (siehe S. 202) in Form von 4 Scheiben mit Ø 24 cm aufspritzen, trocknen und mit Beerenobers- oder Schokoladeoberscreme (siehe S. 225) füllen.

Windstangerl

ZUTATEN

für ca. 30 Stück

Windmasse (S. 202)
150 g Haselnussnougat
ca. 200 g Kuvertüre, temperiert

VORBEREITUNG

1. Backrohr rechtzeitig vorheizen.
2. Backblech im Backrohr vorwärmen, Backpapier vorbereiten.

SO WIRD'S GEMACHT

1. Masse mit Dressiersack mit Lochtülle (Nr. 6) spiralförmig auf Backtrennpapier dressieren.
2. Papier auf das vorgewärmte Blech ziehen; Stangerl im Backrohr trocknen, anschließend auskühlen lassen.
3. Nougat etwas erwärmen, verrühren, Stangerl damit zusammensetzen.
4. Kuvertüre temperieren, Stangerl diagonal tunken.

Backen: 2. Schiene von unten, 60 °C Ober-/Unterhitze
Backdauer: ca. 8–10 Stunden

VARIATION

Masse ringförmig auf Backtrennpapier aufspritzen, mit bunten Streuseln bestreuen und trocknen. Eignet sich besonders als Christbaumbehang.

Bastelstube

Wer eine Hochzeitstorte festlich dekorieren, für einen Kindergeburtstag Marzipantiere modellieren oder ein weihnachtliches Lebkuchenhaus gestalten will, dem bietet die süße »Bastelstube« Anregung und Anleitung, um in Augenhöhe mit Meisterkonditoren kleine Kunstwerke zu erschaffen. Was auf den ersten Blick kompliziert erscheinen mag, ist mit einiger Übung auch von Laien und Hobbyköchinnen leicht nachvollziehbar.

Stanitzel formen

1. Pergamentpapier in DIN-A4-Größe diagonal durchschneiden, an der Schnittfläche mit der linken Hand festhalten. Mit Daumen und Zeigefinger der rechten Hand von oben nach unten eindrehen.

2. Dabei soll das Stanitzel unten verschlossen und spitz sein. Winkel nochmals straff aneinanderziehen. Überstehenden Schluss in das Stanitzel falten.

TIPPS

- Verwenden lassen sich neben Pergament- auch Cellophan- oder Backtrennpapier.
- Im Fachhandel ist bereits in Dreieckform zugeschnittenes Stanitzelpapier erhältlich.

VERWENDUNG

Stanitzel benötigen Sie zum Dekorieren bzw. Beschriften mit Eiweißspritzglasur, Spritzschokolade, Marmelade und Kuvertüre etc.

Ornamente und Schrift aus Spritzschokolade

Mit dem Daumen von oben Schokolade aus dem Stanitzel drücken, die andere Hand wirkt dabei unterstützend. Schokofaden mit wenig Abstand, gleichmäßigem Druck und langsamen Bewegungen aufspritzen.

Punschkrapfen dekorieren

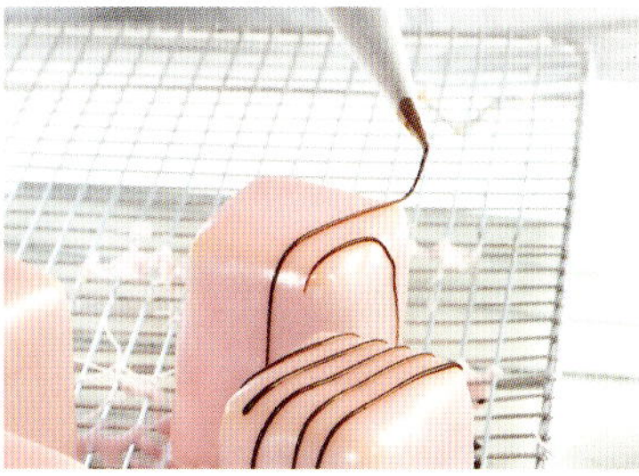

Variante 1
Mit Spritzschokolade Streifen über die Punschkrapfen (siehe S. 233) ziehen. Mit einer kandierten Kirsche dekorieren.

Variante 2
Aus Spritzschokolade (siehe S. 233) ein Ornament auftragen (spritzen). Rot eingefärbte Marillenmarmelade in ein Stanitzel füllen, Spitze abschneiden und das gestockte Ornament ausfüllen.

Arbeiten mit Marzipan

Modelliermarzipan

Rohmarzipan mit gesiebtem Staubzucker im Verhältnis 1:1 verkneten. Eventuell 10 % Glucosesirup beimengen, in Frischhaltefolie hüllen.

Tipp

Fertiges Modelliermarzipan ist im Handel erhältlich.

Marzipan färben

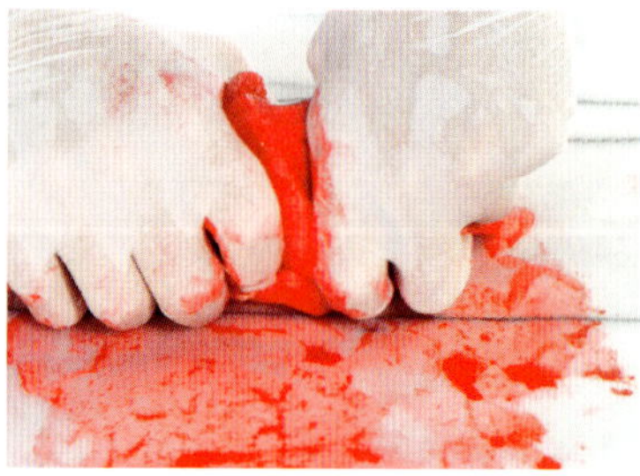

1. Lebensmittelfarbe in einigen Tropfen heißem Wasser auflösen und in einen Teil des Marzipans kneten.

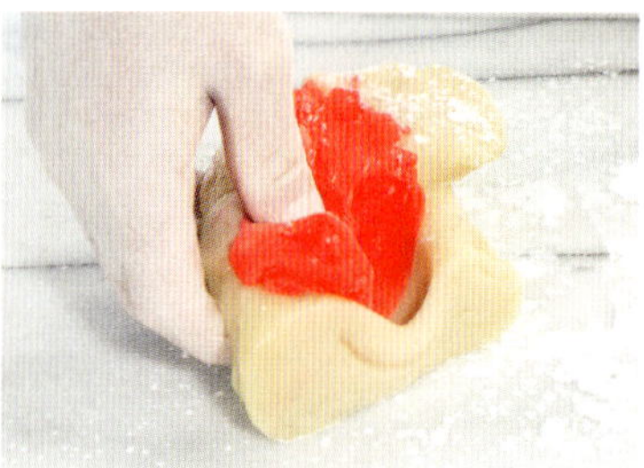

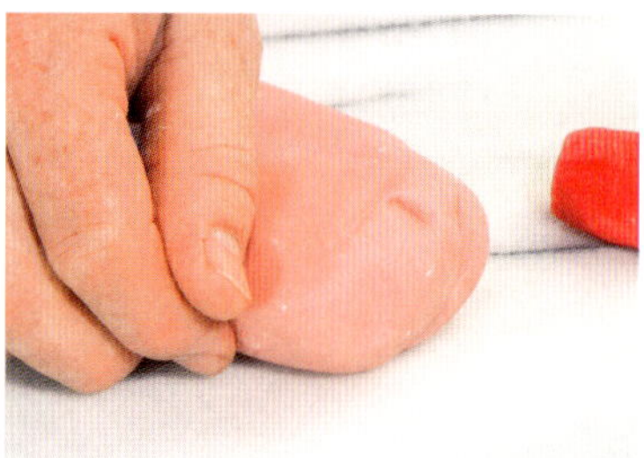

2. Farbe in kleinen Mengen in das Marzipan kneten.

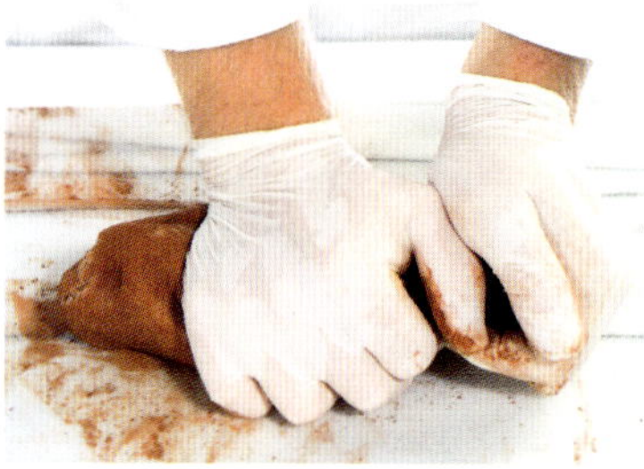

3. Für braun gefärbtes Marzipan gesiebten Kakao verwenden.

Tipp

Für das Arbeiten mit Lebensmittelfarbe verwenden Sie Gummihandschuhe.

Ausrollen von Marzipan

Arbeitsfläche und Rollholz leicht mit Staubzucker oder Stärkemehl stauben (Teigroller mit Silikonbelag müssen nicht gestaubt werden).

Alternative: Marzipan zwischen 2 Lagen Frischhaltefolie ausrollen.

Roulade mit Marzipan eindecken

1. Modelliermarzipan ca. 2 mm dick ausrollen. Auf das Rollholz aufrollen, über der Roulade wieder abrollen.

2. Marzipan vorsichtig an die Roulade drücken, überstehendes Marzipan mit einem kleinen Messer wegschneiden.

Dekor

- Mit Spritzschokolade (siehe S. 233) Linien ziehen.
- Aus Buttercreme Rosetten aufdressieren.
- Mit Beeren, Fruchtstücken oder Nüssen dekorieren.

Marzipanrosen

SO WIRD'S GEMACHT

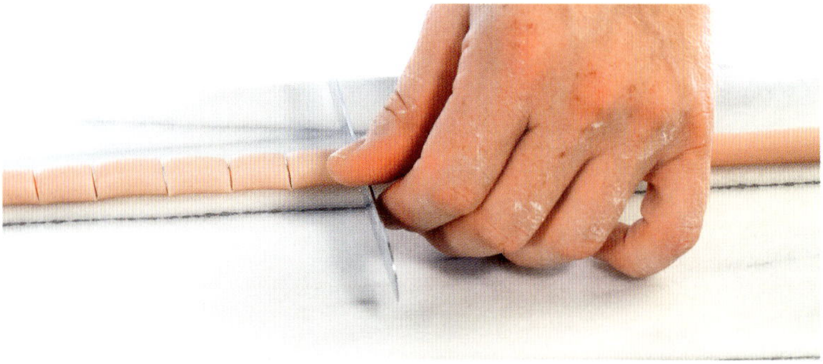

1. Modelliermarzipan zu einer Rolle (Ø 1 cm) formen und in Stücke von 1 cm Größe schneiden.

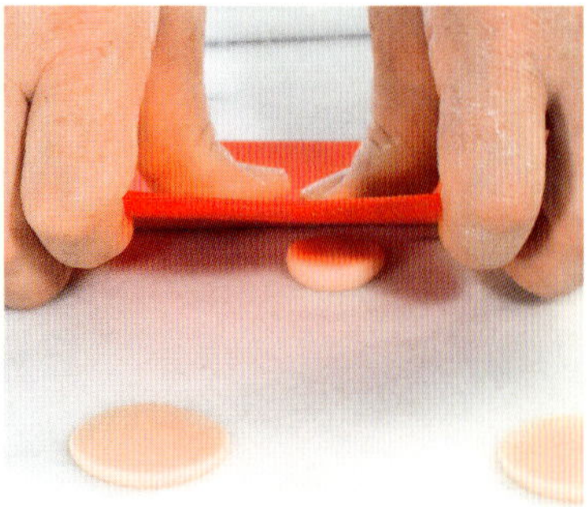

2. Mit der Teigkarte Stücke schräg flachdrücken, an einer Seite stark ausdünnen.

3. Aus einem Stück einen Kegel formen und auf der Arbeitsfläche aufsetzen.

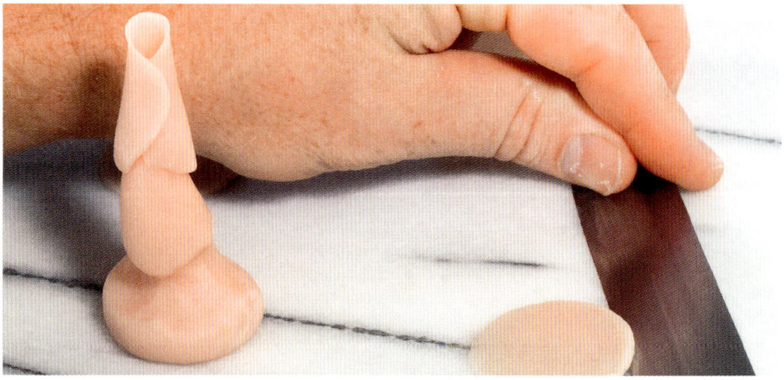

4. Mit einem biegsamen Messer mit dünner Klinge 1. Blütenblatt von der Platte lösen und um den Kegel drehen. Die dicke Kante ist dabei unten.

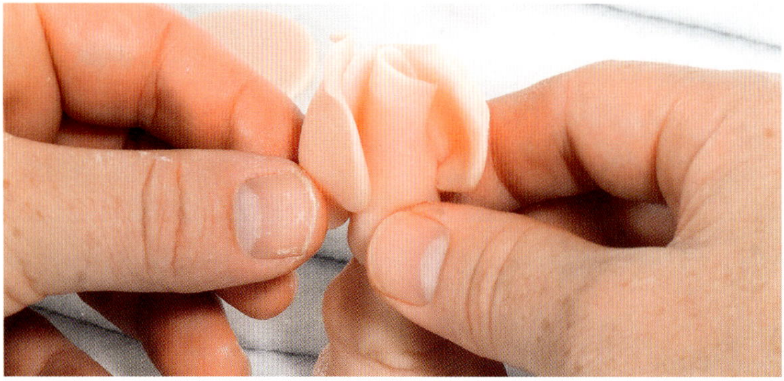

5. Weitere 3 Blütenblätter nacheinander leicht versetzt anpassen. Mit Daumen und Zeigefinger an der dickeren Unterkante zusammendrücken.

6. Obere dünne Kante der Blütenblätter eng nach außen drehen. Überstehendes Marzipan an der unteren Blütenkante abschneiden.

TIPP

Eine Marzipanrose besteht in der Regel aus 1 inneren Kegel, 1 inneren Blatt und 3 äußeren Blättern. Für größere Rosen setzen Sie 3 weitere Blütenblätter rundherum.

Marzipantiere

Maus

Gesamtgewicht 40 g,
Körpergewicht 30 g

ZUTATEN

70 g Modelliermarzipan (S. 354)
Kakao zum Braunfärben
Läuterzucker (S. 52) zum Zusammenkleben

SO WIRD'S GEMACHT

1. Für die Ohren 2 Scheiben (Ø 10 mm) mit 3 mm Stärke ausstechen.
2. Nase und Schwanz aus braun gefärbtem Marzipan formen.
3. Für den Körper einen Kegel formen.
4. Nase, Schwanz und Ohren mit Läuterzucker ankleben.
5. Mit einer Tülle Augen eindrücken.

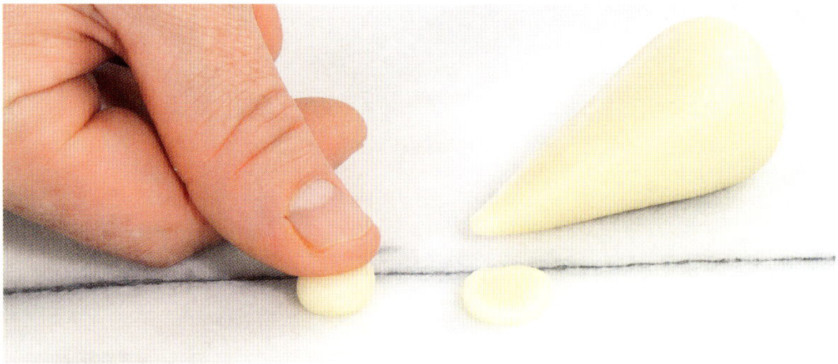

Schwein

Gesamtgewicht 50 g,
Körpergewicht 40 g

ZUTATEN

90 g Modelliermarzipan (S. 354), rosa gefärbt
Läuterzucker (S. 52) zum Zusammenkleben

SO WIRD'S GEMACHT

1. Für Beine und Schnauze 5 Scheiben (Ø 12 mm) mit 3 mm Stärke ausstechen.
2. Ohren herzförmig formen (Herzausstecher verwenden).
3. Schwanz eingeringelt ausformen.
4. Für den Körper eine Kugel rollen.
5. Beine, Ohren und Schwanz mit Läuterzucker an den Körper kleben.
6. Schnauze mit einem Spieß, Augen mit einer Tülle eindrücken.

Bär

Körpergewicht 30 g, Kopf 20 g, Tatzen 4 × 3 g, Ohren 2 × 2 g

ZUTATEN

66 g Modelliermarzipan (S. 354)
Kakao zum Braunfärben
Läuterzucker (S. 52) zum Zusammenkleben

TIPPS

- Für das Eindrücken der Augenhöhlen können Sie chinesische Stäbchen oder einen Holzspieß verwenden.
- Der Fachmann arbeitet mit Marzipanmodellierwerkzeug zum Ausformen der einzelnen Teile.

SO WIRD'S GEMACHT

1. Als Schnauze weißes Marzipan in Größe 2 × 1 cm oval ausstechen.
2. Für den Bauch eine Scheibe (Ø 2 cm) weißes Marzipan formen.
3. Aus allen anderen Marzipanteilen Kugeln formen. Mit einem Messer Krallen in die Tatzen drücken.
4. Alle Teile mit Läuterzucker zusammenkleben.
5. Augenhöhlen mit einem Spieß knapp über der Schnauze eindrücken, mit weißem Marzipan ausfüllen.
6. Augen aus braun gefärbtem Marzipan aufsetzen.

Drache

Körpergewicht 50 g, Beine 2 × 6 g, Füße und Hände 4 × 3 g, Ohren 2 × 3 g

ZUTATEN

80 g Modelliermarzipan (S. 354)
Lebensmittelfarbe, grün und rot
Läuterzucker (S. 52) zum Zusammenkleben

SO WIRD'S GEMACHT

1. Für Augen und Nasenlöcher 4 Kugeln mit Ø 5 mm formen.
2. Für den Körper eine spitz zulaufende Stange formen (Ø beim Kopf 15 mm).
3. Mit einer Schere einschneiden.
4. Beine, Füße und Handteile zu Kegeln formen.
5. Mit einem Messer Krallen in Füße und Hände drücken.
6. Ohren zu flachen Kegeln formen.
7. Alle Teile mit Läuterzucker zusammenkleben.
8. Augen und Nasenlöcher aushöhlen. In die Augenhöhlen rot gefärbtes Marzipan drücken. Schnauze mit einem Messer einschneiden.

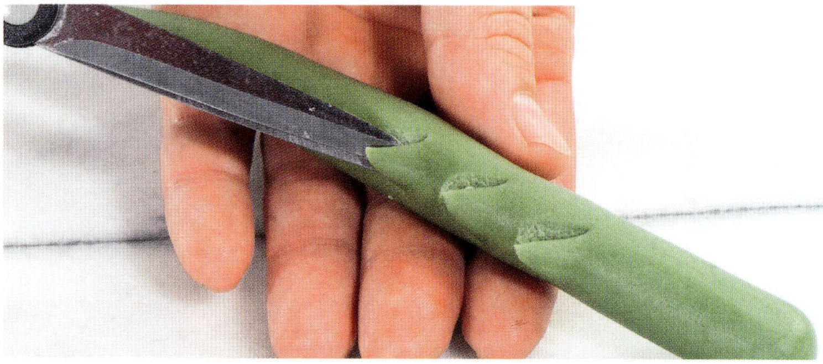

Elefant

**Körpergewicht 30 g,
Kopf 20 g, Beine 4 × 3 g,
Ohren 2 × 4 g, Schwanz 2 g**

ZUTATEN

72 g Modelliermarzipan (S. 354)
Lebensmittelfarbe, grau und rosa
Läuterzucker (S. 52) zum Zusammenkleben

SO WIRD'S GEMACHT

1. Für den Körper eine Kugel formen.
2. Für den Kopf eine Kugel mit einem Strang ausformen.
3. Beinteile zu kleinen Rollen formen, mit einer Tülle Zehen eindrücken. Mit Läuterzucker kleine Kreise aus rosafarbenem Marzipan als Fußsohlen ankleben.
4. Mit einem Messer Falten in Beine und Rüssel drücken.
5. Ohrenteile zu Kugeln formen und flachdrücken. Schwanz formen und mit einem Messer einschneiden.
6. Alle Teile mit Läuterzucker zusammenkleben.
7. Augen mit einer Lochtülle eindrücken.

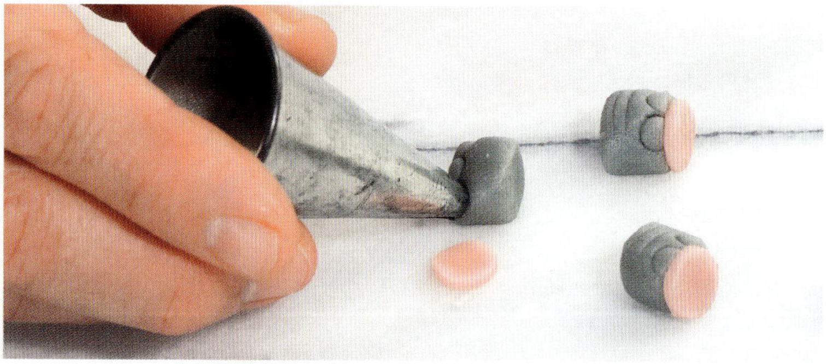

Hund

Körpergewicht 30 g, Kopf 12 g

ZUTATEN

42 g Modelliermarzipan (S. 354)
Kakao zum Braunfärben
Läuterzucker (S. 52) zum Zusammenkleben

SO WIRD'S GEMACHT

1. Für den Körper ein Oval formen, etwas flachdrücken.
2. Kopfteil zu einer Kugel formen und leicht flachdrücken.
3. Ohrenteile, Schwanz und Zungenteil kegelförmig modellieren und flachdrücken. Nase rund ausformen.
4. Schwanz mit einem Messer dreimal eindrücken.
5. Alle Teile mit Läuterzucker zusammenkleben.
6. Augen mit einer Tülle, Bartstoppeln mit einem Spieß eindrücken, Zunge mit einem umgedrehten Spieß in den Kopf drücken.

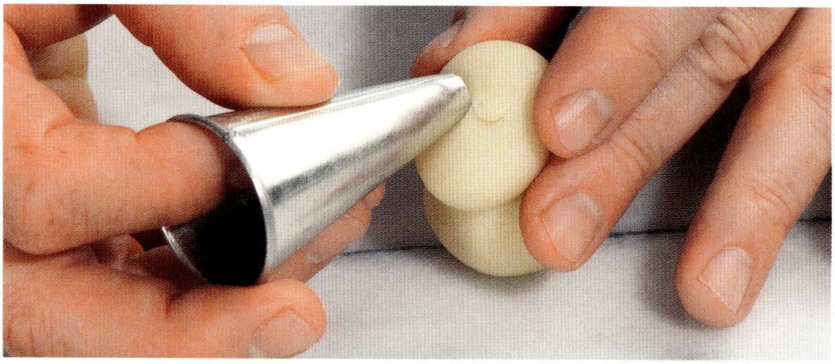

Torten einstreichen

Darauf kommt's an

- Bestreichen Sie die gut gekühlte Torte zuerst ganz mit cremig gehaltener Buttercreme oder mit nicht zu steif geschlagenem Obers.
- Danach streichen Sie die Torte an der Seite rundum glatt. Dabei führen Sie die Palette senkrecht und nur mit einer Kante aufgelegt.
- Zuletzt streichen Sie die Torte an der Oberfläche glatt. Dabei führen Sie die Palette rundherum von der Tortenkante zur Mitte und streichen zwischendurch die an der Palette haftende Creme immer wieder ab.

So wird's gemacht

1. Buttercreme (siehe S. 228) oder Obers- bzw. Schokoladeoberscreme (siehe S. 225) mit Hilfe einer Palette auf der Torte verteilen.

2. Rand der Torte mit Teigkarte einstreichen.

3. Mit senkrecht gehaltener Palette glatt verstreichen.

4. Oberseite von außen nach innen mit waagrecht gehaltener Palette verstreichen.

Torten eindecken

Darauf kommt's an

- Um Torten einzudecken, verwenden Sie entweder Modelliermarzipan oder »Massa Ticino«, eine schneeweiße, geschmeidige, genussfähige Masse, die in Spezialgeschäften oder bei Internetanbietern erhältlich ist.
- Modelliermarzipan ist geschmacklich zu bevorzugen, jedoch nicht reinweiß und schwieriger zu verarbeiten.

So wird's gemacht

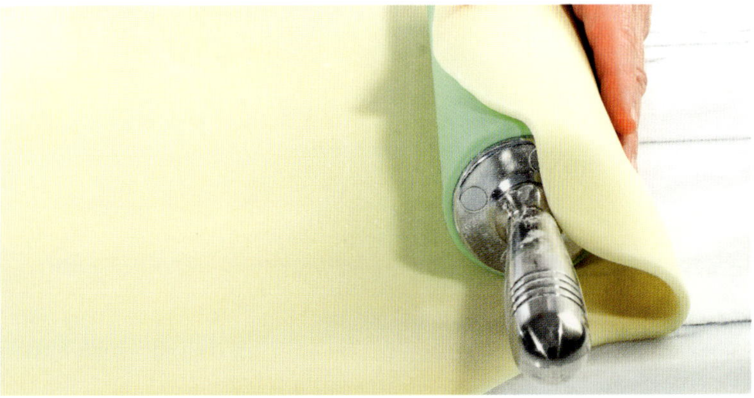

1. Arbeitsfläche und Modelliermarzipan oder Massa Ticino mit Stärkemehl bestauben, 3 mm stark ausrollen, auf das Rollholz aufrollen.

2. Rollholz mit Marzipan (Massa Ticino) über die Torte heben und wieder abrollen.

3. Oberfläche mit den Handflächen glätten, überstehenden Rand mit einem Messer abschneiden.

4. Bei Bedarf Luftblasen mit einer Teigkarte vorsichtig ausstreifen.

Torten dekorieren

Geburtstagstorte dekorieren

ZUTATEN

Stärkemehl zum Bestauben
1,1 kg Massa Ticino
ca. 70 g Spritzschokolade (S. 233)
Lebensmittelfarbe nach Wunsch sowie grün und orange
Tortenmasse (S. 199)
Buttercreme nach Wahl (S. 228)
Zuckerblumen (S. 371)
weitere Dekoration nach Wunsch

VORBEREITUNG

1. Arbeitsfläche mit Stärkemehl bestauben.
2. 100 g Massa Ticino (Modelliermarzipan) hauchdünn ausrollen, Motiv unterlegen, durchscheinende Konturen mit 50 g Spritzschokolade nachziehen.
3. Mit bunten Lebensmittelfarben ausmalen, ausschneiden und trocknen lassen.
4. Torte aus beliebiger Masse in viereckiger Form (30 × 20 cm) mit Buttercreme nach Wahl füllen, einstreichen und kühlen.

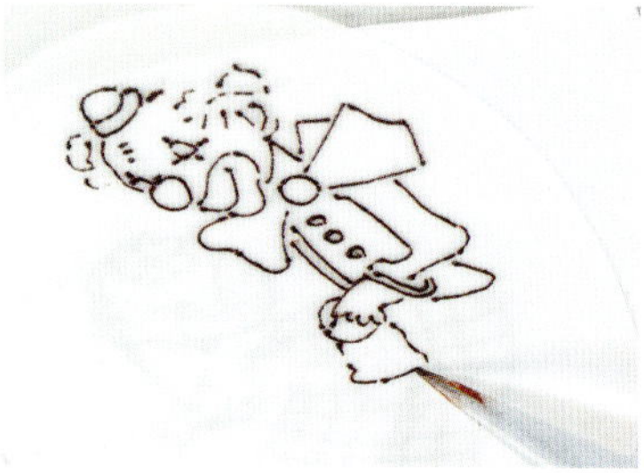

SO WIRD'S GEMACHT

1. 1 kg Massa Ticino (Modelliermarzipan) mit Lebensmittelfarbe zart hellorange einfärben, verkneten, wie auf S. 367 beschrieben ausrollen, Torte damit eindecken.

2. 300 g Modelliermarzipan unterschiedlich intensiv grün einfärben, zu 3 mm dicken Rollen formen, in 3 cm lange Stücke schneiden.

3. Marzipanröllchen mit Läuterzucker eng nebeneinander an den Tortenrand kleben.

4. Auf die Marzipanröllchen weiße Zuckerblumen aufkleben.
5. Ausgemaltes Motiv auflegen, mit Buttercremerosetten einfassen. Weitere Blüten nach Wunsch auflegen, Torte mit Spritzschokolade verzieren.

TIPP

Alternativ zu Spritzschokolade verwenden Sie zum Nachzeichnen des Motivs lebensmittelgerechte Farbstifte (im Fachhandel erhältlich) oder dünne Pinsel mit schwarzer Lebensmittelfarbe.

Ornamente für Hochzeitstorte

ZUTATEN

1 Eiweiß (30 g)
ca. 210 g Staubzucker, gesiebt
einige Tropfen Zitronensaft

VORBEREITUNG

Eiweiß mit Staubzucker und Zitronensaft verrühren (nicht schaumig rühren).

SO WIRD'S GEMACHT

1. Schablone unter eine starke Folie (Overheadfolie) legen und mit einem Dressiersack mit Lochtülle (Nr. 00) Spritzglasur auftragen.

2. Gitter der Ornamente mit einem Stanitzel dünn aufspritzen.

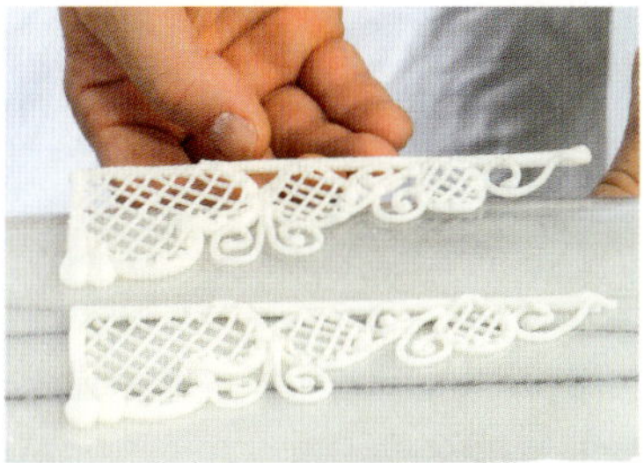

3. Über Nacht trocknen lassen, vorsichtig von der Folie lösen und umdrehen.

4. Starke Linien nochmals mit dem Dressiersack nachfahren, trocknen lassen.

TIPP

Schablonen für die Ornamente finden Sie auf S. 432.

Zuckerblumen

Aufgelöste Gelatineblätter mit gesiebtem Staubzucker zu einer weißen, modellierfähigen Masse verkneten (auf 1 Gelatineblatt berechnen Sie ca. 200 g Staubzucker). Mit Lebensmittelfarben einfärben, mit Blütenausstecher ausstechen und in halbrunde Formen legen. Dünne Fäden aus Eiweißspritzglasur (siehe S. 235) trocknen und mit Spritzglasur als Staubgefäße in die Blüten kleben.

Hochzeitstorte dekorieren

ZUTATEN

Tortenmasse nach Wahl
Buttercreme nach Wahl
ca. 1 kg Massa Ticino
ca. 250 g Marzipan
Lebensmittelfarbe, grün und rosa
Stärkemehl zum Bestauben
Spritzglasur (S. 235)
Ornamente (S. 371)

VORBEREITUNG

1. Torte backen, mit Buttercreme füllen, einstreichen, kühlen.
2. Mit ca. 700 g Massa Ticino zur Gänze eindecken (siehe S. 367).

SO WIRD'S GEMACHT

1. Aus ausgerolltem rosa Modelliermarzipan ca. 45 kleine Herzen ausstechen.
2. Marzipanrosen anfertigen (siehe S. 356), aus grünem Modelliermarzipan Rosenblätter ausstechen.
3. Arbeitsfläche und Massa Ticino mit Stärkemehl stauben, Massa Ticino 2 mm stark ausrollen.

4. Ca. 15 Streifen von 6 x 0,5 cm schneiden, über eine halbrunde Form (Ø 10 cm) legen.

5. Einen 3 cm breiten Streifen in einen Ausstecher (Ø 10 cm) stellen und 2 Scheiben (Ø 12 cm) ausstechen, einige Stunden trocknen.

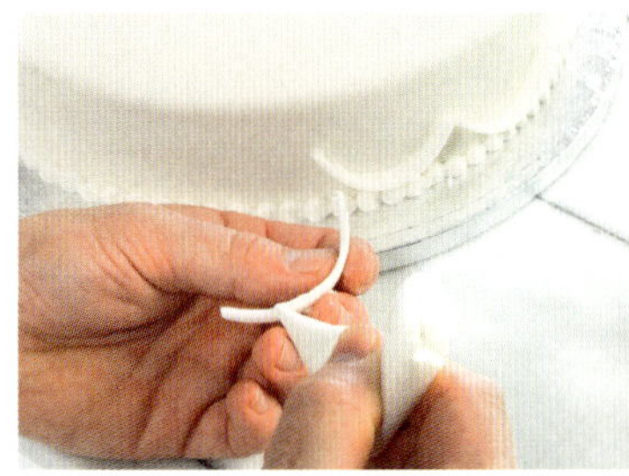

6. Rund um die Torte Spritzglasur-Rosetten aufspritzen. Bögen aus Massa Ticino an der Seite der Torte mit Spritzglasur befestigen.

7. Mit Spritzglasur Streifen von den Bögen bis zur Oberkante der Torte auftragen.

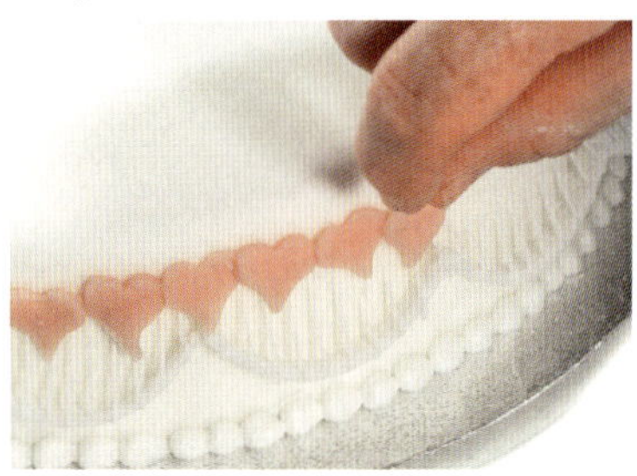

8. Enden der Streifen mit rosa Marzipanherzen abdecken.

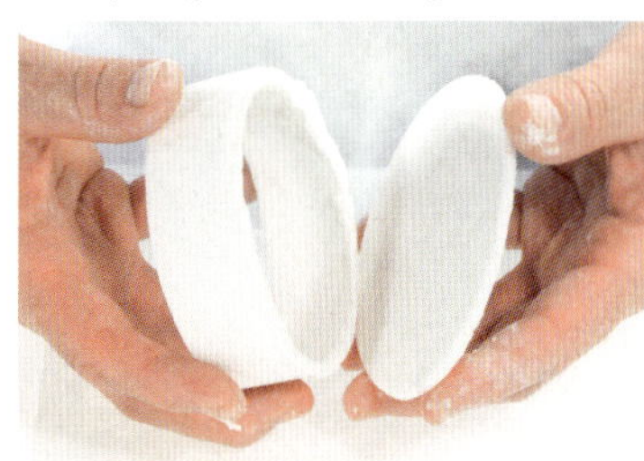

9. Die in Schritt 5 gefertigten Teile mit Spritzglasur zusammenkleben.

10. Diesen Sockel mittig auf der Torte platzieren, rundum Rosetten aus Spritzglasur spritzen.

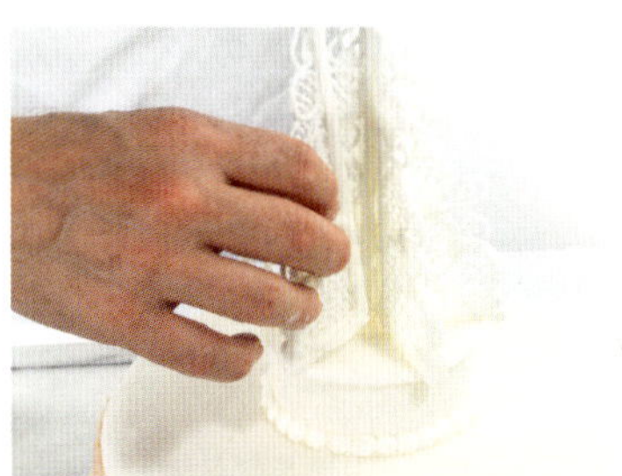

11. Ornamente mit Spritzglasur zu einer Krone zusammenkleben, auf den Sockel setzen.

12. Torte abschließend mit Marzipanrosen und -blättern dekorieren.

Figuren aus Windmasse

Dekor- und Bastelwindmasse

ZUTATEN

4 Eiweiß
240 g Kristallzucker
1/16 l Wasser

SO WIRD'S GEMACHT

1. Eiweiß mit 80 g Kristallzucker zu festem Schnee schlagen.
2. 160 g Kristallzucker mit Wasser auf 119 °C kochen (Thermometer verwenden). Nur so lange umrühren, bis der Kristallzucker gelöst ist.
3. Kochenden Kristallzucker unter langsamem Rühren mit dünnem Strahl in den Schnee gießen.
4. Mit der Rührmaschine ca. 10 Minuten kalt rühren.

Weihnachtsengel

Für ca. 30 Engel

SO WIRD'S GEMACHT

1. Windmasse herstellen, mit einem Dressiersack mit Lochtülle (Nr. 10) kegelförmig auf ein mit Backtrennpapier belegtes Blech dressieren.

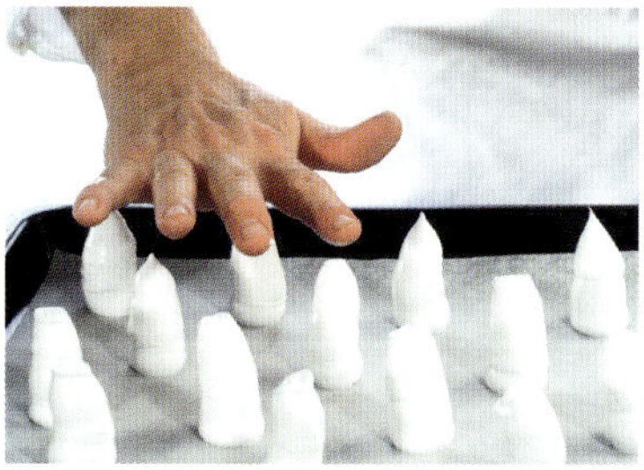

2. Mit der flachen Hand vorsichtig etwas abstumpfen.

3. Auf ein 2. Blech Flügel dressieren. Bei 50 °C im Backrohr über Nacht trocknen (mindestens 8 Stunden).

4. Am Folgetag erneut Windmasse herstellen. 2 EL gelb färben, mit Lochtülle (Nr. 8) Füße vor die Kegel dressieren. Rest rosa färben, mit Sterntülle (Nr. 4) Kleidung und Arme auf die Kegel dressieren. Bei 50 °C im Rohr über Nacht trocknen.

5. Am 3. Tag ebenfalls Windmasse herstellen. Mit Lochtülle (Nr. 4) Kragen aufdressieren.

6. Restliche Windmasse hellrosa einfärben und mit Lochtülle (Nr. 12) Köpfe dressieren, mit nasser Fingerkuppe oben glätten.

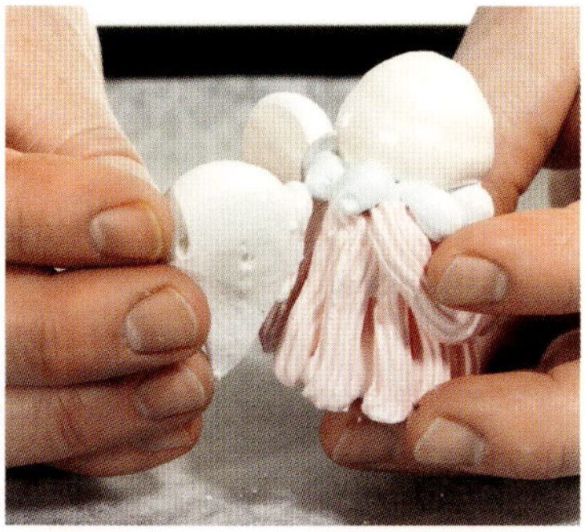

7. Mit etwas Windmasse Flügel ankleben. Bei 50 °C im Backrohr über Nacht trocknen.

8. Am Folgetag 4. Portion Windmasse herstellen, gelb färben. Auf jeden Kopf ein Band (10 cm) mit den Enden halten, mit Sterntülle (Nr. 4) über dem Band Haare aufdressieren. Bei 50 °C im Backrohr über Nacht trocknen lassen.

9. Am letzten Tag Spritzglasur herstellen. Kerze damit am Körper ankleben und einen Teil der Glasur dunkelrosa einfärben.

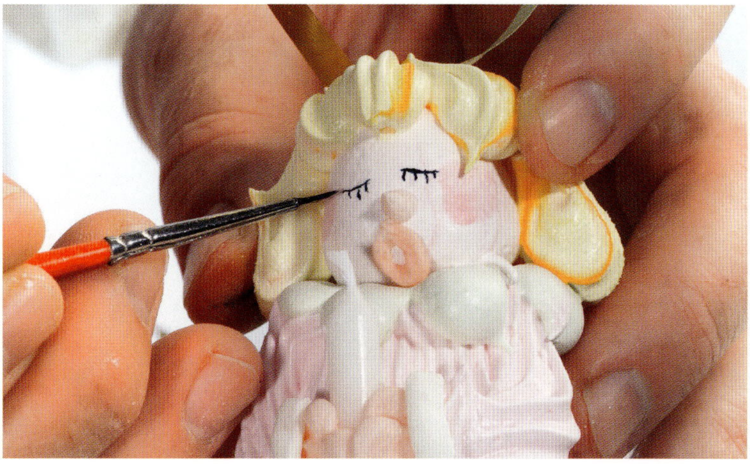

10. Mit dunkelrosa Glasur Mund und Nase aufspritzen und Hände über die Kerze dressieren. Mit restlicher weißer Glasur Ärmelaufschlag anfertigen. Mit einem dünnen Pinsel Augen aus Lebensmittelfarbe auftragen.

Glocken

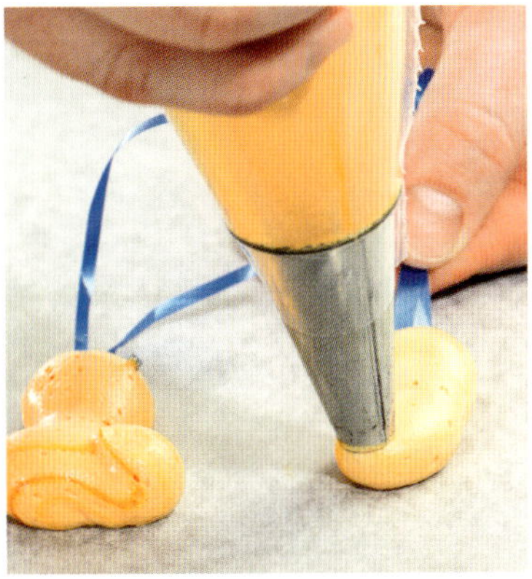

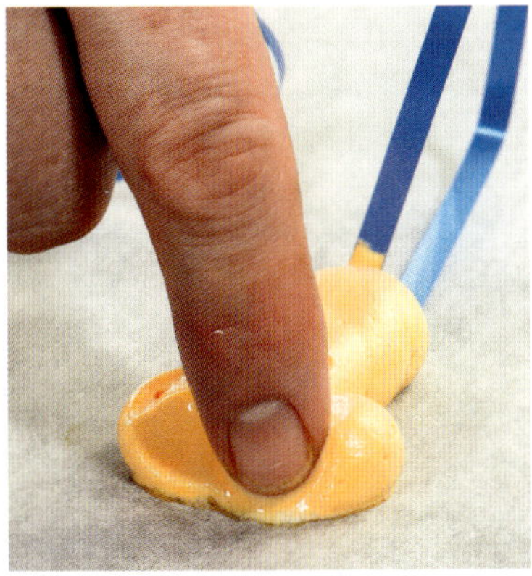

Windmasse herstellen (siehe S. 374), hellorange einfärben, mittels Dressiersack mit Lochtülle (Nr. 12) Glocken auf Backtrennpapier dressieren. Ein Band (10 cm) mit beiden Enden unterhalten. Mit nassen Fingerkuppen die Unterseite der Glocken leicht schräg aushöhlen. Bei 50 °C im Backrohr ca. 8 Stunden trocknen, mit weißer und rot gefärbter Spritzglasur verzieren.

Tannenbäume

Windmasse herstellen (siehe S. 374), drei Viertel grün einfärben, mit einer Sterntülle (Nr. 12) fünf zusammenhängende Spitzen dressieren. Dabei ein Band (10 cm) mit beiden Enden unterhalten. Restliche Windmasse braun einfärben und einen kleinen Stamm dressieren. Mit bunten Streuseln bestreuen, ca. 8 Stunden im Backrohr bei 50 °C trocknen, mit einem Stern aus gelb eingefärbtem Marzipan dekorieren.

Kugeln

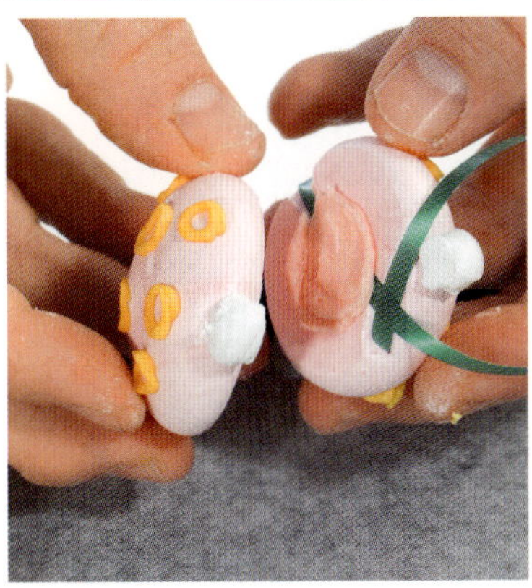

Windmasse herstellen (siehe S. 374), 2 EL Masse beiseite stellen, Rest rosa färben. Mit Lochtülle (Nr. 12) Halbkugeln auf Backpapier dressieren. Oben einen Punkt aus Masse dressieren. Bei 50 °C im Rohr ca. 8 Stunden trocknen.
Aus gelb eingefärbter Spritzglasur Ringe aufspritzen, trocknen lassen. Je 2 Halbkugeln mit Spritzglasur zusammenkleben. Dabei Enden eines Bandes (ca. 10 cm) einkleben, Nahtstellen mit weißer Spritzglasur verschließen.

Lebkuchenhaus

ZUTATEN

für 1 Haus, ca. 12 cm breit, 7 cm tief, 12 cm hoch

Lebkuchenteig (S. 216)
Roggenmehl zum Bestauben
1 Ei
3 EL Milch
150 g Modelliermarzipan
Kakaopulver zum Färben, Menge je nach gewünschtem Farbton
50 g Modelliermarzipan, gelb
30 g Modelliermarzipan, blau
Spritzglasur (S. 235), doppelte Menge

VORBEREITUNG

1. Kakaopulver mit dem ungefärbten Marzipan verkneten.
2. Aus Karton Schablonen für Hausteile und Bodenplatte zuschneiden. Den »Bauplan« für unser Lebkuchenhaus finden Sie auf S. 430.
3. Rührmaschine, Rollholz, Teigrad, Pinsel, Zuckersieb und Dressiersack mit Lochtülle (Nr. 5) vorbereiten.
4. Ei mit Milch für die Eistreiche verrühren.
5. Backblech mit Backtrennpapier belegen.
6. Backrohr rechtzeitig vorheizen.

TIPP

Lebkuchenteig läuft beim Backen etwas auseinander, deshalb sind die Maße des fertigen Hauses etwas größer als die Schablonen.

SO WIRD'S GEMACHT

1. Arbeitsfläche mit Roggenmehl bestauben, Teig mit einem Rollholz ca. 4 mm dick ausrollen.

2. Schablonen auflegen, mit einem Teigrad nachschneiden, Teig vorsichtig auf das Blech heben.

3. Aus einem Teil des Restteiges 1–2 Tannenbäume ausstechen sowie in Größe eines Tortenbodens einen Kreis ausschneiden.

4. Teigreste ausrollen und Zaun-Elemente ausschneiden.

5. Alle Teile mit Eistreiche bestreichen, Zaun-Elemente zusammenfügen. Mit einer Gabel mehrfach einstechen (stupfen); backen und auskühlen lassen.

6. Mit Spritzglasur zu einem Haus zusammenkleben und auf der Bodenplatte befestigen; mindestens ½ Stunde trocknen lassen.

7. Fenster aus blau gefärbtem und Tür aus braun gefärbtem Marzipan fertigen.

8. Mit Spritzglasur am Haus befestigen; Umrandung aus weißem Marzipan ebenfalls mit Spritzglasur ankleben.

9. Braunes Marzipan dünn ausrollen, Dachziegel (Ø 1,5 cm, oben abgekappt) ausstechen.

10. Mit Spritzglasur von der Mitte jeder Dachfläche nach oben reihenweise leicht überlappend aufkleben.

11. Freibleibende Dachfläche mit Spritzglasur verzieren.

12. Auf den Boden rund um das Haus mit einer Palette Spritzglasur verstreichen.

13. An der Dachkante Eiszapfen aufspritzen: Dressiersack an der Dachkante ansetzen, etwas Spritzglasur herausdrücken, aufhören zu drücken, Dressiersack nach unten wegziehen.

14. Mit dem Ausstecher, der für den Lebkuchen verwendet wurde, ausgerolltes grünes Modelliermarzipan als Baum ausstechen. Mit Spritzglasur auf den Lebkuchenbaum kleben.

15. Baum mit Spritzglasur verzieren, mit einem Stern aus gelbem Marzipan krönen, mittels Spritzglasur auf der Bodenplatte befestigen, ebenso den Zaun.

16. Aus braunem Marzipan einen Rauchfang modellieren und mit Spritzglasur auf dem Dach befestigen.

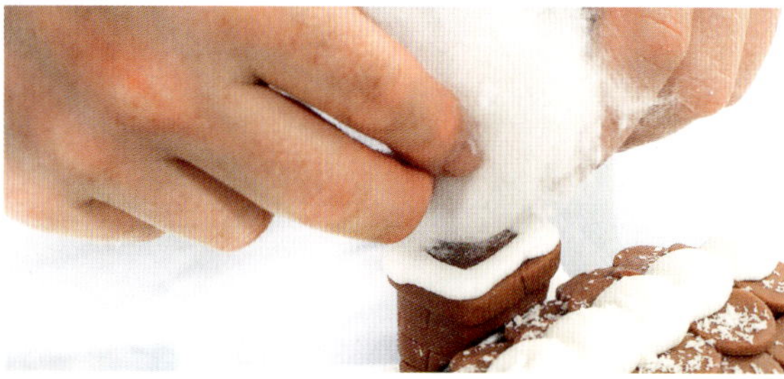

17. Auf die Rauchfang-Oberseite Spritzglasur auftragen und mit Watte aufsteigenden Rauch simulieren. Zuletzt Haus mit Staubzucker bestreuen.

Backen: 2. Schiene von unten, 150 °C Ober-/Unterhitze
Backdauer: ca. 20 Minuten

Soufflés

Basis für süße Soufflés ist in der Regel eine mit Dotter, Eischnee, Kristallzucker und Aromastoffen kombinierte Béchamelsauce. Saucen und andere Garnierungen reicht man gesondert zu den meist portionsweise gebackenen luftigen Köstlichkeiten.

Darauf kommt's an

- Befüllen Sie die Formen mit einem Dressiersack ohne Tülle oder mit einem Esslöffel bis knapp unter den Rand (ca. 1 cm).
- Für das Wasserbad legen Sie Backtrennpapier in eine Wannenform, damit das Wasser nicht zu kochen beginnt, und befüllen sie ca. 2 cm hoch mit kochendem Wasser.
- Soufflés sollen nach dem Backen innen eine noch leicht cremige Konsistenz aufweisen.
- Servieren Sie Soufflés so rasch wie möglich, da sie schnell an Luftigkeit und Volumen verlieren.

Vanillesoufflé (Grundrezept)

ZUTATEN

für 10–12 Portionen

Butter zum Ausstreichen
Feinkristallzucker zum Ausstreuen
3/8 l Milch
1 EL Vanillezucker
Salz
50 g Butter
50 g Mehl, glatt
5 Dotter
6 Eiweiß
110 g Kristallzucker
Staubzucker zum Bestreuen

Backen: im Wasserbad auf 2. Schiene von unten, 200 °C Ober-/Unterhitze
Backdauer: 20 Minuten

VORBEREITUNG

1. Souffléformen mit weicher Butter ausstreichen, mit Feinkristallzucker ausstreuen.
2. Für das Wasserbad Wasser aufkochen.
3. Wannenboden mit Küchenkrepp auslegen.
4. Backrohr rechtzeitig vorheizen.

SO WIRD'S GEMACHT

1. Milch mit Vanillezucker und 1 Prise Salz aufkochen.

2. Butter erhitzen, Mehl einrühren, mit Milch aufgießen und rühren, bis sich die Masse vom Geschirr löst; überkühlen lassen.

3. Dotter nach und nach mit einem Schneebesen zügig einrühren.

4. Eiweiß mit 1 Prise Salz und dem Kristallzucker zu cremig-steifem Schnee schlagen und unter die Masse heben.

5. Soufflémasse mit einem Dressiersack ohne Tülle in die vorbereiteten Formen einspritzen.

6. Formen mit etwas Abstand in das heiße Wasserbad stellen, backen, Soufflés mit Staubzucker bestreuen.

Topfensoufflé

ZUTATEN

für 4–6 Portionen

Butter zum Ausstreichen
Kristallzucker zum Ausstreuen
200 g Topfen, passiert, 20 %
3 Dotter
1 KL Vanillezucker
½ KL Zitronenschale, gerieben
4 Eiweiß
Prise Salz
60 g Feinkristallzucker

VORBEREITUNG

Wie Soufflégrundmasse (siehe S. 383).

SO WIRD'S GEMACHT

1. Topfen, Dotter, Vanillezucker und Zitronenschale mit einem Schneebesen glatt verrühren.
2. Eiweiß, Salz und Feinkristallzucker zu cremig-steifem Schnee schlagen, unter die Topfenmasse heben.
3. Masse in vorbereitete Formen füllen, in das Wasserbad stellen, backen, anschließend mit Staubzucker bestreuen.

Backen: im Wasserbad, 120 °C Ober-/Unterhitze
Backdauer: ca. 20 Minuten

ANRICHTEN

Garnieren Sie Topfensoufflé mit Himbeer- oder Erdbeersauce und Beeren der Saison.

TIPP

Mit diesem Rezept sind Sie auf der sicheren Seite: Es schmeckt nicht nur köstlich, sondern verfügt auch über reichlich Standfestigkeit und ist deshalb bestens für Kochanfänger und -anfängerinnen geeignet.

Zitronensoufflé

ZUTATEN

für 10–12 Portionen

Butter zum Ausstreichen
Feinkristallzucker zum Ausstreuen
Soufflégrundmasse (S. 383)
Saft einer Zitrone
Schale einer Zitrone, gerieben
Staubzucker zum Bestreuen

SO WIRD'S GEMACHT

1. Soufflé bis einschließlich Schritt 3 von »So wird's gemacht« zubereiten.
2. Zitronenschale und -saft unter die Masse heben.
3. Weiter wie Vanillesoufflé zubereiten.

Backen: im Wasserbad, 200 °C Ober-/Unterhitze
Backdauer: ca. 15 Minuten

ANRICHTEN

Servieren Sie zu Zitronensoufflé Erdbeersauce mit Erdbeerstücken.

TIPP

Besonders köstlich wird das Soufflé, wenn Sie Saft und Schale von Limetten verwenden.

Himbeersoufflé

ZUTATEN

für 10–12 Portionen

Butter zum Ausstreichen
Feinkristallzucker zum Ausstreuen
Soufflégrundmasse (S. 383)
200 Himbeeren, frisch
3 EL Himbeergeist
Staubzucker zum Bestreuen

SO WIRD'S GEMACHT

1. Soufflé bis inklusive Schritt 3 von »So wird's gemacht« zubereiten.
2. Himbeergeist unter die Masse rühren.
3. Böden der vorbereiteten Formen mit frischen Himbeeren belegen.
4. Weiter wie Vanillesoufflé zubereiten.

Backen: im Wasserbad, 200 °C Ober-/Unterhitze
Backdauer: ca. 15 Minuten

ANRICHTEN

Servieren Sie Himbeersoufflé mit gesondert angerichteter Himbeersauce.

Grand-Marnier-Soufflé

ZUTATEN

für 10–12 Portionen

Butter zum Ausstreichen
Feinkristallzucker zum Ausstreuen
Soufflégrundmasse (S. 383)
4 EL Grand Marnier
½ EL Orangenschalen, gerieben
Staubzucker zum Bestreuen

SO WIRD'S GEMACHT

1. Soufflé bis inklusive Schritt 3 von »So wird's gemacht« zubereiten.
2. Grand Marnier und Orangenschale unter die Masse heben.
3. Weiter wie Vanillesoufflé zubereiten.

Backen: im Wasserbad, 200 °C Ober-/Unterhitze
Backdauer: ca. 15 Minuten

ANRICHTEN

Servieren Sie Grand-Marnier-Soufflé mit gesondert angerichteter Orangensauce.

Schokolade-Kokos-Soufflé

ZUTATEN

für 10–12 Portionen

Butter zum Ausstreichen
Feinkristallzucker zum Ausstreuen
Soufflégrundmasse (S. 383)
50 g Kuvertüre, geschmolzen
2 EL Kokoslikör
Staubzucker zum Bestreuen

SO WIRD'S GEMACHT

1. Soufflé bis inklusive Schritt 3 von »So wird's gemacht« zubereiten.
2. Kuvertüre und Kokoslikör unter die Masse heben.
3. Weiter wie Vanillesoufflé zubereiten.

Backen: im Wasserbad, 200 °C Ober-/Unterhitze
Backdauer: ca. 15 Minuten

ANRICHTEN

Servieren Sie Schokolade-Kokos-Soufflé mit gesondert angerichteter, mit etwas Kokoslikör aromatisierter Schoko- oder Vanillesauce.

Salzburger Nockerl

ZUTATEN

für 3 Nockerl

Butter zum Ausstreichen
6 Eiweiß
100 g Kristallzucker
1 KL Vanillezucker
3 Dotter
MS Zitronenschale, gerieben
20 g Mehl, glatt

VORBEREITUNG

1. Eine ovale Auflaufform (ca. 30 × 20 cm) mit weicher Butter ausstreichen.
2. Backrohr rechtzeitig vorheizen.
3. Auflaufform im vorgeheizten Backrohr kurz erhitzen.

SO WIRD'S GEMACHT

1. Eiweiß mit Kristallzucker und Vanillezucker zu steifem Schnee schlagen, ohne dass dieser »ausflockt«.

2. Dotter mit Zitronenschale verrühren, vorsichtig unter den Schnee rühren.

3. Mehl mit dem Schneebesen vorsichtig unterheben. Ein Drittel der Masse mittels Teigkarte zu einer glatten Nocke formen.

4. Nocke in die Form setzen. Vorgang zweimal wiederholen. Auf dem Rost backen, mit Staubzucker bestreuen.

Backen: 2. Schiene von unten, 220 °C Ober-/Unterhitze
Backdauer: ca. 9 Minuten

ANRICHTEN

Ohne Beigabe oder mit separat gereichter Vanille- oder Beerensauce servieren.

TIPPS

- Salzburger Nockerl sollen innen noch cremig sein und müssen sofort serviert werden.
- Nockenmasse können Sie auch ohne Mehlzugabe zubereiten.
- Wollen Sie besonders stabile Nocken erzielen, so mengen Sie nur 2 Dotter unter den Schnee.

VARIATIONEN

- Gießen Sie 5 EL mit Vanillezucker vermischtes Schlagobers in die Form, kochen es auf, setzen die Nocken ein und backen sie wie beschrieben.
- In einer großen, flachen Pfanne 30 g Butter erhitzen. Nocken formen und nacheinander mit Abstand in die Pfanne setzen. Bei mäßiger Hitze unter Wenden mit einer Backschaufel oder breiten Palette an allen Seiten anbacken, ca. 6 Minuten im vorgeheizten Backrohr fertig backen. Bei Tisch auf warme Teller heben und mit Staubzucker bestreuen.

Aufläufe

Aufläufe sind in ihrer Konsistenz kompakter als Soufflés und fallen daher nach dem Backen nicht so leicht zusammen. Kalte Aufläufe kann man im Mikrowellenherd erwärmen. Aufläufe können auch auf Vorrat produziert, aus der Form gestürzt, kalt in Frischhaltefolie gehüllt und tiefgekühlt werden.

Darauf kommt's an

- Befüllen Sie die vorbereiteten Metallformen (Dariolformen) mit einem Dressiersack ohne Tülle oder mit einem Esslöffel mit ca. zwei Dritteln der Masse.
- Für das Wasserbad legen Sie Küchenkrepp in eine Wannenform, damit die Formen nicht verrutschen und befüllen sie kurz vor Gebrauch ca. 2 cm hoch mit kochendem Wasser.
- Dämpfen Sie Aufläufe zugedeckt im vorgeheizten Backrohr.
- Vor dem Stürzen lassen Sie Aufläufe kurz rasten, damit sie Stabilität erhalten.
- Tiefgefrorene Aufläufe lassen Sie bei Zimmertemperatur auftauen, platzieren sie auf einer mit etwas Wasser benetzten Unterlage (zum Beispiel Teller), decken sie mit Frischhaltefolie ab und erhitzen sie im Mikrowellenherd bei 600 Watt ca. 40–50 Sekunden.

Portionsaufläufe (Dunstkoche)

Von einem einfachen Grundrezept ausgehend können Sie mit wenig Aufwand fünf weitere, geschmacklich völlig unterschiedliche Aufläufe zubereiten.

Nussauflauf (Grundrezept)

ZUTATEN

für 4 Portionen

Butter zum Ausstreichen
Kristallzucker zum Ausstreuen
3 Dotter
3 Eiweiß
40 g Walnüsse, gerieben
25 g Semmelbrösel oder Biskotten, gerieben
50 g Butter
1 KL Vanillezucker
50 g Kristallzucker

VORBEREITUNG

1. Dariolformen mit weicher Butter ausstreichen, mit Kristallzucker ausstreuen, kühlen.
2. Geriebene Walnüsse und Brösel vermischen.
3. Wasserbad vorbereiten.
4. Backrohr rechtzeitig vorheizen.

SO WIRD'S GEMACHT

1. Weiche Butter mit Vanillezucker schaumig rühren, Dotter nach und nach einrühren.

2. Eiweiß mit Kristallzucker zu cremig-steifem Schnee schlagen, ein Drittel davon unter den Abtrieb rühren.

3. Nuss-Brösel-Gemisch abwechselnd mit dem restlichen Schnee unter die Masse heben.

4. Masse mittels Dressiersack ohne Tülle oder mit einem Löffel in die Formen füllen, in das Wasserbad stellen. Zugedeckt backen (dämpfen).

Backen: unterste Schiene, 170 °C Ober-/Unterhitze
Backdauer: ca. 35 Minuten

ANRICHTEN

Fertigen Auflauf kurz rasten lassen, auf Teller stürzen, mit Weinschaum (S. 425) übergießen, je 1 EL Preiselbeeren seitlich beigeben.

Variationsideen für das Grundrezept (S. 389)

Mohr im Hemd

Mit dem Butter-Kristallzucker-Abtrieb 50 g im Wasserbad lippenwarm geschmolzene Kuvertüre oder Kochschokolade mitrühren. Auflauf auf Teller stürzen, mit warmer Schokoladesauce (siehe S. 426) übergießen und seitlich cremig geschlagenes Obers beigeben.

Mohnauflauf

Anstelle der Walnüsse 40 g gemahlenen Mohn und 1 EL Rum unter den Abtrieb rühren. Auflauf auf Teller stürzen, mit warmer Schokoladesauce (siehe S. 426) übergießen und seitlich mit cremig geschlagenem Obers und Preiselbeerkompott garnieren.

Lebkuchenauflauf

Unter die Grundmasse anstelle der Brösel getrocknete, geriebene Lebkuchen, ½ TL geriebene Orangen- und Zitronenschale, 1 EL Rum und Lebkuchengewürz mischen. Auflauf auf vorgewärmte Teller stürzen, mit warmem Weinschaum (siehe S. 425) überziehen und seitlich mit Preiselbeerkompott garnieren.

TIPP

Garnieren Sie Lebkuchenauflauf zur Adventzeit mit Bockbierschaum. Dazu vermischen Sie 0,6 l Bockbier mit 1 EL Kristallzucker, etwas Zimt, etwas Orangensaft und 4 Dottern und schlagen die Masse in einem Schneekessel über Wasserdampf mit einem Schneebesen warm und schaumig auf.

B'soffener Kapuziner

Unter die Grundmasse 50 g geriebene Kuvertüre oder Kochschokolade mischen. ⅛ l Rotwein, 2 EL Kristallzucker, etwas Orangenschale, 6 Gewürznelken und etwas Zimtrinde erhitzen, nach 5 Minuten abseihen. Auflauf auf Teller stürzen, langsam mit dem heißen Weingemisch übergießen, damit er sich vollsaugt. Seitlich mit geschlagenem Obers garnieren, das mit gerösteten Mandelsplittern bestreut wird.

Nougatauflauf

Butter-Kristallzucker-Abtrieb gemeinsam mit 50 g lippenwarm geschmolzenem Nougat schaumig rühren. Anstelle von Walnüssen geriebene Haselnüsse verwenden. Auflauf auf Teller stürzen und mit warmer Nougatsauce (siehe S. 425) übergießen. Seitlich mit geschlagenem Obers garnieren.

Im Ganzen gebackene Aufläufe

Darauf kommt's an

- Verwenden Sie feuerfeste, ovale Porzellanformen (Auflaufformen) mit einer durchschnittlichen Größe von ca. 30 x 20 cm, Kuchenformen oder rechteckige Wannen aus hitzebeständigem Glas, Keramik, Email oder Metall.
- Streichen Sie die Formen sorgfältig mit weicher Butter aus und streuen Sie sie anschließend mit Mehl oder Semmelbröseln aus.
- Servieren Sie Aufläufe mit Kristallzucker bestreut in der Form oder portionieren Sie sie leicht überkühlt.

Bananenauflauf

ZUTATEN

für 8 Portionen

Butter zum Ausstreichen
Mehl zum Ausstauben
40 g Staubzucker
30 g Kakao
60 g Mehl, glatt
300 g Bananen, überreif, passiert
80 g Butter, handwarm
6 Dotter
1 EL Rum
¼ l Milch
200 g Mandeln, gerieben
6 Eiweiß
60 g Kristallzucker
Staubzucker zum Bestreuen

VORBEREITUNG

1. Auflaufform mit weicher Butter ausstreichen, mit Mehl ausstauben.
2. Staubzucker sieben, Kakao mit Mehl versieben.
3. Backrohr rechtzeitig vorheizen.

SO WIRD'S GEMACHT

1. Handwarme Butter mit Staubzucker schaumig rühren. Dotter nach und nach beifügen. Bananenpüree und Rum unterrühren.
2. Abwechselnd in kleinen Portionen Milch und geriebene Mandeln einrühren. Mehl-Kakao-Mischung mit einem Kochlöffel behutsam untermengen.
3. Eiweiß mit Kristallzucker zu cremig-steifem Schnee schlagen und unter die Bananenmasse heben.
4. Masse in die vorbereitete Auflaufform füllen, mit einer Teigkarte verstreichen und backen.
5. Kurz überkühlen, portionieren oder in der Form servieren, mit Kristallzucker bestreuen.

Backen: 2. Schiene von unten, 160 °C Ober-/Unterhitze
Backdauer: ca. 50 Minuten

ANRICHTEN

mit Schokoladesauce servieren

Beerenauflauf

ZUTATEN

für 1 flache Form 20 × 32 cm

Butter zum Ausstreichen
250 g Topfen, passiert, 20 %
25 g Maisstärkemehl
100 g Feinkristallzucker
1 KL Vanillezucker
1 KL Zitronenschale, gerieben
2 Eier
6 Eiweiß
Prise Salz
250 g Beeren nach Verfügbarkeit
Staubzucker zum Bestreuen

VORBEREITUNG

Form mit weicher Butter ausstreichen.

SO WIRD'S GEMACHT

1. Topfen, Stärkemehl, 40 g Feinkristallzucker, Vanillezucker, Zitronenschale und Eier glatt verrühren.
2. Eiweiß, Salz und 60 g Feinkristallzucker zu cremig-steifem Schnee schlagen. Unter die Topfenmasse rühren, in die Form füllen, glatt verstreichen.
3. Beeren auf der Masse verteilen, im vorgeheizten Rohr backen, mit Staubzucker bestreuen, sofort in der Form auftragen.

Backen: 2. Schiene von unten, 180 °C Ober-/Unterhitze
Backdauer: ca. 15 Minuten

TIPP

Verteilen Sie die Beeren trocken oder sehr gut abgetrocknet auf der Masse, da diese sonst flüssig wird und die Beeren zu Boden sinken.

Reisauflauf (Grundrezept)

ZUTATEN

für 8 Portionen

Butter zum Ausstreichen
Semmelbrösel zum Ausstreuen
150 g Rundkornreis
⅝ l Milch
1 EL Vanillezucker
Prise Salz
50 g Butter
6 Dotter
150 g Kristallzucker
1 KL Zitronenschale, gerieben
6 Eiweiß
Staubzucker zum Bestreuen

Backen: 2. Schiene von unten, 160 °C Ober-/Unterhitze
Backdauer: ca. 50 Minuten

ANRICHTEN

Mit Himbeersaft oder Beerensauce reichen.

VARIATION

100 g geriebene Kuvertüre unter die heiße Reismasse rühren.

VORBEREITUNG

1. Auflaufform mit weicher Butter ausstreichen, mit Semmelbröseln ausstreuen.
2. Backrohr rechtzeitig vorheizen.

SO WIRD'S GEMACHT

1. Reis in reichlich siedendem Wasser aufkochen, abseihen und mit heißem Wasser abschwemmen.

2. Milch mit Vanillezucker, Salz und Butter aufkochen.

3. Reis beigeben, nochmals aufkochen, unter Rühren weich kochen oder zugedeckt im vorgeheizten Backrohr bei 150 °C ca. 20 Minuten dünsten; anschließend überkühlen lassen.

4. Dotter mit 50 g Kristallzucker und Zitronenschale in der Rührmaschine schaumig rühren, unter die Reismasse mischen.

5. Eiweiß mit 100 g Kristallzucker zu cremig-steifem Schnee schlagen, unter die Reismasse heben.

6. In die vorbereitete Form füllen und backen. Mit Staubzucker bestreuen, in der Form servieren oder überkühlt portionieren.

Apfel-Reis-Auflauf

ZUTATEN

für 8 Portionen

Butter zum Ausstreichen
Semmelbrösel zum Ausstreuen
500 g Apfelscheiben, säuerlich
Zimt, gemahlen
Saft einer halben Zitrone
2 EL Kristallzucker
30 g Rosinen
Reismasse (siehe linke Seite), halbe Menge
Backoblaten, rechteckig
Staubzucker zum Bestreuen

VORBEREITUNG

1. Auflaufform mit weicher Butter ausstreichen, mit Semmelbröseln ausstreuen.
2. Backrohr rechtzeitig vorheizen.

SO WIRD'S GEMACHT

1. Apfelscheiben mit Zimt, Zitronensaft, Kristallzucker und Rosinen vermischen. Kernig dünsten, überkühlen.
2. Reismasse zubereiten wie beschrieben.
3. Hälfte der Reismasse flach in der vorbereiteten Auflaufform verstreichen, mit rechteckigen Backoblaten belegen.
4. Apfelmasse darauf verteilen, wieder mit Oblaten belegen.
5. Restliche Reismasse darauf verstreichen.

Backen: 2. Schiene von unten, 155 °C Ober-/Unterhitze
Backdauer: ca. 55 Minuten

Reisauflauf mit Schneehaube

ZUTATEN

2 Eiweiß
60 g Kristallzucker
Staubzucker zum Bestreuen

SO WIRD'S GEMACHT

1. Reisauflauf (siehe Grundrezept S. 394) oder eine Variation wie beschrieben fast fertig backen.
2. Gegen Ende der Backdauer Eiweiß mit Kristallzucker in einem Wasserbad mit einem Schneebesen bei ca. 35 °C warm aufschlagen und danach mit der Rührmaschine zu cremig-steifem Schnee.
3. Gebackenen, heißen Auflauf mit der Schaummasse bestreichen.
4. Mit einer Palette Spitzen oder mit einem Florentinerkamm (Teigkarte mit Zacken) Streifen ziehen.
5. Auflauf bei 250 °C im Backrohr auf oberster Schiene ca. 8–10 Minuten überbacken.

Topfenauflauf

ZUTATEN

für 8 Portionen

nach Bedarf Öl zum Ausstreichen
80 g Butter
1 Pkg (8 g) Vanillezucker
1 KL Zitronenschale, gerieben
3 Dotter
400 g Topfen, 20 %, passiert
50 g Sauerrahm
30 g Mehl, glatt
3 Eiweiß
Prise Salz
70 g Kristallzucker
Staubzucker zum Bestreuen

VORBEREITUNG

1. Kuchenform (7 × 11 × 30 cm) zart mit Öl ausstreichen, Backtrennpapier einlegen, mit den Fingerspitzen an Boden und Wänden anpressen oder eine beschichtete Form verwenden.
2. Backrohr rechtzeitig vorheizen.
3. Wasserbad vorbereiten.

SO WIRD'S GEMACHT

1. Handwarme Butter, Vanillezucker und Zitronenschale mit dem Schneebesen (Rührmaschine) schaumig rühren.
2. Nach und nach Dotter beigeben, Topfen und Sauerrahm einrühren.
3. Mehl mit einem Kochlöffel untermengen.
4. Eiweiß mit Salz und Kristallzucker zu cremig-steifem Schnee schlagen, unter die Masse heben.
5. Masse in die Form füllen, mit einer Teigkarte verstreichen.
6. Form in das heiße Wasserbad stellen, backen, kurz überkühlen.
7. Auflauf stürzen, mit Staubzucker bestreuen, in 4 cm dicke Stücke schneiden, auf Tellern anrichten.

Backen: unterste Schiene, 160 °C Ober-/Unterhitze
Backdauer: 90 Minuten

ANRICHTEN

Mit Vanillesauce, Himbeersauce, Beeren nach Wahl servieren.

VARIATIONEN

Diese Masse können Sie in kleinen Formen als Portionsauflauf backen, als Strudelfülle verwenden oder in einer Tortenform backen und kalt auf einen gebackenen Mürbteigboden stürzen.

Scheiterhaufen

ZUTATEN

für 8 Portionen

6 Semmeln
Apfelfülle (siehe Apfel-Reis-Auflauf S. 395)
Butter zum Ausstreichen
¼ l Milch
5 Eier
40 g Staubzucker, gesiebt
1 EL Vanillezucker
ca. 90 g Butter, flüssig, zum Beträufeln

FÜR DIE SCHNEEHAUBE

2 Eiweiß
60 g Kristallzucker

VORBEREITUNG

1. Semmeln in 5 mm dicke Scheiben schneiden.
2. Apfelfülle vorbereiten, aber roh belassen und nicht dünsten.
3. Auflaufform mit weicher Butter ausstreichen.
4. Wasserbad vorbereiten.
5. Backrohr rechtzeitig vorheizen.

SO WIRD'S GEMACHT

1. Milch mit Eiern, Staub- und Vanillezucker mit einem Schneebesen verrühren.
2. Milch-Eier-Zucker-Mischung über die Semmeln gießen.
3. Sobald die Flüssigkeit aufgesaugt ist, Hälfte der Semmelmasse in die Form füllen.
4. Masse mit einer Palette glatt streichen.
5. Apfelfülle darauf verteilen, mit restlicher Semmelmasse bedecken.
6. Mit flüssiger Butter beträufeln und backen.
7. Gegen Ende der Backdauer Eiweiß mit Kristallzucker im Wasserbad mit einem Schneebesen warm (ca. 35 °C) aufschlagen.
8. Anschließend mit der Rührmaschine zu cremig-steifem Schnee schlagen.
9. Gebackenen, heißen Auflauf mit Schaummasse bestreichen.
10. Mit einer Palette Spitzen oder mit einem Florentinerkamm (Teigkarte mit Zacken) Streifen ziehen.
11. Bei 250 °C auf oberster Schiene ca. 8–10 Minuten überbacken (flämmen).
12. Scheiterhaufen kurz überkühlen und portionieren.

Backen: 2 Schiene von unten, 170 °C Ober-/Unterhitze, flämmen auf oberster Schiene, 250 °C Umluft
Backdauer: ca. 40 Minuten, 8–10 Minuten zum Flämmen

ANRICHTEN

Zu Scheiterhaufen passt am besten Himbeersauce.

VARIATIONEN

- Verwenden Sie statt Semmeln Briochekipferl.
- Scheiterhaufen lässt sich auch sehr gut mit Birnen statt Äpfeln zubereiten.

Schokolade-Kokos-Auflauf

ZUTATEN

für 8 Portionen

Butter zum Ausstreichen
Mehl zum Ausstauben
80 g Weißbrot
80 g Kuvertüre
⅛ l Milch
120 g Butter, handwarm
30 g Staubzucker, gesiebt
1 EL Vanillezucker
5 Dotter
5 Eiweiß
80 g Kristallzucker
120 g Kokosraspeln
100 g Kokosmilch
30 g Kokoslikör
Staubzucker zum Bestreuen

VORBEREITUNG

1. Auflaufform mit weicher Butter ausstreichen, mit Mehl ausstauben.
2. Weißbrot entrinden, in Würfel schneiden.
3. Kuvertüre in einem Wasserbad schmelzen.
4. Backrohr rechtzeitig vorheizen.

SO WIRD'S GEMACHT

1. Brotwürfel in Milch einweichen.

2. Handwarme Butter mit Staub- und Vanillezucker schaumig rühren.

3. Dotter nach und nach dazugeben, geschmolzene Kuvertüre einrühren. Weißbrot ausdrücken und beimengen.

4. Eiweiß mit Kristallzucker zu cremig-steifem Schnee schlagen, unter die Masse heben, Kokosraspeln, Kokosmilch und Kokoslikör unterheben.

5. Masse in die Auflaufform füllen, mit einer Teigkarte verstreichen und backen.

6. Kurz überkühlen, portionieren oder in der Form servieren; mit Staubzucker bestreuen.

Backen: 2. Schiene von unten, 170 °C Ober-/Unterhitze
Backdauer: ca. 45 Minuten

ANRICHTEN

mit Schokoladesauce servieren

Strudel

Darauf kommt's an

- Strudel mit fester Fülle, zum Beispiel Apfel-, Kirschenstrudel etc., backen Sie auf einem mit Butter bestrichenen Backblech.
- Strudel mit weicher Fülle, zum Beispiel Topfenstrudel, Milchrahmstrudel etc., backen Sie in einer Wannenform.
- Fertigen, tiefgekühlt gekauften Strudelteig lassen Sie im Kühlschrank oder bei Zimmertemperatur auftauen.
- Bereiten Sie zuerst die Fülle zu, bevor Sie den Strudelteig ausziehen oder die Packung des Fertigteiges öffnen.
- Verschließen Sie den Teig des gefüllten Strudels an beiden Enden und legen Sie ihn mit dem Teigschluss nach unten auf das Backblech oder in die Backform.
- Fertig gekauften Strudelteig breiten Sie auf einem Tuch aus, beträufeln oder bestreichen ihn mit zerlassener Butter und legen ein zweites Teigblatt darauf.
- Tipps für das Ausziehen von Strudelteig finden Sie beim Strudelteig-Grundrezept (siehe S. 214/15).

Apfelstrudel

ZUTATEN

für 8 Portionen

Strudelteig (S. 214/15 oder 1 Pkg Handelsware)
1 kg Äpfel, geschält, entkernt
Saft einer Zitrone (je nach Säuregehalt der Äpfel)
1 TL Zimt
2 EL Rum
ca. 120 g Kristallzucker
60 g Rosinen, in Rum eingelegt
100 g Butter
120 g Semmelbrösel
Mehl zum Bestauben
ca. 80 g Butter, flüssig, zum Bestreichen
Staubzucker zum Bestreuen

VORBEREITUNG

1. Äpfel schälen, entkernen, in 8 Spalten teilen, dünnblättrig schneiden und mit Zitronensaft, Zimt, Rum, Kristallzucker und Rosinen vermengen.
2. Strudelteig zubereiten bzw. tiefgekühlten Strudelteig im Kühlschrank auftauen lassen.
3. Butter in einer Kasserolle am Herd aufschäumen lassen. Semmelbrösel beigeben und unter ständigem Rühren mit einem Kochlöffel bei mäßiger Hitze goldbraun rösten.
4. Strudeltuch vorbereiten, mit Mehl bestauben.
5. Blech mit einem Pinsel mit Butter bestreichen.
6. Backrohr rechtzeitig vorheizen.
7. Teig auf das Tuch legen, hauchdünn ausziehen, dicke Ränder abschneiden (gekauften Strudelteig ausbreiten).

SO WIRD'S GEMACHT

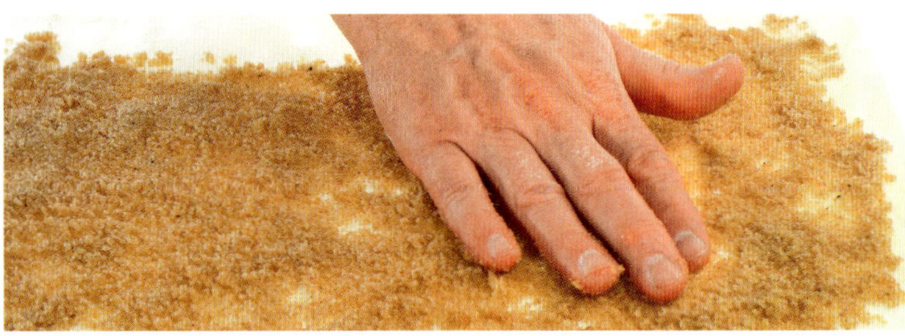

1. Teig mit flüssiger Butter bestreichen, zwei Drittel der Teigfläche mit gerösteten Semmelbröseln bestreuen.

2. Apfelfülle gleichmäßig darauf verteilen, etwas andrücken.

3. Durch Anheben des Strudeltuches an der belegten Seite straff einrollen, Enden verschließen (abdrehen).

4. Mit Hilfe des Tuches auf das vorbereitete Blech heben und abrollen.

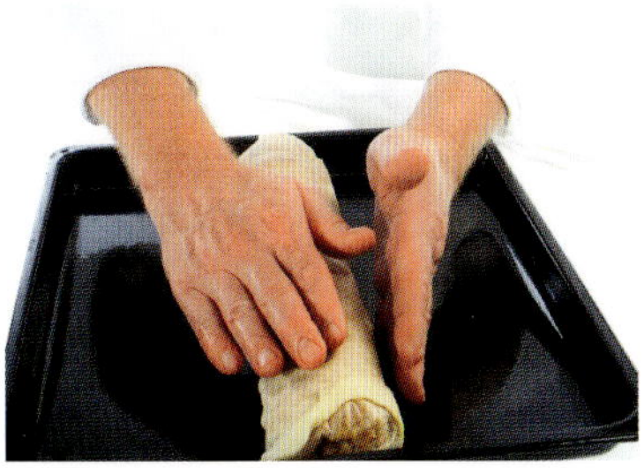

5. Mit den Handflächen nachformen, mit flüssiger Butter bestreichen und backen.

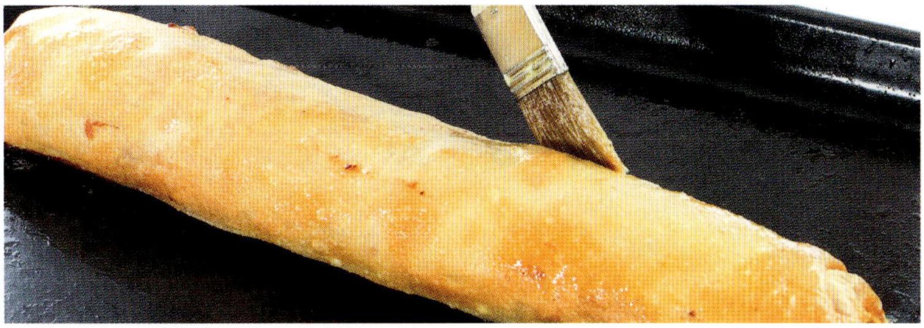

6. Nach dem Backen nochmals mit flüssiger Butter bestreichen, kurz überkühlen, portionieren und mit Staubzucker bestreuen.

Backen: 2. Schiene von unten, 190 °C Ober-/Unterhitze
Backdauer: ca. 40 Minuten

ANRICHTEN

Apfelstrudel harmoniert ausgezeichnet mit geschlagenem Zimtobers, Vanille-, Honig- oder Zimteis.

VERWENDUNG

Reichen Sie Apfelstrudel lauwarm zu Kaffee, Tee und heißer Schokolade oder als Dessert.

Kirschenstrudel

Ersetzen Sie im Apfelstrudelrezept (siehe linke Seite) die Äpfel durch 1 kg entkernte Kirschen. Servieren Sie den Strudel mit Vanilleeis.

Marillenstrudel

Ersetzen Sie im Apfelstrudelrezept (siehe linke Seite) die Äpfel durch 1 kg entkernte, geviertelte Marillen und mischen Sie 30 g geriebene Mandeln unter die Semmelbrösel. Servieren Sie den Strudel mit Marillensauce.

Weihnachtlicher Früchtestrudel

Verwenden Sie für das Apfelstrudelrezept (siehe linke Seite) eine Fülle aus Trockenfrüchten: Schneiden Sie je 100 g getrocknete Feigen und Marillen, 150 g in Wasser angeweichte Kletzen und 150 g getrocknete Zwetschken feinblättrig und mischen Sie 60 g Rosinen, 2 EL Rum, 80 g klein geschnittene Aranzini, 60 g grob gehackte Walnüssen, 1 KL gemahlenen Zimt und 80 g Kristallzucker darunter.

TIPP

Für die Butterbrösel verwenden Sie anstelle der Semmelbrösel Brösel aus geriebenem Lebkuchen.

Topfenstrudel

ZUTATEN

für 1 Kastenform 30 × 10 × 8 cm (8 Portionen)

Butter, flüssig, zum Bestreichen
70 g Butter, handwarm
30 g Staubzucker, gesiebt
½ KL Zitronenschale, gerieben
1 KL Vanillezucker
3 Dotter
250 g Topfen, 10 %
⅛ l Sauerrahm
3 Eiweiß
Prise Salz
60 g Kristallzucker
Strudelteig (S. 214/15 oder 1 Pkg Handelsware)
30 g Rosinen, in Rum eingelegt
Vanille-Staubzucker zum Bestreuen

VORBEREITUNG

1. Kastenform mit Backtrennpapier auslegen und dieses mit flüssiger Butter ausstreichen.
2. Strudeltuch vorbereiten und Backrohr rechtzeitig vorheizen.

SO WIRD'S GEMACHT

1. Butter mit Staubzucker, Zitronenschale und Vanillezucker schaumig rühren. Dotter, passierten Topfen und Sauerrahm einrühren.
2. Eiweiß mit Salz und Kristallzucker zu cremig-steifem Schnee schlagen, mit einem Kochlöffel unter die Topfenmasse heben; Mehl unterheben.
3. Teig wie auf S. 214/15 beschrieben auf das vorbereitete Tuch legen, hauchdünn ausziehen; dicke Ränder abschneiden (gekauften Strudelteig ausbreiten).

4. Topfenfülle mit einer Palette auf dem unteren Drittel der Teigfläche auftragen.

5. Mit Rosinen bestreuen. Restliche Teigfläche mit flüssiger Butter bestreichen oder beträufeln.

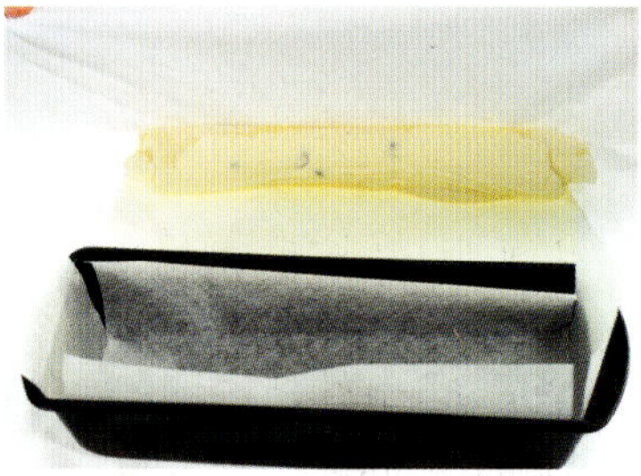

6. Teig mit Hilfe des Tuches einrollen, Enden des Strudels verschließen (abdrehen).

7. Strudel vom Tuch in die Kastenform rollen, mit flüssiger Butter bestreichen, backen.

8. Mit dem Papier aus der Form heben, nochmals mit flüssiger Butter bestreichen. Kurz überkühlen, portionieren und mit Vanille-Staubzucker bestreuen.

Backen: 2. Schiene von unten, 170 °C Ober-/Unterhitze
Backdauer: ca. 40 Minuten

ANRICHTEN

Servieren Sie Topfenstrudel mit Vanillesauce.

Topfen-Rhabarber-Strudel

300 g Rhabarber schälen und schneiden und in 2 cm große Stücke schneiden, in gezuckertem Wasser kurz blanchieren. Ausgekühlten, abgetropften Rhabarber ohne Rosinen auf der Topfenfülle verteilen. Strudel wie beschrieben rollen und verschließen. Dazu passt Erdbeersauce.

Topfen-Marillen-Strudel

300 g gewaschene, entkernte Marillen halbieren und in 2 Reihen auf der Topfenfülle (ohne Rosinen) verteilen. Strudel einrollen, backen. Mit Marillensauce servieren.

Gekochter Grießstrudel

ZUTATEN

für ca. 10 Portionen

250 g Butter, handwarm
100 g Semmelbrösel
Salz
5 Dotter
220 g Grieß
150 g Sauerrahm
Schale einer halben Zitrone, gerieben
5 Eiweiß
50 g Kristallzucker
Strudelteig für gekochten Strudel (S. 215)
Butter zum Bestreichen
Staubzucker zum Bestreuen

VORBEREITUNG

150 g Butter in einer Kasserolle aufschäumen lassen. Semmelbrösel beigeben und unter ständigem Rühren mit einem Kochlöffel bei mäßiger Hitze goldbraun rösten.

SO WIRD'S GEMACHT

1. Restliche 100 g Butter mit 1 Prise Salz schaumig rühren, Dotter nach und nach beigeben, Grieß, Sauerrahm und Zitronenschale einrühren.
2. Eiweiß mit 1 Prise Salz und 50 g Kristallzucker zu cremig-steifem Schnee schlagen, mit einem Kochlöffel unter die Grießmasse heben.
3. Teig auf das vorbereitete Tuch legen, hauchdünn ausziehen; dicke Ränder abschneiden.
4. Teig mit Butter bestreichen, Grießmasse mit einer Palette auf dem unteren Drittel der Teigfläche auftragen.
5. Restliche Teigfläche mit flüssiger Butter bestreichen oder beträufeln und mit Hilfe des Tuches einrollen, Enden verschließen.
6. Mit einem in Mehl getauchten Kochlöffelstiel Strudel in 10 gleich große Stücke abdrücken, mit einem Messer durchtrennen und anschließend ca. 2 Stunden im Kühlschrank rasten lassen.
7. Reichlich mild gesalzenes Wasser in einer Kasserolle aufkochen, Strudelstücke einlegen, schwach wallend ca. 15–20 Minuten kochen.
8. Strudelstücke aus dem Wasser heben, abtropfen lassen, anrichten und mit heißen Butterbröseln überziehen. Mit Staubzucker bestreuen.

ANRICHTEN

Zu gekochtem Grießstrudel passt am besten Zwetschken- oder Marillenröster.

TIPP

Fügen Sie der Masse 40 g Rosinen bei.

VARIATION

Bereiten Sie den Strudel ohne Zucker und ohne Butterbrösel zu: Pikanter Grießstrudel gilt als klassische Beilage zu Beuschel oder gedünsteten Fleisch- bzw. Wildgerichten.

Palatschinken

Darauf kommt's an

- Tipps zum richtigen Backen von Palatschinken finden Sie beim Palatschinken-Grundrezept (S. 219).
- Halten Sie für den sofortigen Gebrauch gedachte gebackene Palatschinken auf einem Teller über einem Wasserbad warm.

Nusspalatschinken

ZUTATEN

Schokoladesauce (S. 426)
⅛ l Milch
50 g Kristallzucker
1 EL Vanillezucker
200 g Walnüsse, gerieben
3 EL Rum
Palatschinkenteig (S. 219)
Vanille-Staubzucker zum Bestreuen

VORBEREITUNG

Schokoladesauce in einem Wasserbad warm stellen.

SO WIRD'S GEMACHT

1. Milch mit Kristallzucker und Vanillezucker aufkochen. Vom Herd nehmen, geriebene Walnüsse und Rum einrühren.
2. Palatschinken backen, mit Nussfülle bestreichen, mehrfach falten.
3. Je 2 Stück auf vorgewärmte Teller legen, mit Schokoladesauce übergießen.
4. Mit Vanille-Staubzucker bestreuen.

TIPP

Überziehen Sie die Palatschinken anstelle der Schokoladesauce mit Orangensauce (siehe S. 426).

Eispalatschinken

ZUTATEN

für 4–5 Portionen zu je 2 Stück

Schokoladesauce (S. 426)
½ l Vanilleeis
Palatschinkenteig (S. 219)
ca. 100 g Mandeln, gehobelt, geröstet
Vanille-Staubzucker zum Bestreuen
ca. ¼ l Schlagobers

VORBEREITUNG

1. Schokoladesauce in einem Wasserbad warmstellen.
2. Obers schlagen.

SO WIRD'S GEMACHT

1. Palatschinken backen, mit Eis bestreichen, mehrfach falten.
2. Je 2 Stück auf vorgewärmte Teller legen, mit Schokoladesauce übergießen.
3. Mit gehobelten, gerösteten Mandeln und Vanille-Staubzucker bestreuen.
4. Abschließend mit geschlagenem Obers garnieren.

TIPP

Am besten tragen Sie das Eis mit einem Eisportionierer auf (im Geschirrfachhandel erhältlich).

Marmeladepalatschinken

ZUTATEN

für 4–5 Portionen zu je 2 Stück

Palatschinkenteig (S. 219)
ca. 220 g Marillen-, Erdbeer- oder Preiselbeermarmelade zum Füllen
Vanille-Staubzucker zum Bestreuen

SO WIRD'S GEMACHT

1. Palatschinken backen und warm stellen.
2. Palatschinken mit erwärmter Marmelade bestreichen und falten.
3. Mit Vanille-Staubzucker bestreuen und warm servieren.

TIPP

Wärmen Sie die Teller im Backrohr bei 50 °C vor.

Böhmische Palatschinken

ZUTATEN

für 4–5 Portionen zu je 2 Stück

Palatschinkenteig (S. 219)
300 g Powidl
30 g Staubzucker
2 EL Rum
½ KL Zimt
Öl oder Butterschmalz zum Backen
4 EL Butter, erhitzt
4 EL Mohn, gemahlen
Vanille-Staubzucker zum Bestreuen

SO WIRD'S GEMACHT

1. Palatschinkenteig zubereiten.
2. Powidl mit Staubzucker, Rum und Zimt verrühren und erwärmen.
3. Palatschinken backen, mit Powidlfülle bestreichen, falten.
4. Auf vorgewärmten Tellern anrichten, mit erhitzter Butter beträufeln.
5. Mit gemahlenem Mohn und Vanille-Staubzucker bestreuen.

Türkische Palatschinken

ZUTATEN

für 4–5 Portionen zu je 2 Stück

Palatschinkenteig (S. 219)
150 g Walnüsse, gerieben
50 g Staubzucker, gesiebt
1 EL Vanillezucker
120 g Honig

SO WIRD'S GEMACHT

1. Palatschinkenteig zubereiten.
2. Walnüsse, Staubzucker und Vanillezucker vermischen.
3. Palatschinken backen.
4. Palatschinken mit Walnussgemisch bestreuen und falten.
5. Palatschinken auf vorgewärmten Tellern anrichten.
6. Honig erwärmen, Palatschinken damit beträufeln.

Topfenpalatschinken

ZUTATEN

für 1 Auflaufform ca. 20 x 30 cm und 8 Portionen

Palatschinkenteig (S. 219)
Butter, flüssig, für die Form
50 g Butter, handwarm
30 g Staubzucker
1 KL Vanillezucker
½ KL Zitronenschale, gerieben
Prise Salz
3 Dotter
250 g Topfen, 10%, passiert
⅛ l Sauerrahm
3 Eiweiß
40 g Kristallzucker
30 g Rosinen, in Rum eingelegt

FÜR DEN ÜBERGUSS

⅛ l Milch
1 Ei
1 Dotter
30 g Kristallzucker
3 EL Sauerrahm
Vanille-Staubzucker zum Bestreuen

VORBEREITUNG

1. Palatschinken backen.
2. Form mit flüssiger Butter ausstreichen.
3. Backrohr rechtzeitig vorheizen.

SO WIRD'S GEMACHT

1. Butter mit Staubzucker, Vanillezucker, Zitronenschale und Salz schaumig rühren. Dotter nach und nach dazugeben. Topfen und Sauerrahm einrühren.
2. Eiweiß mit Kristallzucker zu cremig-steifem Schnee schlagen, unter die Topfenmasse heben.

3. Palatschinken mit Topfenmasse bestreichen, mit Rosinen bestreuen und einrollen.

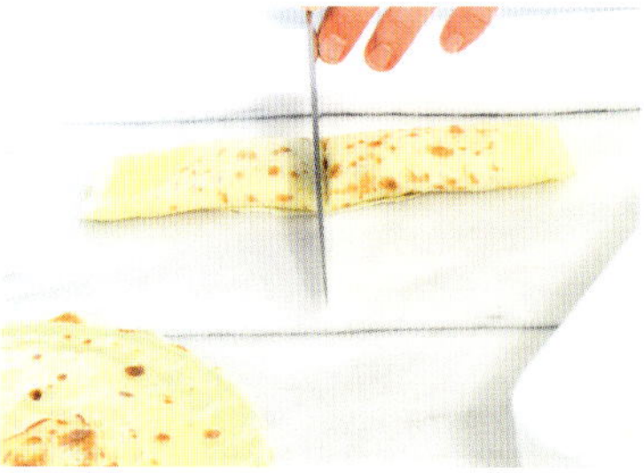

4. Palatschinken in der Mitte durchschneiden (halbieren).

5. Dachschindelartig mit der Schnittfläche nach oben in die vorbereitete Form schlichten und backen.

6. Alle Zutaten für den Überguss verrühren, nach 10 Minuten Backdauer über die Palatschinken gießen. Fertig backen, mit Vanille-Staubzucker bestreuen.

Backen: 2. Schiene von unten, 180 °C Ober-/Unterhitze
Backdauer: ca. 25 Minuten

TIPPS

- Servieren Sie Topfenpalatschinken mit Vanillesauce (siehe S. 425).
- Topfenpalatschinken lassen sich sehr gut im Mikrowellenherd aufwärmen.

Schmarren

Ob Kaiser-, Kipferl- oder Grießschmarren: Schmarren gilt als eines der wichtigsten Gerichte der Wiener Mehlspeisküche. Dabei ist er ein gutes Beispiel für die eher auf Gaumenkitzel als auf Augenschmaus ausgerichtete Wiener Küche, bei der vollendeter Geschmack vor »schön essen« kommt.

Darauf kommt's an

- Kaiser-, Topfen- oder Buttermilchschmarren backen Sie in einer großen oder in zwei kleineren Pfannen mit heißer Butter bei reduzierter Hitze auf dem Herd oder im Backrohr.
- Füllen Sie den Teig ca. 15 bis 20 mm hoch in die heiße Pfanne.
- Zerteilen (zerreißen) Sie den Teig erst, wenn die Masse durchgebacken ist.
- Verwenden Sie zum Zerteilen zwei Gabeln, eine Backschaufel oder eine Palette und teilen Sie den Teig in kleine Stücke.
- Bestreuen Sie fertigen Schmarren mit Kristallzucker und karamellisieren Sie ihn kurz bei 200 °C im Backrohr.

Kaiserschmarren

ZUTATEN

130 g Mehl
¼ l Milch
1 EL Vanillezucker
Prise Salz
4 Dotter
4 Eiweiß
50 g Kristallzucker
50 g Butter
30 g Rosinen, in Rum eingelegt
30 g Kristallzucker zum Karamellisieren

SO WIRD'S GEMACHT

1. Mehl mit Milch, Vanillezucker und Salz mit einem Schneebesen glatt verrühren, Dotter einrühren.

2. Eiweiß mit Kristallzucker zu cremig-steifem Schnee schlagen, unter den Teig heben.

3. Butter in einer Pfannen erhitzen, Masse eingießen, Rosinen darüberstreuen.

4. Im vorgeheizten Backrohr ca. 15 Minuten backen, mit einer Backschaufel vierteln, wenden und ca. 10 Minuten fertig backen.

5. Mittels Backschaufel oder Gabeln in ungleichmäßige Stücke zerreißen.

6. Mit Kristallzucker bestreuen und im vorgeheizten Backrohr karamellisieren.

Backen: unterste Schiene oder Backrohrboden, 200 °C Ober-/Unterhitze
Backdauer: ca. 25 Minuten

TIPP

Richten Sie Kaiserschmarren auf vorgewärmten Tellern an und bestreuen Sie ihn mit Vanille-Staubzucker.

BEILAGE

Zwetschkenröster, alternativ Kompott nach Wahl

Heidelbeerschmarren

Zutaten und Zubereitung wie Kaiserschmarren (siehe oben); anstelle von Rosinen mit 400 g Heidelbeeren (frisch oder tiefgekühlt) bestreuen und backen. Mit Vanilleeis servieren.

Topfenschmarren

ZUTATEN

40 g Butter, handwarm
30 g Staubzucker, gesiebt
1 EL Vanillezucker
½ KL Zitronenschale, gerieben
Prise Salz
7 Dotter
120 g Topfen, 20 %, passiert
0,2 l Sauerrahm
60 g Maisstärkemehl
7 Eiweiß
30 g Kristallzucker
50 g Butter
60 g Rosinen, in Rum eingelegt
1 EL Kristallzucker zum Karamellisieren
Vanille-Staubzucker zum Bestreuen

VORBEREITUNG

Backrohr rechtzeitig vorheizen.

SO WIRD'S GEMACHT

1. Butter mit Staub- und Vanillezucker, Zitronenschale und Salz schaumig rühren, Dotter nach und nach einrühren.
2. Topfen mit Sauerrahm und Stärkemehl verrühren und unter den Butterabtrieb mischen.
3. Eiweiß und Kristallzucker zu cremig-steifem Schnee schlagen, unter die Topfenmasse mischen.
4. Butter in einer Pfanne erhitzen, Masse eingießen, mit Rosinen bestreuen, kurz am Herd anbacken.
5. Mit einer Backschaufel vierteln, wenden, im Backrohr fertig backen.
6. Mit einer Backschaufel oder 2 Gabeln in ungleichmäßige Stücke zerreißen, mit Kristallzucker bestreuen und im Backrohr karamellisieren.
7. Auf vorgewärmten Tellern anrichten und mit Vanille-Staubzucker bestreuen.

Backen: unterste Schiene oder Backrohrboden, 200 °C Ober-/Unterhitze
Backdauer: ca. 10 Minuten

BEILAGE

Erdbeersauce (siehe S. 427) mit Erdbeerstücken

Nussschmarren

ZUTATEN
für 4 Portionen

80 g Mehl, glatt
250 g Walnüsse, gerieben
½ l Milch
1 EL Vanillezucker
Prise Salz
5 Dotter
3 Eiweiß
80 g Vollzucker
Butter zum Backen
30 g Kristallzucker zum Karamellisieren
Vanille-Staubzucker zum Bestreuen

VORBEREITUNG

Backrohr rechtzeitig vorheizen.

SO WIRD'S GEMACHT

1. Mehl mit Walnüssen, Milch, Vanillezucker und Salz mit einem Schneebesen glatt verrühren, Dotter einrühren.
2. Eiweiß mit Vollzucker zu cremig-steifem Schnee schlagen, unter den Teig heben.
3. Butter in einer Pfanne erhitzen, Masse eingießen.
4. Im vorgeheizten Backrohr ca. 15 Minuten backen, mit einer Backschaufel vierteln, wenden und ca. 10 Minuten fertig backen.
5. Mittels Backschaufel oder Gabeln in ungleichmäßige Stücke zerreißen.
6. Mit Kristallzucker bestreuen und im Backrohr karamellisieren, mit Vanille-Staubzucker anzuckern.

Backen: unterste Schiene oder Backrohrboden, 190 °C Ober-/Unterhitze
Backzeit: ca. 25 Minuten

Buttermilchschmarren

ZUTATEN

¼ l Butter- oder Sauermilch
30 g Butter, flüssig
40 g Staubzucker, gesiebt
1 EL Vanillezucker
Prise Salz
120 g Mehl
4 Eier
50 g Butter
30 g Kristallzucker zum Karamellisieren
Vanille-Staubzucker zum Bestreuen

SO WIRD'S GEMACHT

1. Buttermilch (Sauermilch) mit flüssiger Butter, Staubzucker, Vanillezucker, Salz und Mehl mit einem Schneebesen verrühren. Eier einrühren.
2. Butter in einer Pfanne erhitzen, Masse eingießen und auf dem Herd bei mäßiger Hitze so lange backen, bis die Unterseite goldgelb ist.
3. Mit einer Backschaufel vierteln, wenden und im vorgeheizten Backrohr fertig backen.
4. Mit einer Backschaufel in ungleichmäßige Stücke zerreißen, mit Kristallzucker bestreuen und im Backrohr karamellisieren. Auf vorgewärmten Tellern anrichten und mit Vanille-Staubzucker bestreuen.

Backen: unterste Schiene oder Backrohrboden, 180 °C Ober-/Unterhitze
Backdauer: ca. 25 Minuten

BEILAGEN

Weichselröster, Apfelmus, Vanille- oder Haselnusseis

Grießschmarren

ZUTATEN

½ l Milch
40 g Kristallzucker
1 EL Vanillezucker
Prise Salz
40 g Butter
180 g Grieß
2 Dotter
30 g Rosinen, in Rum eingelegt
Butter zum Backen
Vanille-Staubzucker zum Bestreuen

VORBEREITUNG

1. Milch mit Kristallzucker, Vanillezucker, Salz und Butter aufkochen.
2. Grieß unter ständigem Rühren mit dem Schneebesen beigeben und quellen lassen.
3. Kurz überkühlen lassen, Dotter und Rosinen einrühren.
4. Blech mit Frischhaltefolie belegen, Masse zentimeterdick auftragen, mit Folie abdecken und mehrere Stunden rasten lassen (am besten über Nacht).

SO WIRD'S GEMACHT

1. Grießschmarrenmasse mit der Backschaufel zerkleinern.
2. Butter in einer Pfanne erhitzen, Schmarren hinzufügen, durchschwenken und ins Backrohr stellen.
3. Ab und zu den Schmarren mit einer Backschaufel wenden.
4. Sobald er eine goldbraune Farbe angenommen hat, auf vorgewärmten Tellern anrichten und mit Vanille-Staubzucker bestreuen.

Backen: unterste Schiene oder Backrohrboden, 200 °C Ober-/Unterhitze
Backdauer: ca. 25 Minuten

BEILAGEN

Apfel- oder Zwetschkenkompott, Apfelmus, Zwetschkenröster

In Fett gebackene Mehlspeisen

Für Menschen, die beim Essen vor allem auf die Kalorienmenge achten, gelten Krapfen & Co. als auserwähltes Feindbild. Wer sich jedoch bewusst herzhaft Gutes nach traditionellen Zubereitungsmethoden gönnen will, wird den Genuss dieser süßen Verführung zu schätzen wissen.

Darauf kommt's an

- Zum Backen eignen sich hitzebeständige Öle, Butterschmalz oder Kokosfett.
- Verwenden Sie reichlich Backfett, damit die Mehlspeisen wirklich »schwimmend« frittiert werden.
- Backfett zuerst auf ca. 100 °C vorheizen, 5 Minuten vor dem Backen auf 170 °C temperieren.
- Wenn Sie kein entsprechendes Thermometer besitzen, tauchen Sie einen Kochlöffelstiel aus Holz zuerst in kaltes Wasser, anschließend in das heiße Fett. Wenn das Fett zischt und sich am Kochlöffelstiel kleine Bläschen bilden, ist die ideale Temperatur erreicht.
- Gebäck nach dem Backen auf einem Gitter oder auf Küchenkrepp gut abtropfen lassen.

Wiener Wäschermädel

ZUTATEN

für 4 Portionen

Weinbackteig (S. 220)
Vanillesauce (S. 425)
8 Marillen, vollreif
150 g Marzipan
1 EL Marillenbrand
Öl zum Backen
Staubzucker zum Bestreuen

VORBEREITUNG

1. Weinbackteig und Vanillesauce herstellen.
2. Marillen waschen, mit Küchenkrepp oder einem Leinentuch abtrocknen.

SO WIRD'S GEMACHT

1. Mit einem Kochlöffelstiel Kern aus den Marillen herausstoßen.
2. Marzipan mit Marillenbrand verkneten. Zu 12 Kugeln formen und jeweils in die Marillenhöhlung einführen.
3. Reichlich Öl erhitzen, Marillen nacheinander durch den Backteig ziehen.
4. In das Öl einlegen und schwimmend unter Wenden und Schütteln goldbraun backen.
5. Aus dem Öl heben, abtropfen lassen, mit Küchenkrepp abtupfen.
6. Vanillesauce in 4 Teller eingießen, Wäschermädel daraufsetzen, mit Staubzucker bestreuen.

Backen: 170 °C
Backdauer: 5–6 Minuten

Gebackene Apfelspalten

ZUTATEN

3–4 Äpfel, geschält, entkernt
2 EL Staubzucker, gesiebt
Saft einer Zitrone
3 EL Rum
MS Zimt
Fett zum Backen
Milch- oder Weinbackteig (S. 220)
Vanille-Staubzucker zum Bestreuen

VORBEREITUNG

1. Äpfel schälen, Kerngehäuse ausstechen und in ca. 1 cm dicke Spalten schneiden.
2. Staubzucker mit Zitronensaft, Rum und Zimt verrühren. Apfelspalten damit bestreichen und ca. ½ Stunde ziehen lassen.
3. Backfett in einer tiefen Pfanne bereitstellen.
4. Backteig zubereiten.

SO WIRD'S GEMACHT

1. Backfett erhitzen, Apfelspalten mit Hilfe einer Gabel durch den Backteig ziehen, in das heiße Fett einlegen.
2. Nach ca. 3 Minuten wenden und fertig backen.
3. Aus dem Fett heben, auf einem Küchenkrepp gut abtropfen lassen, mit Vanille-Staubzucker bestreuen und anrichten.

Backen: 170 °C
Backdauer: ca. 5 Minuten

BEILAGE

Als ideale Beigabe eignen sich Zimt- oder Vanilleeis.

Bananen in Backteig

ZUTATEN

4 Bananen, geviertelt
Milch- oder Weinbackteig (S. 220)
Fett zum Backen
Vanille-Staubzucker zum Bestreuen

VORBEREITUNG

Backteig zubereiten.

SO WIRD'S GEMACHT

1. Bananenviertel einzeln auf je einen Holzspieß stecken und durch den Backteig ziehen.
2. Anschließend in 170 °C heißes Fett gleiten lassen (maximal 6 Stücke gleichzeitig).
3. Nach ca. 2 Minuten wenden, nochmals ca. 2 Minuten backen.
4. Aus dem Fett heben, auf Küchenkrepp abtropfen lassen.
5. Mit Vanille-Staubzucker bestreuen.

BEILAGE

heiße Schokoladesauce (siehe S. 426).

VARIATIONEN

Erdbeeren, Marillenhälften oder mit Marzipan gefüllte Trockenfrüchte (Marillen oder Zwetschken) backen Sie auf die gleiche Weise.

Spritzkrapfen

ZUTATEN

Fett zum Backen
Brandteig für in Fett gebackene Gebäcke (S. 213)
Staubzucker, mit einer Prise Zimt vermischt, zum Bestreuen

VORBEREITUNG

1. 8 Quadrate Backtrennpapier auf 10 × 10 cm zuschneiden.
2. Backfett in einer tiefen Pfanne bereitstellen.

SO WIRD'S GEMACHT

1. Brandteig zubereiten und in einen Dressiersack mit Lochtülle (Nr. 12) füllen.
2. Dicke Ringe auf die Papierquadrate dressieren.
3. Backfett erhitzen, Papier mit dem Teig nach unten auf das Backfett legen, Papier ablösen.
4. Nach ca. 3 Minuten wenden und Ringe weitere ca. 3 Minuten fertig backen.
5. Krapfen aus dem Fett heben, auf einem Küchenkrepp abtropfen lassen und mit Zimt-Staubzucker bestreuen.

Backen: 170 °C
Backdauer: ca. 6 Minuten

ANRICHTEN

Mit Weinchaudeau oder Fruchtsauce servieren.

Powidlkrapferl

ZUTATEN

Fett zum Backen
Brandteig für in Fett gebackene Gebäcke (S. 213)
300 g Powidl
1 MS Zimt, gemahlen
2 EL Rum
80 g Kuvertüre oder Kochschokolade, fein gerieben
Staubzucker zum Bestreuen

VORBEREITUNG

1. 8 Quadrate Backtrennpapier auf 10 × 10 cm zuschneiden.
2. Backfett in einer tiefen Pfanne bereitstellen.
3. Brandteig zubereiten.

SO WIRD'S GEMACHT

1. Teig mittels Dressiersack mit glatter Tülle (Nr. 9) krapfenförmig auf das Backtrennpapier dressieren.
2. Papier mit dem Teig nach unten auf das heiße Backfett legen, Papier ablösen, Krapfen einzeln in das Fett gleiten lassen, nach 3 Minuten wenden und fertig ausbacken.
3. Powidl erwärmen, mit Zimt und Rum vermischen.
4. Powidlfülle mit einem Dressiersack mit Krapfenspritztülle in die heißen Krapfen spritzen.
5. Krapfen in Kuvertüre (Kochschokolade) rollen.
6. Mit Staubzucker bestreuen und anrichten.

Backen: 170 °C
Backdauer: ca. 6 Minuten

BEILAGE

mit warmer oder kalter Vanillesauce servieren

Topfenbällchen

ZUTATEN

250 g Topfen, 20 %
2 Dotter
1 Ei
½ KL Zitronenschale, gerieben
1 KL Vanillezucker
Prise Salz
40 g Butter, flüssig
40 g Mehl, glatt
40 g Weizengrieß
Fett zum Backen
Staubzucker, mit 1 Prise Zimt vermischt, zum Bestreuen

VORBEREITUNG

1. Topfen mit einer Teigkarte durch ein Sieb streichen.
2. Topfen mit Dotter, Ei, Zitronenschale, Vanillezucker, Salz, flüssiger Butter, Mehl und Grieß verrühren und ca. 2 Stunden im Kühlschrank rasten lassen.
3. Backfett in einer tiefen Pfanne bereitstellen.

SO WIRD'S GEMACHT

1. Mit einem Esslöffel kleine Häufchen ausstechen, zu Knödeln formen.

2. Fett erhitzen, Knödel einlegen, unter Schütteln und Wenden backen.

3. Aus dem Fett heben, abtropfen lassen, mit Küchenkrepp abtupfen.

4. Anrichten, mit Zimt-Staubzucker bestreuen.

Backen: 170 °C
Backdauer: ca. 5 Minuten

ANRICHTEN

Mit Apfelmus oder Beerensauce servieren.

TIPP

Rollen Sie die Knödel vor dem Backen in gehobelten Mandeln.

Faschingskrapfen

ZUTATEN

für ca. 20 Stück à 50 g

Mehl zum Bestauben
ca. 300 g Marillenmarmelade, passiert
4 Dotter
50 g Staubzucker, gesiebt
20 g Rum
5 g Salz
Schale einer Zitrone, gerieben
¼ l Milch
30 g Germ
500 g Mehl
60 g Öl
Fett zum Backen
Vanille-Staubzucker zum Bestreuen

VORBEREITUNG

1. Geschirrtuch auf ein Bachblech legen, mit Mehl stauben, weiteres Geschirrtuch vorbereiten.
2. Dressiersack mit Krapfentülle vorbereiten.
3. Backfett in einer tiefen Pfanne oder Kasserolle bereitstellen.

SO WIRD'S GEMACHT

1. Dotter mit Staubzucker, Rum, Salz und Zitronenschale in der Rührmaschine schaumig rühren.
2. Währenddessen Milch auf 30 °C erwärmen.
3. Aus der halben Milchmenge, Germ und etwas Mehl ein Dampfl bereiten (siehe S. 54).
4. Restliche Milch mit dem Öl vermischen, auf 30 °C erwärmen.
5. Aufgegangenes Dampfl mit restlichen Zutaten zu einem glatten Teig verkneten, zu einer Kugel formen und mit Klarsichtfolie zugedeckt 20 Minuten rasten lassen.

6. Teig in Stücke von 50 g teilen, zu Kugeln formen (schleifen), auf das mit Mehl bestaubte Geschirrtuch legen, mit Mehl bestauben.

7. Nach 5 Minuten mit einem Brett flachdrücken, Brett abheben, Teigstücke mit weiterem Geschirrtuch bedecken, ca. 20 Minuten bei 30 °C aufgehen lassen.

8. Fett erhitzen, Krapfen mit der Oberseite nach unten in das heiße Fett legen, zugedeckt anbacken.

9. Nach ca. 3 Minuten Krapfen mit einem Kochlöffel wenden.

10. Offen fertig backen, aus dem Fett heben, abtropfen lassen.

11. Dressiersack mit Marmelade füllen, spitze Tülle in den weißen Rand der noch heißen Krapfen zur Mitte einstechen, Marmelade einspritzen; mit Vanille-Staubzucker bestreuen.

Backen: 170 °C
Backdauer: ca. 5–6 Minuten

Bauernkrapfen

1. Drücken Sie die Krapfen (siehe S. 420/21) vor dem Backen mit dem Daumen an der Oberseite leicht ein.

2. Nach dem Backen mit Staubzucker bestreuen und in die Vertiefung Marmelade füllen.

Doughnuts

1. Krapfenteig zubereiten (siehe S. 420/21). Geformte, aufgegangene Teigstücke flachdrücken, mit einem Ausstecher (Ø 2 cm) in der Mitte ringförmig ausstechen. Aufgehen lassen und wie Krapfen backen.

2. Danach Oberseite in kochend heiße Marillenmarmelade tauchen oder damit bestreichen, mit Schokoladeglasur (S. 233) glasieren und mit bunten Zuckerstreuseln bestreuen.

Vanillekrapfen

Befüllen Sie fertige Krapfen (siehe S. 421) statt mit Marmelade mit warmer Vanillecreme (siehe S. 226).

Saucen

Süße Saucen sind unverzichtbare Begleiter zu Desserts und Mehlspeisen. Entscheidend für eine gelungene Komposition ist das angemessene Verhältnis zum »Hauptakteur« in Hinblick auf Geschmack, Konsistenz und Menge.

Weinchaudeau

ZUTATEN

¼ l Weißwein
3 Dotter
1 Ei
100 g Kristallzucker

SO WIRD'S GEMACHT

1. Alle Zutaten in einem Schneekessel mit einem Schneebesen verrühren.
2. In einer Kasserolle Wasser aufkochen.
3. Über Wasserdampf mit einem Schneebesen warm schaumig schlagen. Sofort anrichten.

TIPPS

- Mixen Sie alle Zutaten und füllen Sie sie in verschließbare Gläser oder Flaschen ab. Kühl gelagert können Sie Chaudeau bei Bedarf portionsweise rasch aufschlagen.
- Die Rohmasse können Sie zusätzlich mit Grand Marnier, Himbeergeist, Waldmeisterlikör etc. aromatisieren.

Vanillesauce

ZUTATEN

¼ l Milch
¼ l Schlagobers
100 g Kristallzucker
20 g Vanillepuddingpulver
2 Dotter
3 EL Rum

SO WIRD'S GEMACHT

1. Milch mit Schlagobers verrühren, zwei Drittel davon mit Kristallzucker aufkochen.
2. Restliche Milch-Schlagobers-Mischung mit Vanillepuddingpulver, Dotter und Rum mit einem Schneebesen durchrühren.
3. Sofort in die kochende Milch-Schlagobers-Mischung gießen und bei mäßiger Hitze unter ständigem Rühren mit einem Schneebesen ca. 2 Minuten kochen.
4. Mit dem Stabmixer kurz mixen und sofort verwenden bzw. servieren.

TIPP

Sauce in ein warmes Wasserbad stellen und mit Frischhaltefolie abdecken. So kann die Sauce ca. ½ Stunde warm gehalten werden.

Nougatsauce

150 g klein geschnittenen Nougat unter heiße Vanillesauce rühren, mit dem Stabmixer kurz mixen.

Karamellsauce

ZUTATEN

180 g Kristallzucker
½ l Milch
4 Dotter
10 g Vanillepuddingpulver

SO WIRD'S GEMACHT

1. Kristallzucker unter Rühren hellbraun schmelzen.
2. Mit zwei Dritteln der Milch aufgießen und kochen, bis der Kristallzucker aufgelöst ist.
3. Dotter mit restlicher kalter Milch und Vanillepuddingpulver verrühren.
4. Mit einem Schneebesen in die kochende Karamellmilch einrühren und ca. 2 Minuten weiterkochen.

Orangensauce

ZUTATEN

0,3 l Orangensaft
80 g Kristallzucker
15 g Maisstärkemehl
⅛ l Schlagobers
Grand Marnier nach Geschmack

SO WIRD'S GEMACHT

1. 0,2 l Orangensaft mit Kristallzucker aufkochen.
2. Restlichen Orangensaft mit Stärke glatt rühren, mit einem Schneebesen in den kochenden Orangensaft einrühren, nochmals aufkochen, abkühlen.
3. Flüssiges Schlagobers einrühren, mit Grand Marnier abschmecken.

Schokoladesauce I

ZUTATEN

¼ l Wasser
50 g Honig
150 g Kristallzucker
250 g Kuvertüre
50 g Butter

SO WIRD'S GEMACHT

1. Wasser mit Honig und Kristallzucker aufkochen.
2. Kuvertüre in kleine Stücke schneiden, mit einem Schneebesen unterrühren.
3. Sauce zu dickflüssiger Konsistenz reduzierend kochen, Butter mit einem Schneebesen unterrühren.
4. Mit dem Stabmixer kurz mixen.

TIPP

Diese Sauce kann auch kalt serviert werden. Dafür nur kurz kochen und in einem kalten Wasserbad unter Rühren abtemperieren.

Schokoladesauce II

ZUTATEN

½ l Schlagobers
200 g Kuvertüre
200 g Milchkuvertüre

SO WIRD'S GEMACHT

1. Schlagobers aufkochen.
2. Kuvertüre klein schneiden und mit einem Schneebesen einrühren.
3. Mit dem Stabmixer mixen.
4. Zugedeckt in einem Wasserbad warm halten.

Holundersauce

ZUTATEN

Zutaten für 6 Portionen

1 Zimtrinde
8 Gewürznelken
1 kg Holunder, gerebelt
200 g Kristallzucker
0,2 l Wasser
nach Bedarf Holundersaft

VORBEREITUNG

Zimtrinde zerkleinern und mit Nelken in ein Leinensäckchen binden.

SO WIRD'S GEMACHT

1. Holunder, Kristallzucker und Wasser aufkochen, Leinensäckchen beigeben, gemeinsam schwach wallend weichdünsten.
2. Gewürzsäckchen entfernen, Holundermasse mixen.
3. Bei Bedarf mit Holundersaft verdünnen.

Garzeit: ca. 20 Minuten

TIPP

Rühren Sie 4 cl Holunderbrand unter die Sauce.

Pistaziensauce

ZUTATEN

Vanillesauce (S. 425)
150 g Pistazienkerne, geschält
2 EL Pistazienlikör

SO WIRD'S GEMACHT

1. Vanillesauce herstellen.
2. Sauce mit Pistazienkernen im Standmixer pürieren.
3. Pistazienlikör unter die Sauce rühren.

Erdbeersauce mit Grand Marnier

ZUTATEN

250 g Erdbeeren, frisch oder tiefgekühlt
50 g Staubzucker
1 EL Grand Marnier
Saft einer halben Zitrone

SO WIRD'S GEMACHT

1. Erdbeeren durch ein Sieb streichen.
2. Erdbeerpüree mit restlichen Zutaten vermengen.
3. Sauce mit Standmixer oder Mixstab zu cremiger Konsistenz mixen.

Himbeersauce

ZUTATEN

250 g Himbeeren, frisch oder tiefgekühlt
50 g Staubzucker
1 EL Himbeergeist

SO WIRD'S GEMACHT

1. Himbeeren durch ein Sieb streichen.
2. Himbeerpüree mit restlichen Zutaten vermengen.
3. Sauce mit Standmixer oder Mixstab zu cremiger Konsistenz mixen.

Zum Nachschlagen

Bauplan für Ihr Lebkuchenhaus

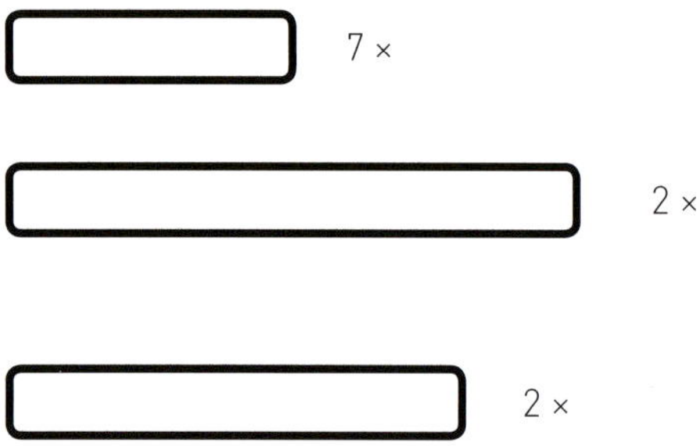

Zaunelemente für
großen und kleinen Zaun

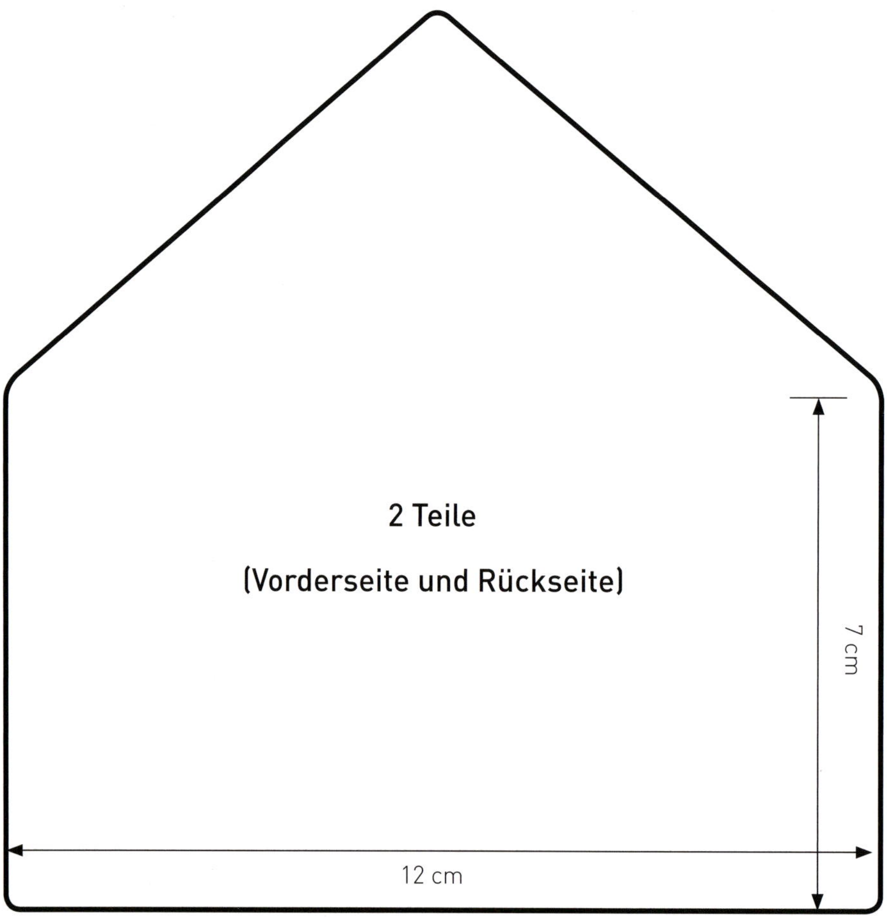

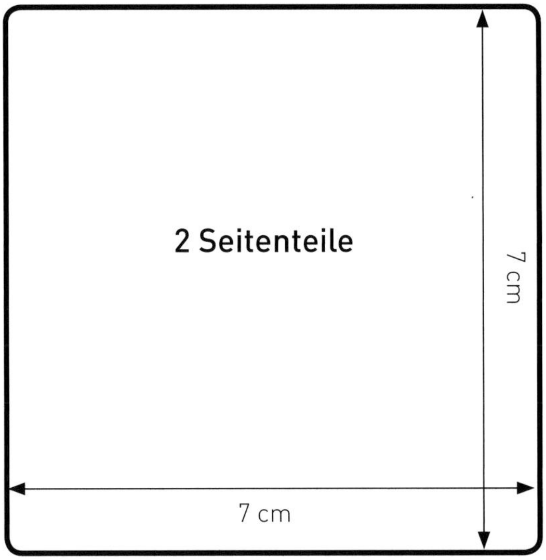
2 Seitenteile
7 cm
7 cm

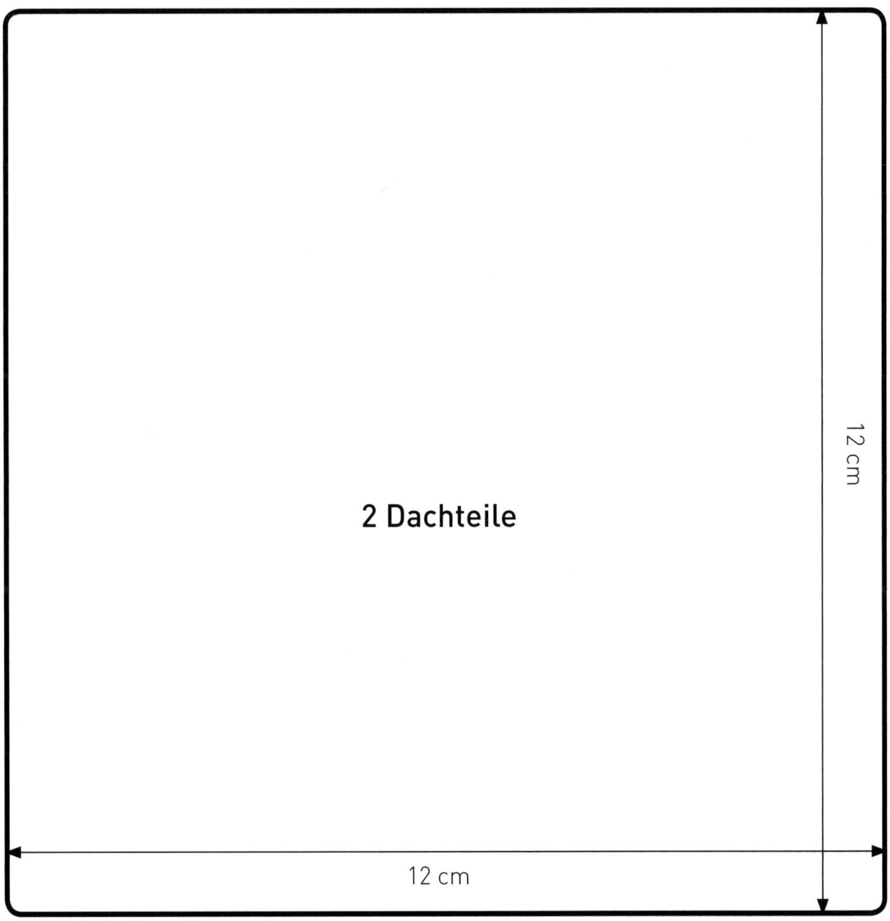
2 Dachteile
12 cm
12 cm

Tortenornamente

Hochzeitstorten-Ornamente

Motiv für Geburtstagstorte

Rezeptregister

Wenn sich ein Stichwort nicht als eigenständiges Rezept auffinden lässt, sehen Sie bitte bei den Alternativzutaten sowie in den Variationen und Tipps ähnlicher Rezepte nach.

A

Apfelfülle (für Kaffeegebäck) 223
Apfelkuchen, gedeckt 279
Apfelkuchen (Sandmasse) 279
Apfel-Reis-Auflauf 395
Apfelscheiben, gebacken 417
Apfel-Streusel-Kuchen 279
Apfelstrudel 402/03
Aspik (zum Glasieren) 100
Avocodoaufstrich (für Tramezzini) 96

B

Backteig mit Milch 220
Backteig mit Wein 220
Backteig, pikant 220
Backteig, süß 220
Baguette 116/17
Baguette »Pizzaiola« 104
Baguette, provenzalische Art 105
Baguette-Kleingebäck 118
Baked Potatoes 168
Bananen, gebacken 417
Bananenauflauf 393
Bananenschnitten 273
Bärlauchaufstrich (für Tramezzini) 96
Bauernkrapfen 422
Beerenauflauf 393
Beerenoberscreme (Füllcreme) 224
Beerenoberscreme-Roulade 263
Beerentarte 260
Beinschinken, ausgelöst, in Brotteig 180/81
Bienenstich 304
Bischofsbrot 275
Biskuitmasse für Biskotten 198
Biskuitmasse für Rouladen und Schnitten 197
Biskuitroulade mit Marmeladefülle 266
Biskuitroulade, pikant 86
Blätterteig 204/05
Blätterteig, holländische Methode 206
Blätterteig-Käsestangerl 73
Blätterteigkipferl 73
Blätterteigpizzaletten 76
Blätterteigröllchen (Partygebäck) 75
Blätterteigschnecken, gefüllt 76
Blechpizza 133
Blindbacken (Salzmürbteig) 124/25
Blini 78
Blitzblätterteig 206
Bockbierschaum 390
Böhmische Palatschinken 409
Brandteig (im Rohr zu backen) 213
Brandteig (in Fett zu backen) 213
Brandteigkrapfen 310
Brandteigkrapfen, pikant 88
Bries-Nudel-Auflauf 149
Brioche, pikant 122
Briocheburger mit Fischtatar 89
Briocheburger mit Rindfleischtatar 89
Broccoli-Schinken-Quiche 128
Broccolistrudel 162
Brot, überbacken, »Grünspan« 105
Brot, überbacken, mit Pilzen und Speck 104
Bruschetta mit Basilikumpesto 103
B'soffener Kapuziner 390
Buchteln 294
Buchweizenblini 78
Butterbrezeln (Mürbteiggebäck) 336
Buttercreme 228
Buttercremeroulade 265
Buttermilchbrot 114
Buttermilchschmarren 415
Buttermilch-Waldbeer-Torte 243
Buttermilch-Weichsel-Torte 243
Butterteig → Blätterteig

C

Canapé, Belagsvariationen 99
Canapés belegen, schneiden und garnieren 101
Christbaumschmuck (Windmasse) 348, 377
Ciabatta 122
Cocktail-Croques 106
Cracker 63
Cremeschnitten 318/19
Crêpes mit Puten-Pilz-Füllung 159
Croque Madame 106
Croque Monsieur 106
Croquembouche 313

D

Dampfl 54
Dekorwindmasse 374
Dinkelbrot 115
Dinkel-Joghurt-Kuchen 288
Dorade in Bratfolie 191
Dorade in Pergamenthülle 190
Dottercreme (für Canapés) 100
Doughnuts 422

E

Eclair 314
Egerländer 300
Ei-Curry-Aufstrich (für Tramezzini) 95
Eierlikörkuchen 287
Eisenbahner 332
Eiskrapfen 312
Eispalatschinken 408
Eiweißglasur (Spritzglasur) 235
Engel (Windmasse) 374/75
Erdäpfel, gefüllt 170
Erdäpfel mit Mangoldfülle, überbacken 170
Erdäpfelblini 78
Erdäpfelbuchteln 171
Erdäpfelgratin, rustikal 148
Erdäpfelstrudel 162
Erdbeeren, gebacken 417
Erdbeeroberstörtchen 242
Erdbeeroberstorte 240/41
Erdbeersauce 427

F

Fadenzuckerglasur 234
Faschingskrapfen 420/21
Filet Wellington 176/77
Fisch in Bratfolie 191
Fisch in Fenchelsalzkruste 192/93
Fisch in Pergamenthülle 190/91
Fisolenstrudel 163
Fleisch-Spinat-Strudel 163
Florentiner 335
Florentiner Torte 249
Focaccia 140
Folienkartoffeln 168
Frischkäsecreme (für Canapés) 100
Früchtebrot 343
Früchtestrudel (Weihnachtsstrudel) 403
Fruchtpölster 322/23
Fruchtschüsserl 345
Frühlingsrollen 80

G

Galettes mit Gurken-Lachs-Fülle 159
Gänseleberfülle (für pikantes Partygebäck) 90
Garnelen-Nudel-Auflauf 149
Garnelenquiche 129
Geburtstagstorte dekorieren 368/69
Gefüllte Kartoffeln 170
Gemüselasagne 153
Gemüsemarmorata, mediterran 147
Gemüse-Nudel-Auflauf 149
Gemüsepalatschinken, gebacken 157
Gemüsesoufflé 145
Germgugelhupf 280
Germteig, fein 211
Germteig für Buchteln → Germteig, leicht
Germteig für Gugelhupf → Germteig, schwer
Germteig für Striezel → Germteig, fein
Germteig, gerührt → Germteig, schwer
Germteig, leicht 210
Germteig, schwer 212
Gervais-Paprika-Fülle (für pikantes Partygebäck) 90
Gervais-Prosciutto-Fülle
(für pikantes Partygebäck) 91
Gervais-Räucherlachs-Fülle
(für pikantes Partygebäck) 91
Glocken (Windmasse) 377
Grammelfülle (für Erdäpfelbuchteln) 172
Grand-Marnier-Soufflé 385
Grießschmarren 415
Grießstrudel, gekocht 406/07
Grillage 49
»Grünspan«-Brote, überbacken 105
Gugelhupf (Germ) 280
Gurken-Lachs-Galettes 159

H

Heidelbeermuffins 344
Heidelbeerschmarren 413
Himbeersauce 427
Himbeerschnitten (Sachermasse) 248
Himbeersoufflé 385
Hippenmasse 327
Hochzeitstorte dekorieren 372
Hochzeitstorten-Ornamente 371
Holundersauce 427
Hühner-Nudel-Auflauf 149
Hühnerragout mit Strudelteig-Haube 186

J

Joghurt-Beeren-Torte 244
Joghurt-Früchte-Torte 244
Joghurt-Himbeer-Torte 244
Joghurtoberstorte 244

K

Kaffeebuttercreme 228
Kaffeecremeroulade 266
Kaffeecremetorte 250
Kaisergugelhupf 284
Kaiserschmarren 413
Kakaohippen 327
Kakaomasse (schwere Sandmasse) 201
Kalbsleberfülle (für pikantes Partygebäck) 90
Kalbsrücken in Mürbteig 178
Karamellsauce 426
Kardinalschnitten 270/71
Kärntner Reinling 306
Kartoffeln, gefüllt 170
Kartoffeln mit Mangoldfülle, überbacken 170
Käsesauce (für Lasagne) 152
Käsesoufflé 143
Käsetaler 63
Kernölstrudel 215
Kirschenstrudel 403
Kokosbusserl 330
Kokosschifferl 340
Kones (Frühlingsrollenteig) 82
Krapfen 420/21
Kräuter-Ricotta-Fülle (für pikantes Partygebäck) 91
Kräutertopfen-Soufflé 145
Krautrollen, frittiert 81
Krautstrudel 164/65
Krokanthippen 327
Kuchenmasse (schwere Sandmasse) 200
Kugeln (Windmasse) 377
Kürbiskernbrot 112
Kürbis-Mohn-Torte 254
Kürbisquiche 129
Kuvertüre temperieren 231

L

Lachsfilet im Blätterteigmantel 188/89
Lammrücken in Biskuit 184
Lammrücken in Strudelteig 186
Lasagne al forno 152
Lasagne-Teig 151
Lauch-Erdäpfel-Strudel 161
Läuterzucker 52
Lebkuchenauflauf 390
Lebkuchenhaus 378–80
Lebkuchenhaus-Bauplan 430/31
Lebkuchensterne 331
Lebkuchenteig 216
Leinsamenbrot 113
Limettensoufflé 384
Linzer Augen 340
Linzer Schnitte 251
Linzer Torte, gerührt 251

M

Madeleines 342
Mailänder Aufstrich 95
Malakoffcreme 244
Malakoffnocken 244
Malakofftorte 245
Mandelcremetorte 250
Mandelkuchen (Sachermasse) 248
Mandelringe 341
Marillen, getrocknet, gebacken 417
Marillenkuchen 276
Marillenmuffins 344
Marillenstrudel 403
Marmeladepalatschinken 409
Marmeladeroulade 266
Marmorgugelhupf 382
Maroni-Obers-Torte 239
Marzipan ausrollen 355
Marzipan färben 354
Marzipanbär 362
Marzipandrache 362
Marzipanelefant 364
Marzipanhund 364
Marzipanmaus 360
Marzipanrosen 356
Marzipanschwein 360
Masse für Kuchen (schwere Sandmasse) 200
Masse für Torten (leichte Sandmasse) 199
Meeresfrüchtequiche 129
Melanzani-Salami-Pizza 138
Minipizzas 134
Modelliermarzipan 354
Mohnauflauf 390
Mohnfülle (für Kaffegebäck) 223
Mohngugelhupf, Waldviertler 283

Mohnmasse (schwere Sandmasse) 201
Mohnstriezerl 120
Mohnstrudel 296
Mohr im Hemd 390
Mozzarella-Spinat-Fülle (für Erdäpfelbuchteln) 172
Mozzarella-Spinat-Palatschinken, überbacken 158
Muffins 344
Mürbteig 208
Mürbteig, salzig 124/25

N

Nougatauflauf 390
Nougatbuttercreme 228
Nougatmuffins 344
Nougatsauce 425
Nougatsterne 337
Nudelteig (für Lasagne) 151
Nussauflauf (Grundrezept) 389
Nussbrot 112
Nussbuttercreme 228
Nussbuttercreme-Roulade 265
Nussfülle (für Kaffegebäck) 222
Nussini 334
Nussmasse (schwere Sandmasse) 201
Nussmürbteig 209
Nusspalatschinken 408
Nussschmarren 414
Nussstollen 302/03
Nussstrudel 296

O

Oberskrenfülle (für pikantes Partygebäck) 91
Olivenbrot 114
Olivenpralinen 77
Orangensauce 426
Ornamente aus Spritzschokolade anfertigen 352
Ornamente für Hochzeitstorten 371

P

Palatschinken, böhmische 409
Palatschinken, türkisch 409
Palatschinken mit Eis 408
Palatschinken mit Marmelade 409
Palatschinken mit Mozzarella und Spinat, überbacken 158
Palatschinken mit Nussfülle 408
Palatschinken mit Ricotta, überbacken 158
Palatschinkenröllchen, pikant 87
Palatschinkenteig 219
Palmblätter 317
Partygebäck aus Blätterteig 70–77
Partygebäck aus Strudelteig 65–68
Partygebäck aus Topfenteig 64
Patisseriecreme 226
Pavlovatorte 254
Pfirsichkuchen 276
Pilzaufstrich (für Tramezzini) 95
Pilzfülle (für Erdäpfelbuchteln) 172
Pilzquiche 128
Pilzsoufflé 143
Pinzen 297
Pistazienherzen 339
Pistaziensauce 427
Pizza mit Melanzani und Salami 138
Pizza mit Pilzen 140
Pizza mit Rucola und Prosciutto 138
Pizza mit Spinat und Schafkäse 137
Pizza, neapolitanisch 137
Pizza, rund 134
Pizzabelag, Variationsideen 136
Pizzasauce 130
Pizzastangerl 141
Pizzateig (Grundrezept) 132
Plachuttatorte 255
Plunderteig 207
Polenta-Ecken 85
Polentalasagne mit Broccoli 153
Powidlkrapfen 418
Powidlzipf 325
Profiteroles 312
Punschglasur 234
Punschkrapfen 259
Punschkrapfen dekorieren 353
Punschroulade 263
Punschtorte 258/59
Puten-Pilz-Crêpe 159

Q

Quiche Lorraine 126
Quiche mit Broccoli und Schinken 128
Quiche mit Garnelen 129
Quiche mit Kürbis 129
Quiche mit Meeresfrüchten 129
Quiche mit Pilzen 128
Quiche mit Spargel und Schinken 128

R

Rehrücken (Schokokuchen) 278
Rehrücken in Biskuit 184
Rehrücken in Ciabattahülle 183
Reinling 306
Reisauflauf 394
Reisauflauf mit Schneehaube 396
Ricottapalatschinken, überbacken 158
Rindsfilet Wellington 176/77
Roggenbrot 111
Roggen-Dinkel-Brot 111
Rote-Zwiebel-Fülle 172
Rotweinkuchen 289
Roulade mit Marzipan eindecken 355
Rubine 337
Rucola-Prosciutto-Pizza 138

S

Sacherglasur 232
Sachergugelhupf 248
Sachertorte 246/47
Sacherwürfel 248
Salami-Lauch-Baguette 105
Salzbrioche 122
Salzburger Nockerl 386/87
Salzmürbteig 124/25
Sandkuchen 275
Sandmasse, leicht 199
Sandmasse, schwer 200
Sardellen-Topfen-Fülle (für Blätterteigkipferl) 74
Sardinenaufstrich (für Tramezzini) 97
Sardinenbruschetta 103
Sauermilchschmarren 415
Sauerteig 110
Savarin 308/09
Schablonenvorlage für Hochzeits- und Geburtstagstorten 432/33
Schablonenvorlage für Lebkuchenhaus 430
Schafkäse-Speck-Fülle (für Erdäpfelbuchteln) 172
Schafkäse-Spinat-Fülle (für Erdäpfelbuchteln) 172
Schaumrollen 320/21
Scheiterhaufen 397
Schinken in Brotteig 180/81
Schinkenaufstrich (für Tramezzini) 96
Schinkenfülle (für Blätterteigkipferl) 74
Schinken-Lauch-Baguette 105
Schinken-Pilz-Nudel-Auflauf 149
Schinkensoufflé 143
Schinken-Spinat-Fülle (für Erdäpfelbuchteln) 172
Schneekissen 336
Schoko-Blitzkuchen 290/91
Schokocremetorte 250
Schokoladebuttercreme 228
Schokoladebuttercreme-Roulade 265
Schokoladeglasur 233
Schokolade-Kokos-Auflauf 398
Schokolade-Kokos-Soufflé 385
Schokoladeoberscreme 225
Schokoladeobers-Roulade 264/65
Schokolade-Reisauflauf 394
Schokoladesauce I 426
Schokoladesauce II 426
Schokoladespritzglasur 233
Schokomuffins 344
Schokowindtörtchen 345
Schönbrunner Taler 338
Schrift und Ornamente aus Spritzschokolade 352
Schwarzwälder Kirschcreme 256
Schwarzwälder Kirschtorte 256/57
Schweinsfilet in Spinatbiskuit 184
Schweinsrücken in Mürbteig 178
Schweinsrücken in Salzteig 179
Semmelauflauf, pikant 148
Sonnenblumenbrot 112
Soufflé, pikant (Grundrezept) 143
Spargel-Schinken-Quiche 128
Spinat-Lachs-Lasagne 154
Spinat-Schafkäse-Fülle (für Blätterteigkipferl) 74
Spinat-Schafkäse-Pizza 137
Spritzglasur 235
Spritzkrapfen 418
Spritzschokolade 233
Spritztüte (Stanitzel) formen 351
Stanitzel (Frühlingsrollenteig) 82
Stanitzel formen 351
Streusel 53
Streuselkuchen 305
Streusel-Schnellversion 279
Striezel 298/99
Strudelteig 214/15
Strudelteig für gekochte Strudel 215
Strudelteig-Hippen 68
Strudelteig-Körbchen 66
Strudelteig-Reifen 68

T

Tannenbäume (Windmasse) 377
Teigblätter für Lasagne 151
Thunfischaufstrich (für Tramezzini) 97
Tiramisuschnitten 272
Toastbrot 123
Tomaten-Basilikum-Bruschetta 103
Tomaten-Mozzarella-Bruschetta 103
Topfenauflauf 396
Topfenbällchen 419
Topfenfülle (für Kaffeegebäck) 222
Topfengolatschen 325
Topfen-Grammel-Tascherl 64
Topfen-Lachs-Tascherl 64
Topfen-Marillen-Strudel 405
Topfen-Mohn-Torte 252
Topfen-Obers-Fülle (für pikantes Partygebäck) 90
Topfenobersroulade 263
Topfenoberstörtchen 242
Topfenoberstorte 238
Topfenpalatschinken 410/11
Topfen-Paprika-Fülle (für Blätterteigkipferl) 74
Topfen-Rhabarber-Strudel 405
Topfenschmarren 414
Topfensoufflé 384
Topfensoufflékuchen mit Früchten 277
Topfenstrudel 404
Topfenteig (für Partygebäck) 64
Topfentorte, gebacken 252
Topfen-Schinken-Tascherl 64
Torten eindecken 367
Torten einstreichen 366
Tortenmasse (leichte Sandmasse) 199
Tramezzini 93ff.
Tramezzini-Brot 121
Tramezzini füllen und schneiden 94
Trockenfrüchte-Muffins 344
Trüffeltorte 249
Türkische Palatschinken 409

U

Überbackene Brote, »Grünspan« 105
Überbackene Brote mit Pilzen und Speck 104

V

Vacherin 347
Vanillebuttercreme 228
Vanillecreme 226
Vanillecreme mit Eischnee 227
Vanillecreme mit Schlagobers 227
Vanillekipferl 330
Vanillekrapfen 422
Vanille-Marillen-Golatschen 325
Vanillesauce 425
Vanillesoufflé (Grundrezept) 383
Vanille-Staubzucker 52

W

Wachauer Laibchen 123
Waldviertler Mohngugelhupf 283
Walnussbrot 112
Walnussbuttercreme 228
Weihnachtsengel (Windmasse) 374/75
Weihnachtsstrudel 403
Weinbackteig → siehe Backteig mit Wein
Weinchaudeau 425
Weinoberscreme 227
Weinoberscreme-Roulade 265
Weintraubentarte 260
Wiener Wäschermädel 416
Windmasse 202
Windmasse für Dekor- und Bastelzwecke 374
Windstangerl 348
Windtorte 347
Wolfsbarsch in Fenchelsalzkruste 192/93

Z

Zanderstrudel mit Kürbis 166/67
Zimtschnecken 324
Zitronenbuttercreme 228
Zitronencremetorte 250
Zitronenglasur 234
Zitronensoufflé 384
Zuckerblumen 371
Zuckerglasur → Fadenzuckerglasur
Zwetschken, getrocknet, gebacken 417
Zwetschkenfleck 305
Zwetschkenkuchen (Sandmasse) 276
Zwiebelbrot mit Speck 115

Glossar

Liste der verwendeten Küchenfachbegriffe

Abbröseln
zwischen den Fingern verreiben oder mit 2 Gabeln vermischen, bis Streusel entstehen

Abflämmen
Eischnee oder Gebäck bei hoher Temperatur rasch bräunen

Abfrischen
mit kaltem Wassser abkühlen

Abglänzen
mit glänzend-durchsichtiger Glasur (Tortengelee) → glasieren

Abtrieb
schaumig gerührte Masse, meist aus Butter und Dotter

Aprikotieren
Gebäck mit kochend heißer passierter Marillenmarmelade bestreichen

Aranzini
kandierte Orangenschale, Orangeat

Aufdressieren
eine Masse gefällig formen, um sie anzurichten (meist mit Spritzsack)

Aufgehen
der Einsatz von Triebmitteln wie Germ und Sauerteig lässt in Teigen kleine Gasbläschen entstehen, sodass das Teigvolumen deutlich zunimmt und der Teig »aufgeht«.

Aufschlagen
a) schaumig schlagen von Massen, Sauce Hollandaise, Weinschaum etc., fallweise im → Wasserbad oder über Dampf
b) rohe Eier von der Schale trennen

Backprobe
mit einer Nadel oder Ähnlichem in die Mitte eines Gebäcks stechen, um den Garfortschritt beurteilen zu können; wenn kein Teig mehr haften bleibt, ist das Gebäck fertig gebacken

Bel Paese
milder italienischer Schnittkäse

Binden
Flüssigkeiten durch Zugabe von zum Beispiel Dotter oder Mehl dickflüssiger machen (gebunden)

Bischof
Mixstab für Rührmaschine

Bittermandeln
bitter schmeckende, Blausäure enthaltende Mandelart; im Handel erhältliches Bittermandel-Öl enthält keine Blausäure

Blanchieren
kurzes Vorgaren in kochendem Wasser mit anschließendem raschen Abfrischen in eiskaltem Wasser

Blindbacken
Mürbteigböden mit Belag aus getrockneten Hülsenfrüchten vorbacken, siehe Seite 124/25

Butter klären
Butter bei niedriger Temperatur vorsichtig kochen, Schaum abschöpfen, überkühlen, durchsichtige Flüssigkeit ohne den Bodensatz abgießen (→ Butterschmalz)

Butterabtrieb
weiche Butter mit anderen Zutaten schaumig rühren

Butterschmalz
bildet sich, wenn → Butter geklärt wird

Canache-Creme
→ Pariser Creme

Canache-Glasur
Glasur aus Obers und Schokolade

Cocotte
feuerfestes Geschirr zum Garen und anschließenden Servieren

Cointreau
Orangenlikör-Marke

Comté
würziger französischer Rohmilchkäse

Dämpfen
schonende Garmethode über Wasserdampf

Dampfl
aus etwas Milch und Mehl zubereiteter Vorteig, siehe S. 54

Dolce latte
weicher italienischer Blauschimmelkäse

Dressieren
anrichten

Duxelles
→ Farce aus gehackten, gerösteten Schalotten, Champignons und Petersilie

Ei verschlagen
Eiweiß und Dotter mit einer Gabel homogen verrühren

Eischnee
steif geschlagenes Eiweiß

Farce
feinst faschierte bzw. im Kleinschneider gecutterte Masse

Feinkristallzucker
feinkörniger Kristallzucker

Filet
hochwertiges Fleischstück vom Rücken ohne Knochen bzw. Fischfleisch ohne Gräten

Fondant
Zuckermasse, wird unter anderem als Überzug für Gebäck verwendet; im Fachhandel oder Konditoreien erhältlich

Fontina
süßlich-würziger italienischer Rohmilchkäse

Frittieren
in heißem Fett frei schwimmend garen

Garprobe
→ Backprobe

Geklärte Butter
anderer Begriff für → Butterschmalz

Gestiftelt
in feine Stäbchen geschnitten oder gehackt

Glacieren
anderer Ausdruck für → glasieren

Glasieren
Speisen und Gebäck mit Flüssigkeit (zum Beispiel Tortengelee) überziehen, damit sie glatt und glänzend aussehen

Grand Marnier
Orangenlikör-Marke

Gruyère
würziger Schweizer Hartkäse aus Rohmilch; anderer Name: Greyerzer

Hamburger Speck
Bauernspeck (Schweinebauch und Karree)

Indirekte Teigführung
Herstellung von Germteig mit einem Vorteig (→ Dampfl), dem nach einer bestimmten Reifezeit die restlichen Teigzutaten beigemengt werden

Invertzucker
Mischung aus Trauben- und Fruchtzucker zu gleichen Teilen, im Geschmack milder als Haushaltszucker und weniger stark kristallisierend

Kapselrahmen
Form zum Backen von Schnitten und rechteckigen Kuchen, in verschiedenen Größen erhältlich

Karamellisieren
a) Kristallzucker bis zur Hellbraunfärbung schmelzen
b) Lebensmittel in diesem wenden, zum Beispiel für karamellisierte Früchte

Kernig garen
Lebensmittel so weit garen, dass sie noch bissfest sind

Kerntemperatur
Temperatur im Inneren von Back- und Bratgut, wird zur Feststellung des Garfortschrittes durch das Einführen eines Bratthermometers ermittelt

Ketjap Manis
Sojasauce aus Indonesien, im Geschmack süßlich

Kletzen
getrocknete Birnen

Kokosette
feine Kokos-Flocken

Konfektkapsel
kleine Form für Pralinen etc., meist aus Papier

Läuterzucker
Zuckersirup, siehe S. 52

Mehl, glatt
fein gemahlenes Mehl, geeignet für Massen und Mehlteige

Mehl, griffig
etwas gröber gemahlenes Mehl, geeignet für Knödel und Kartoffelteig

Melangieren
Zutaten vermischen, sodass eine einheitliche Masse entsteht

Messerspitze
Menge, die auf einem Besteckmesser die Spitze bedeckt

Nirosta
rostfreier Stahl

Palette
messerähnliches biegsames Werkzeug mit gleichförmig verlaufender, nicht geschärfter und oben abgerundeter Klinge zum Streichen, Wenden und Heben

Pancettaspeck
italienischer Bauchspeck

Parieren
Fleisch koch- bzw. bratfertig zuschneiden, indem man die nicht genießbaren Teile wie Fett, Sehnen und Flaxen (bei Fisch die Bauchlappen) wegschneidet

Pariser Creme
Füllcreme aus Obers und Kuvertüre, auch Canache-Creme genannt, wird für Pralinen verwendet

Parisienne-Ausstecher
Kugelausstecher, zum Beispiel zum Ausstechen von Gemüse- und Fruchtkugeln

Passieren
Lebensmittel durch ein Sieb oder Tuch streichen, um Feststoffe abzutrennen und damit sie glatt und cremig werden; ähnlich wie → pürieren

Pecorino
italienischer Schafkäse, in verschiedenen Reifegraden erhältlich

Plat russe
niedrige ovale Form, feuerfest

Pochieren
sanfte Garmethode in nicht-kochender Flüssigkeit bzw. im → Wasserbad

Potitze
gerollter Germkuchen mit Nuss- oder Mohnfülle

Prise
Menge, die man zwischen Zeigefinger und Daumen halten kann

Prosciutto crudo
italienischer Rohschinken

Provolone
italienischer Schnittkäse, mild bis kräftig im Geschmack, gut schmelzfähig

Pürieren
gekochte Kartoffeln, Gemüse etc. durch ein Sieb drücken, zu breiiger Konsistenz verarbeiten; ähnlich wie → passieren

Ricotta
italienischer Frischkäse mit vielen regionalen Abwandlungen

Robialo
leicht würziger italienischer Frischkäse

Schleifen
Teig in die gewünschte Form bringen und bearbeiten, bis er eine vollständig glatte Oberfläche aufweist

Schneebesen
Rührgerät mit mehreren gebogenen Drähten an einem Stiel, zum Homogenisieren oder schaumig Schlagen; auch aus Kunststoff erhältlich

Schneerute
anderer Ausdruck für → Schneebesen

Schweinsnetz
netzartiges Fettgewebe von Schweinen, wird zum Zusammenhalten von zum Beispiel faschiertem Bratgut verwendet; beim Fleischer erhältlich

Simperl
runder Korb, in den Brotteig zum → Aufgehen gelegt wird, sodass er eine charakteristische Form annimmt

Sprudeln
→ Versprudeln

Sprudler
flügelartiges Werkzeug mit zwischen den Handflächen zu bewegendem Stiel zum Vermischen von Zutaten, zum Beispiel rohen Eiern mit Milch

Stracchino
milder italienischer Weichkäse

Tablieren
Bearbeiten von Massen durch mehrmaliges Verstreichen mit Spachteln oder Paletten auf einer Marmorplatte und anschließendes Wiederzusammenfügen; alternativ mit der bauchigen Seite eines Holzlöffels an einer Gefäßwand bearbeiten

Teigkarte
Kunststoffscheibe mit abgerundeten Ecken zum Formen und Heben von Massen

Teiglinge
gleich schwere Teigstücke

Temperieren
etwas auf eine bestimmte Temperatur bringen

Tortenkarton
Karton zum Unterlegen unter Torten (in gleicher Größe wie diese), im Papierfachhandel erhältlich

Tourieren
Teig mit eingeschlagenem Fett (Butter) ausrollen und anschließend wieder übereinanderschlagen, siehe Blätterteig, S. 204/05

Tranche
Scheibe, Schnitte

Unterheben
etwas unter eine Masse mischen, ohne zu rühren

Verquirlen
anderer Ausdruck für → versprudeln

Verschlagen
→ Ei verschlagen

Versprudeln
Flüssigkeiten mit ergänzenden Zutaten mit schnellen Bewegungen miteinander vermischen, zum Beispiel mit einem → Sprudler

Vollzucker
unraffinierter Kristallzucker

Vorteig
anderer Ausdruck für → Dampfl

Wähe
flacher Kuchen mit süßem oder salzigem Belag

Wasserbad
Gefäß mit auf ca. 90 °C erhitztem Wasser, in dem in Formen befindliche Cremen oder Massen etc. schonend gegart (→ pochiert) werden; dient auch zum Schmelzen von Schokolade, Gelatine oder zum Aufschlagen von Weinschaum

Weißgebäck
helles salziges Germgebäck ohne Einsatz von Vollkornmehlen, zum Beispiel Semmeln, Salzstangerl etc.

Winkelpalette
→ Palette mit einer integrierten Abstufung

Zerlassen
vorsichtig schmelzen

Zesten
dünne Streifen von Zitrusfrucht-Schalen

Ziehmargarine
geschmeidige Margarine mit hohem Schmelzpunkt, wird zur Herstellung von Blätterteig verwendet

Biografien

Ewald Plachutta

Geboren 1940 in Wien, 1954–1957 Berufsausbildung zum Koch in Graz und Bad Gastein; seit 1979 selbstständiger Gastronom. Begründer der Rindfleischdynastie Plachutta. Autor mehrerer erfolgreicher Kochbücher, unter anderem »Die gute Küche« I und II.
Goldmedaille und Culinary Olympics Trophy, Kocholympiade 1968 Frankfurt/Main, Koch des Jahres 1991, Trophée Gourmet 1992, 3 Hauben Gault Millau 1992, 1 Stern Guide Michelin 1993, Goldenes Ehrenzeichen der Stadt Wien 2003, Verleihung des Berufstitels »Professor« 2005

Peter Kirischitz

Geboren 1952 in Wien, 1967–1970 ebendort Berufsausbildung zum Koch. 1983 Eröffnung von »Peters Beisl«. Seit 1992 Kochunterricht an der HBLA Wien 21; seit 2004 Kochkurse für Erwachsene. Seit 2001 Fachlektorat und Food-Styling für Kochbücher.
1 Haube Gault Millau 1985

Manfred Flickinger

Geboren 1963 in Wien, 1978–1981 Berufsausbildung zum Konditor. 1989 Meisterprüfung, Lehrlingsausbilderprüfung und Konzessionsprüfung für das Gastgewerbe; 1996 Lehramtsprüfung. Seit 1992 Patisserieunterricht an der Gastgewerbefachschule Wien 1. Seit 1995 Buchautor. Patisseriekurse für Erwachsene am Gastronomischen Institut sowie Lehrerweiterbildung.

DER FOTOGRAF

Constantin Fischer

Geboren 1979 in Salzburg. Gelernter Fotograf, seit 1994 in der Fotobranche tätig. Engagierter Koch und Gourmet; zuständig für den Bereich Food & Beverage in der Foto Factory Salzburg.

Danksagung

Die Autoren bedanken sich bei folgenden Firmen:

Hertha Firnberg Schulen für Wirtschaft und Tourismus

Rist »International«, Fachgroßhandel für Gastronomie, Hotellerie, Konditoreiausstattung, Gemeinschaftsverpflegung Wien/Klagenfurt/Innsbruck/Warschau/Budapest/Zagreb

SEB Österreich Handels GmbH Krups. Rowenta. Tefal

WMF Österreich GmbH

Eurogast Nussbaumer GmbH & Co KG

Nordsee Gesellschaft m.b.H.

Agrarmarkt Austria

www.ama-marketing.at

AMA garantiert:

Harte Kontrollen – zarte Steaks

Zu den strengen Auflagen des AMA-Gütesiegels zählt bei Rindfleisch auch dessen ausreichende Reifung. Denn nur gut abgehangene Steaks entfalten ihr volles Aroma und sind so saftig wie zart.

Die Zartheit ist also ein sehr gutes Argument, um gezielt zu Rindfleisch mit dem AMA-Gütesiegel zu greifen. Aber auch Kriterien wie die gesicherte österreichische Herkunft, die besonders sorgfältige Fütterung, sowie erstklassige Haltung und Hygiene machen den nachvollziehbaren Unterschied, den man schließlich auch schmecken kann. Und da alle Richtlinien auf Dauer gerade so gut sind wie deren Kontrolle, wird für das AMA-Gütesiegel nicht nur intern geprüft, sondern auch durch unabhängige Experten. Von der Geburt an, bis ins Supermarkt-Regal.

Geprüfte Qualität
AMA GÜTESIEGEL
AUSTRIA

Das Beste vom Land.